專技高考

工業安全技師
歷屆考題彙編

第三版

蕭中剛

職安衛考試總複習班名師,人稱蕭技師為蕭大或方丈,是知名職業安全衛生 FB 社團「Hsiao 的工安部屋家族」版主、Hsiao 的工安部屋部落格版主。多年來整理及分享的考古題參考題解和考試技巧幫助無數考生通過各類職安衛考試。

⊙ **學歷**:健行科技大學工業工程與管理系

⊙ **專業證照**:工業安全技師、職業衛生技師、通過多次甲級職業安全管理、甲級職業衛生管理、乙級職業安全衛生管理技能檢定考試

余佳迪

於半導體公司從事職業安全衛生管理工作 20 年以上,同時於大專院校及安全衛生教育訓練機構擔任職業安全衛生系講師,教授職安衛法規、工業衛生、衛生管理實務等課程。

⊙ **學歷**:國立台灣大學職業醫學與工業衛生研究所碩士

⊙ **專業證照**:職業衛生技師、工業安全技師、OHSAS 18001 主導稽核員證照、製程安全評估人員、勞工作業環境監測暴露評估訓練合格

劉鈞傑

大專院校工安／職衛技師班具有多年教學經驗，對於近年來環境、職安、衛生、消防等考試皆有研究。

◎ **學歷**：國防大學理工學院國防科學研究所博士

◎ **專業證照**：工業安全技師、職業衛生技師、消防設備士、甲級職業安全管理、甲級職業衛生管理、乙級職業安全衛生管理、乙級物理性因子作業環境測定、乙級室內裝修工程管理、乙級就業服務、甲級廢水處理專責人員、ISO 45001 及 ISO 14001 主導稽核員

鄭技師

97 年至今從事職場安全衛生工作，具有多年實務經驗，對於職業安全衛生精進、職場安全文化提昇等皆有涉獵鑽研，並具有大專院校工安、職衛技師班教學經驗。

◎ **學歷**：國防大學理工學院應用物理研究所碩士

◎ **專業證照**：職業衛生技師、工業安全技師、甲級職業衛生管理、甲級職業安全管理、乙級職業安全衛生管理、甲級廢棄物處理技術員、乙級物理性因子作業環境測定、ISO 45001 主導稽核員

陳正光

環安衛工作經驗超過 10 年以上，力行吃素、環保救地球的純素主義者，曾於大專院校教授職安衛法規、作業環境測定、人因工程等課程。

> 學歷：國立高雄第一科技大學環境與安全衛生系研究所

> 專業證照：工業安全技師、職業衛生技師、環境工程技師、甲級職業衛生管理、甲級職業安全管理、ISO 9001、ISO 50001、ISO 45001 及 ISO 14067 及 PAS2050 主導稽核員證照、製程安全評估人員、勞工作業環境監測、暴露評估訓練合格、局部排氣裝置設計專業人員、環境教育種子師資

徐強

從事職業安全衛生稽核及輔導工作 10 年以上，曾於大專院校擔任職業安全衛生講師。

> 學歷：國立交通大學碩士

> 專業證照：工業安全技師、職業衛生技師、甲級職業安全管理、甲級職業衛生管理、乙級職業安全衛生管理、非破壞檢測師（VT/PT 中級）

葉日宏

多年環安衛工作經驗，並通過企業講師訓練，於事業單位、安全衛生教育訓練機構及大專院校擔任職安衛課程講師。

- ⊙ **學歷**：國立中央大學環境工程研究所
- ⊙ **專業證照**：工業安全技師、甲級職業安全管理、甲級職業衛生管理、乙級職業安全衛生管理、乙級廢棄物清除（處理）技術員、甲級空氣污染防治專責人員、甲級廢水處理專責人員

黃奕舜

職安衛管理相關工作經驗近 10 年，現任半導體公司安衛人員近 8 年，於大專院教講授職安衛法規、工業衛生等職安衛管理有關課程。

- ⊙ **學歷**：國立台灣大學職業醫學與工業衛生研究所碩士
- ⊙ **專業證照**：工業安全技師、職業衛生技師、甲級職業衛生管理、甲級職業安全管理、乙級職業安全衛生管理、製程安全評估人員、施工安全評估人員、勞工作業環境監測及暴露評估訓練合格

序

「水往低處流，人往高處爬」，芸芸眾生之人世間，每一個人打從出生之後，就要不斷提升自己，才能在現今充滿競爭的社會當中增加自己的不可取代性來取得生存，也就是「物競天擇，適者生存」的最佳寫照。尤其對職安衛相關工作的從業人員來說，成為「工業安全技師」是從事職業安全衛生相關工作人員一生的夢想之一，也是最能發揮工作價值的表徵及專業能力的肯定，代表從事有關工業安全之規劃、設計、研究、分析、檢驗、鑑定、評估及計畫管理等業務的核心能力達到一定的水準。

惟歷年來眾多考生參加工業安全技師考試時，多因 6 項考科所涵蓋的命題範圍極為廣大，因此無法掌握出題方向與題型趨勢，必須購買相當多的各式教科書與參考書研讀。但龐大的書籍資料卻使考生有越讀越繁雜，沒有系統且雜亂無章之感，加上近年來新修正之職業安全衛生相關法規日新月異，更使考生心力交瘁甚至望而生畏。

「鑑古知今」方可「挑戰未來」，因為歷年的考試題目多為出題老師參考的重要依據，所以對於參照歷屆試題，熟悉出題方向，一直是考生準備考試的重要功課。為使考生能在最短時間之內掌握答題方向順利通過考試，作者群結合多年教學及工業安全技師考試輔導經驗，特別彙編最近 10 年歷屆試題並嘗試盡可能製作參考題解。書中除針對各考試科目皆有重點提示或考試準備之經驗分享，考題亦依照命題大綱分類並加註出題年份依序排列、參照最新修訂之職安衛法規修正歷年參考題解之答題內容。作者群念茲在茲，皆為合力打造最優質之工業安全技師考試參考書籍，協助考生突破困境，順利圓夢，是為初衷。

雖然撰寫過程，作者群皆兢兢業業不敢大意，但疏漏難免，若本書之中尚有錯誤或不完整之處，尚祈讀者先進多多包涵，並不吝提供指正或建議予出版社或作者群，在此致上十二萬分的感謝！

作者群 謹誌

目錄

專門職業及技術人員高等考試工業安全技師考試命題大綱

中華民國 93 年 3 月 17 日考選部選專字第 0933300433 號公告訂定

應　試　科　目　數	共計 6 科目		
業　務　範　圍　及 核　　心　　能　　力	從事有關工業安全之規劃、設計、研究、分析、檢驗、鑑定、評估及計畫管理等業務。		
編號	科目名稱	命　題　大　綱　內　容		
一	勞工安全衛生法規	一、 一般安全衛生法規 二、 勞工安全法規 三、 勞工衛生法規 四、 其他安全衛生相關法規		
二	風險危害評估	一、 風險危害認知 二、 風險危害評估方法 三、 風險危害控制 四、 其他安全風險危害管理		
三	工業安全工程	一、 機電安全 　（一）危險性機械設備 　（二）機具危害與防護 　（三）銲接與切割危害預防 　（四）安全監測與檢測		

應　試　科　目　數	共計6科目
	（五）靜電危害與預防 （六）感電危害與預防 二、防火與防爆 　（一）消防安全 　（二）燃燒與爆炸 三、製程安全 　（一）失控反應與洩漏應變 　（二）半導體製程安全 　（三）化工製程安全 四、營造施工安全 　（一）假設工程設置與職災預防 　（二）施工計畫安全評估 　（三）施工機具危害 五、其他安全工程設計
四　工業安全管理 （包括應用統計）	一、安全政策 二、安全組織 三、工業規劃 四、安全稽核 五、安全教育訓練 六、安全應用統計
五　工業衛生概論	一、危害認知 　（一）危害因子之認知（包括化學性、物理性、生物性危害因子） 　（二）工業毒物學概論 　（三）職業病概論 　（四）危害通識制度 　（五）噪音與振動 　（六）游離輻射與非游離輻射 二、危害評估 　（一）作業環境危害因子測定與評估 　（二）生物偵測

應　試　科　目　數	共計 6 科目
	三、　危害控制 （一）工程控制 （二）行政管理 （三）健康管理
六　　人因工程	一、　人體計測與物料搬運 二、　顯示器與控制設計 三、　手工具與工作站之設計 四、　重複性工作傷害預防 五、　人為失誤與安全
備　　　　　　註	表列各應試科目命題大綱為考試命題範圍之例示，惟實際試題並不完全以此為限，仍可命擬相關之綜合性試題。

勞工安全衛生法規 2

2-0 重點分析

　　有關專技高考工業安全技師考試類科,「勞工安全衛生法規」可以算是最關鍵的一個科目,歷屆考試的經驗告訴我們,「法規是一切考試出題之根本」,所有職安衛考試的準備作業,都還是要以「法規」作為基礎!基礎打得好,建築自然就穩固,也就是大自然當中「種樹」理論,只要「養分」夠充分,「樹苗」自然能夠長得又高又大!

　　本章節的編排係按照勞工安全衛生法規的「命題大綱」進行規劃,並加註「出題年度」,以利讀者通盤瞭解工業安全技師考試出題趨勢,使考生在最短時間掌握答題方向。

　　綜觀 103 年迄今的考題,依照勞工安全衛生法規的「命題大綱」—「一、一般安全衛生法規」、「二、勞工安全法規」、「三、勞工衛生法規」、「四、其他安全衛生相關法規」來劃分,可以發現考題還是集中於「一、一般安全衛生法規」及「二、勞工安全法規」這二個範疇當中。建議考生把「職業安全衛生法」及「職業安全衛生法施行細則」背熟,最好能夠到達可以「默寫」的境界,然後再來詳讀「職業安全衛生設施規則」,對此法規之「詳讀」,建議善用網路資源,搜尋「職業安全衛生設施規則圖例解說」,以相關資料其中之「圖像」來加強「法條文字」的理解,進而成為「長期記憶」。

近年來則是因為新興疾病及母性健康議題受到社會大眾的關注，所以「三、勞工衛生法規」的考題出現率也快速上升，考生們務必多加留意。

此外，有鑑於現今社會的快速變遷，現行職業安全衛生法規對於各類型新興行業可能發生的職業災害的防範措施，常有不足或疑義現象產生。為此，政府機關會制定相關的「技術指引」來加以規範，以防範災害發生，例如最近發布的「食品外送作業安全衛生指引」，即是政府相關機關為因應此新興行業常發生的職業災害所採取之措施，而專技高考很喜歡「結合時事」的前例印證，所以最近 3 年內新修訂的「法規」及各式的「技術指引」，請考生在考前都務必要再詳讀一遍。

最後，預祝各位考生金榜題名，試試順利，未來在職安衛的領域裡能發揮所長，進而創造美麗的前程。

2-1 一般安全衛生法規

> （一）民國 102 年 7 月 3 日修訂的「職業安全衛生法」採取了「源頭管制」的立場，請問依此立場要求「致力防止發生職業災害」的「源頭」及應實施之措施，本法的具體規範所指為何？（15 分）
>
> （二）又機械、設備、器具要產製運出廠場或輸入，除適用 5 項排除條款者外，必須實施那些措施？（15 分）　　　　　【103】

（一）1. 依據「職業安全衛生法」第 5 條規定，雇主使勞工從事工作，應在合理可行範圍內，採取必要之預防設備或措施，使勞工免於發生職業災害。

　　　　機械、設備、器具、原料、材料等物件之設計、製造或輸入者及工程之設計或施工者，應於設計、製造、輸入或施工規劃階

段實施風險評估，致力防止此等物件於使用或工程施工時，發生職業災害。

2. 依據「職業安全衛生法」第 7 條規定，製造者、輸入者、供應者或雇主，對於中央主管機關指定之機械、設備或器具，其構造、性能及防護非符合安全標準者，不得產製運出廠場、輸入、租賃、供應或設置。

製造者或輸入者對於第 1 項指定之機械、設備或器具，符合前項安全標準者，應於中央主管機關指定之資訊申報網站登錄，並於其產製或輸入之產品明顯處張貼安全標示，以供識別。但屬於公告列入型式驗證之產品，應依第 8 條及第 9 條規定辦理。

（二）依據「職業安全衛生法」第 8 條規定，製造者或輸入者對於中央主管機關公告列入型式驗證之機械、設備或器具，非經中央主管機關認可之驗證機構實施型式驗證合格及張貼合格標章，不得產製運出廠場或輸入。

前項應實施型式驗證之機械、設備或器具，有下列情形之一者，得免驗證，不受前項規定之限制：

1. 依第 16 條或其他法律規定實施檢查、檢驗、驗證或認可。

2. 供國防軍事用途使用，並有國防部或其直屬機關出具證明。

3. 限量製造或輸入僅供科技研發、測試用途之專用機型，並經中央主管機關核准。

4. 非供實際使用或作業用途之商業樣品或展覽品，並經中央主管機關核准。

5. 其他特殊情形，有免驗證之必要，並經中央主管機關核准。

民國 102 年 7 月 3 日「職業安全衛生法」修法的重點可分別用「5P」及「5 不」來歸類。請問 5P 當中的保護（Protection）的內容或對象和修法前有那些不同？試列舉 5 項。（15 分）　【103】

5P 當中的保護的內容或對象和修法前不同之處分列如下：

1. 擴大適用對象至所有工作者：

   一體適用，特殊對象得部分適用，包括：

   (1) 自營作業者

   (2) 從事勞動之志工或職業訓練機構學員等

   (3) 派遣勞工。

2. 增訂勞工健康保護制度。

   強化專業醫護人員從事勞工健康服務之制度，辦理勞工健康保護事項。

3. 增訂雇主不得濫用健康檢查資料。

   健檢資料具高度敏感性，依個人資料保護法，除法律明定之用途外，應保護其不被濫用。

4. 增訂立即危險時，勞工具退避權。

   對於勞工執行職務發現有立即發生危險之虞時，得在不危及其他工作者安全之情形下，自行得退避至安全場所，並即向直屬主管報告。

5. 增訂不得對行使自行退避權者不利處分。

   保護勞工正當行使自行退避權，但濫用者不受保護。

6. 增訂承攬人勞工發生職業災害，原事業單位如有侵權行為，應負連帶賠償責任。

   考量實務上承攬人勞工發生職業災害常面臨雇主無足夠資力賠償，造成職業災害勞工面臨求償無門之困境。

7. 兼顧女性就業權及母性保護。

　　刪除一般女性禁止從事危險有害工作，修正懷孕者及產後女性禁止從事危險或有害工作範圍。

8. 強化少年勞工保護。

　　將「童工（15 ～ 16 歲以下）」修正為「未滿 18 歲」，以擴大保障兒少年之安全與健康；少年勞工從事危險有害禁止工作項目以外之工作，經醫師評估不能適應者，應調整其工作。

職業安全衛生法及其施行細則所稱「有立即發生危險之虞而需採取緊急應變或立即避難之措施」的情況中，與環境無關而與原物料有關的有那些？（10 分）　　　　　　　　　　　　　【103】

（一）依據「職業安全衛生法施行細則」第 25 條規定，本法第 18 條第 1 項及第 2 項所稱有立即發生危險之虞時，指勞工處於需採取緊急應變或立即避難之下列情形之一：

1. 自設備洩漏大量危害性化學品，致有發生爆炸、火災或中毒等危險之虞時。

2. 從事河川工程、河堤、海堤或圍堰等作業，因強風、大雨或地震，致有發生危險之虞時。

3. 從事隧道等營建工程或管溝、沉箱、沉筒、井筒等之開挖作業，因落磐、出水、崩塌或流砂侵入等，致有發生危險之虞時。

4. 於作業場所有易燃液體之蒸氣或可燃性氣體滯留，達爆炸下限值之 30% 以上，致有發生爆炸、火災危險之虞時。

5. 於儲槽等內部或通風不充分之室內作業場所，致有發生中毒或窒息危險之虞時。

6. 從事缺氧危險作業，致有發生缺氧危險之虞時。

7. 於高度 2 公尺以上作業，未設置防墜設施及未使勞工使用適當之個人防護具，致有發生墜落危險之虞時。

8. 於道路或鄰接道路從事作業，未採取管制措施及未設置安全防護設施，致有發生危險之虞時。

9. 其他經中央主管機關指定公告有發生危險之虞時之情形。

（二）上述情況中，與環境無關而與原物料有關的情形為 1、4、5、6。

（一）何謂職業災害？（5 分）

（二）接受職業訓練人員於作業場所發生墜落之失能傷害是否屬於職業災害，其原因為何？（10 分）

（三）發生前述災害是否應實施職業災害調查，其原因為何？（10 分） 【104】

（一）依據「職業安全衛生法」第 2 條規定，職業災害係指因勞動場所之建築物、機械、設備、原料、材料、化學品、氣體、蒸氣、粉塵等或作業活動及其他職業上原因引起之工作者疾病、傷害、失能或死亡。

（二）因為職業災害的對象為「工作者」，而工作者包括了「勞工」、「自營作業者」及「其他受工作場所負責人指揮或監督從事勞動之人員」。另依據「職業安全衛生法施行細則」第 2 條規定，本法第 2 條第 1 款所稱「其他受工作場所負責人指揮或監督從事勞動之人員」，指與事業單位無僱傭關係，於其工作場所從事勞動或以學習技能、接受職業訓練為目的從事勞動之工作者。而接受職業訓練人員符合上述規定，故接受職業訓練人員於作業場所發生墜落之失能傷害應屬於職業災害。

（三）接受職業訓練人員於作業場所發生墜落之失能傷害應實施職業災害調查，其原因為依據「職業安全衛生法」第 37 條規定，事業單位工作場所發生職業災害，雇主應即採取必要之急救、搶救等措施，並會同勞工代表實施調查、分析及作成紀錄。

> 職業安全衛生法第 6 條有關必要之安全衛生設備及措施之內容及立法目的為何？請詳述之。（25 分） 【105】

（一）依據「職業安全衛生法」第 6 條之規定，雇主對下列事項應有符合規定之必要安全衛生設備及措施：

1. 防止機械、設備或器具等引起之危害。

2. 防止爆炸性或發火性等物質引起之危害。

3. 防止電、熱或其他之能引起之危害。

4. 防止採石、採掘、裝卸、搬運、堆積或採伐等作業中引起之危害。

5. 防止有墜落、物體飛落或崩塌等之虞之作業場所引起之危害。

6. 防止高壓氣體引起之危害。

7. 防止原料、材料、氣體、蒸氣、粉塵、溶劑、化學品、含毒性物質或缺氧空氣等引起之危害。

8. 防止輻射、高溫、低溫、超音波、噪音、振動或異常氣壓等引起之危害。

9. 防止監視儀表或精密作業等引起之危害。

10. 防止廢氣、廢液或殘渣等廢棄物引起之危害。

11. 防止水患、風災或火災等引起之危害。

12. 防止動物、植物或微生物等引起之危害。

13. 防止通道、地板或階梯等引起之危害。

14. 防止未採取充足通風、採光、照明、保溫或防濕等引起之危害。

雇主對下列事項，應妥為規劃及採取必要之安全衛生措施：

1. 重複性作業等促發肌肉骨骼疾病之預防。

2. 輪班、夜間工作、長時間工作等異常工作負荷促發疾病之預防。

3. 執行職務因他人行為遭受身體或精神不法侵害之預防。

4. 避難、急救、休息或其他為保護勞工身心健康之事項。

（二）依據「職業安全衛生法」第 1 條開宗明義即說明，其立法目的為防止職業災害，保障工作者安全及健康，其中第 6 條係針對事業單位雇主對各種危害必須採取的預防對策做一般原則性的規範。

職業安全衛生法第 30 條有關保護妊娠中之女性勞工的內容及立法精神為何？請詳述之。（25 分）　　　　　　　　　　【105】

（一）依據「職業安全衛生法」第 30 條規定，雇主不得使妊娠中之女性勞工從事下列危險性或有害性工作：

1. 礦坑工作。

2. 鉛及其化合物散布場所之工作。

3. 異常氣壓之工作。

4. 處理或暴露於弓形蟲、德國麻疹等影響胎兒健康之工作。

5. 處理或暴露於二硫化碳、三氯乙烯、環氧乙烷、丙烯醯胺、次乙亞胺、砷及其化合物、汞及其無機化合物等經中央主管機關規定之危害性化學品之工作。

6. 鑿岩機及其他有顯著振動之工作。

7. 一定重量以上之重物處理工作。

8. 有害輻射散布場所之工作。

9. 已熔礦物或礦渣之處理工作。

10. 起重機、人字臂起重桿之運轉工作。

11. 動力捲揚機、動力運搬機及索道之運轉工作。

12. 橡膠化合物及合成樹脂之滾輾工作。

13. 處理或暴露於經中央主管機關規定具有致病或致死之微生物感染風險之工作。

14. 其他經中央主管機關規定之危險性或有害性之工作。

（二）「職業安全衛生法」第 30 條有關保護妊娠中之女性勞工的立法精神，為鑑於妊娠中之女性勞工保護，著重於母體個人健康與妊娠各階段胎盤及胎兒成長危害之預防，且兼顧母性保護與就業平權，刪除一般女性勞工禁止從事危險性或有害性工作之規定，修正妊娠中或分娩後未滿 1 年之女性勞工禁止從事危險性或有害性工作之種類與範圍，並增訂對有母性健康危害之虞之工作，應採取母性健康保護措施，使得就業平等與母性保護之兼顧得以實現。

為預防職業災害的發生，「職業安全衛生法」規定要實施風險評估的對象有那些？又，規定要實施製程安全評估的對象有那些？（15 分）再，雇主應依那些事項訂定安全衛生工作守則的內容？請表列說明之。（10 分）　　　　　　　　　　【106】

（一）依據「職業安全衛生法」第 5 條第 2 項之規定，機械、設備、器具、原料、材料等物件之設計、製造或輸入者及工程之設計或施工者，應於設計、製造、輸入或施工規劃階段實施風險評估，致力防止此等物件於使用或工程施工時，發生職業災害。

（二）依據「職業安全衛生法」第 15 條第 1 項規定，有下列情事之一之工作場所，事業單位應依中央主管機關規定之期限，定期實施製程安全評估，並製作製程安全評估報告及採取必要之預防措施；製程修改時，亦同：

1. 從事石油裂解之石化工業。

2. 從事製造、處置或使用危害性之化學品數量達中央主管機關規定量以上。

（三）依據「職業安全衛生法施行細則」第 41 條規定，本法第 34 條第 1 項所定安全衛生工作守則之內容，依下列事項定之：

1. 事業之安全衛生管理及各級之權責。

2. 機械、設備或器具之維護及檢查。

3. 工作安全及衛生標準。

4. 教育及訓練。

5. 健康指導及管理措施。

6. 急救及搶救。

7. 防護設備之準備、維持及使用。

8. 事故通報及報告。

9. 其他有關安全衛生事項。

為管制化學品，避免危及人員安全、健康，「職業安全衛生法」要求那些人，對那些化學品，實施那些管理措施？請表列說明之。（15 分）　　　　　　　　　　　　　　　　　　　　　　　【106】

依據「職業安全衛生法」第 10、11、13、14 條規定，為管制化學品適用之對象、項目種類及管理措施表列如下：

項目種類	危害性之化學品	新化學物質	管制性化學品	優先管理化學品
對象	雇主	製造者或輸入者	製造者、輸入者、供應者或雇主	製造者、輸入者、供應者或雇主

項目 種類	危害性之化學品	新化學物質	管制性化學品	優先管理化學品
管理 措施	化學品應予標示、製備清單及揭示安全資料表,並採取必要之通識措施。應依其健康危害、散布狀況及使用量等情形,評估風險等級,並採取分級管理措施。	應向中央主管機關繳交化學物質安全評估報告,並經核准登記後,方得製造或輸入含有該物質之化學品。	不得製造、輸入、供應或供工作者處置、使用。但經中央主管機關許可者,不在此限。	應將相關運作資料報請中央主管機關備查。

(一) 我國職業安全衛生法訂有雇主預防職業災害之一般責任,以保障工作者安全及健康,試問其內容為何?(5分)

(二) 雇主又應如何實施以符合此規定?(5分)

(三) 雇主違反本規定時勞動檢查機構如何處理?(10分)【107】

(一) 依據「職業安全衛生法」第 1 條之規定,雇主預防職業災害之一般責任為防止職業災害,保障工作者安全及健康。

(二) 依據「職業安全衛生法」第 5 條第 1 項規定,雇主使勞工從事工作,應在合理可行範圍內,採取必要之預防設備或措施,使勞工免於發生職業災害。

(三) 「職業安全衛生法」中並無針對違反第 5 條訂定罰則,但依據「職業安全衛生法」第 36 條規定,中央主管機關及勞動檢查機構對於各事業單位勞動場所得實施檢查。其有不合規定者,應告知違反法令條款,並通知限期改善;屆期未改善或已發生職業災害,或有發生職業災害之虞時,得通知其部分或全部停工。

> 依據職業安全衛生法規定，工作場所有「立即發生危險之虞」，事業單位應採取那些作為？（20 分）　　　　　　　　　　　【107】

依據「職業安全衛生法」第 18 條規定，工作場所有立即發生危險之虞時，事業單位應採取作為如下列：

（一）雇主或工作場所負責人應即令停止作業，並使勞工退避至安全場所。

（二）勞工執行職務發現有立即發生危險之虞時，得在不危及其他工作者安全情形下，自行停止作業及退避至安全場所，並立即向直屬主管報告。

（三）雇主不得對前項勞工予以解僱、調職、不給付停止作業期間工資或其他不利之處分。但雇主證明勞工濫用停止作業權，經報主管機關認定，並符合勞動法令規定者，不在此限。

> 某事業單位轄下有二間子公司（勞工人數 -A 公司 25 人，B 公司 150 人），假設其適用區域已經跨二個以上勞動檢查機構轄區時，請問：
>
> （一）有關職業安全衛生法及其施行細則之 (1)「安全衛生工作守則」與勞動基準法及其施行細則之 (2)「工作規則」規定內容應分別包含那些事項（至少列出 5 項，10 分）
>
> （二）說明 (1)「安全衛生工作守則」與 (2)「工作規則」之訂定（立）與其報（核）備（查）之程序如何？（15 分）【108】

（一）1. 依據「職業安全衛生法施行細則」第 41 條規定，安全衛生工作守則之內容，依下列事項定之：

　　　　（1）事業之安全衛生管理及各級之權責。

　　　　（2）機械、設備或器具之維護及檢查。

   (3) 工作安全及衛生標準。

   (4) 教育及訓練。

   (5) 健康指導及管理措施。

   (6) 急救及搶救。

   (7) 防護設備之準備、維持及使用。

   (8) 事故通報及報告。

   (9) 其他有關安全衛生事項。

2. 依據「勞動基準法」第 70 條規定，雇主僱用勞工人數在 30 人以上者，應依其事業性質，就下列事項訂立工作規則，報請主管機關核備後並公開揭示之：

   (1) 工作時間、休息、休假、國定紀念日、特別休假及繼續性工作之輪班方法。

   (2) 工資之標準、計算方法及發放日期。

   (3) 延長工作時間。

   (4) 津貼及獎金。

   (5) 應遵守之紀律。

   (6) 考勤、請假、獎懲及升遷。

   (7) 受僱、解僱、資遣、離職及退休。

   (8) 災害傷病補償及撫卹。

   (9) 福利措施。

   (10) 勞雇雙方應遵守勞工安全衛生規定。

   (11) 勞雇雙方溝通意見加強合作之方法。

   (12) 其他。

（二）1. 依據「職業安全衛生法施行細則」第42條規定，安全衛生工作守則，得依事業單位之實際需要，訂定適用於全部或一部分事業，並得依工作性質、規模分別訂定，報請勞動檢查機構備查。

　　事業單位訂定之安全衛生工作守則，其適用區域跨二個以上勞動檢查機構轄區時，應報請中央主管機關指定之勞動檢查機構備查。

　　2. 依據「勞動基準法施行細則」第37條規定，雇主於僱用勞工人數滿30人時應即訂立工作規則，並於30日內報請當地主管機關核備。

　　工作規則應依據法令、勞資協議或管理制度變更情形適時修正，修正後並依第1項程序報請核備。

某事業單位為確認其是否應每五年實施製程安全評估工作，請依「製程安全評估定期實施辦法」之規定，說明每五年應實施製程安全評估的工作場所種類、評估事項內容及評估報告內容應包括的項目。（20分）　　　　　　　　　　　　　　　　　　【109】

（一）依據「製程安全評估定期實施辦法」第2條規定，每5年應實施製程安全評估的工作場所種類如下列：

　　1. 勞動檢查法第26條第1項第1款所定從事石油產品之裂解反應，以製造石化基本原料之工作場所。

　　2. 勞動檢查法第26條第1項第5款所定製造、處置或使用危險物及有害物，達勞動檢查法施行細則附表一及附表二規定數量之工作場所。

（二）依據「製程安全評估定期實施辦法」第4條第1項規定，第2條之工作場所，事業單位應每5年就下列事項，實施製程安全評估：

1. 製程安全資訊。

    (1) 高度危險化學品之危害資訊。

    (2) 製程技術相關資訊。

    (3) 製程設備相關資訊。

2. 製程危害控制措施。

    (1) 製程危害辨識。

    (2) 確認工作場所曾發生具有潛在危害之事故。

    (3) 製程危害管理及工程改善等控制措施。

    (4) 危害控制失效之後果。

    (5) 設備、設施之設置地點。

    (6) 人為因素。

    (7) 控制失效對勞工安全及健康可能影響之定性評估。

（三）依據「製程安全評估定期實施辦法」第 4 條第 2 項規定，實施前項評估之過程及結果，應予記錄，並製作製程安全評估報告及採取必要之預防措施，評估報告內容應包括下列各項：

1. 實施前項評估過程之必要文件及結果。

2. 勞工參與。   10. 事故調查。

3. 標準作業程序。   11. 緊急應變。

4. 教育訓練。   12. 符合性稽核。

5. 承攬管理。   13. 商業機密。

6. 啟動前安全檢查。

7. 機械完整性。

8. 動火許可。

9. 變更管理。

> 某事業單位欲對施工架及施工構台，依「職業安全衛生管理辦法」之規定進行自動檢查，請說明施工架及施工構台應多久定期實施檢查一次？應針對那些項目進行檢查？並說明此項檢查內容在發生何種狀況也應再實施檢查？（20分）　　　　　　【109】

（一）依據「職業安全衛生管理辦法」第 43 條第 1 項規定，雇主對施工架及施工構台，應就下列事項，每週定期實施檢查一次：

　　1. 架材之損傷、安裝狀況。

　　2. 立柱、橫檔、踏腳桁等之固定部分，接觸部分及安裝部分之鬆弛狀況。

　　3. 固定材料與固定金屬配件之損傷及腐蝕狀況。

　　4. 扶手、護欄等之拆卸及脫落狀況。

　　5. 基腳之下沈及滑動狀況。

　　6. 斜撐材、索條、橫檔等補強材之狀況。

　　7. 立柱、踏腳桁、橫檔等之損傷狀況。

　　8. 懸臂樑與吊索之安裝狀況及懸吊裝置與阻擋裝置之性能。

（二）依據「職業安全衛生管理辦法」第 43 條第 2 項規定，強風大雨等惡劣氣候、四級以上之地震襲擊後及每次停工之復工前，亦應實施前項檢查。

> 請詳述工業安全技師得擔任之專業人員名稱，並說明所依據之職業安全法規名稱，以及各法規要求之訓練或工作年資等資格條件。（25分）　　　　　　【110】

工業安全技師得擔任之專業人員所依據之職業安全法規名稱，以及各法規要求之訓練或工作年資等資格條件如下列：

（一）職業安全管理師

依據「職業安全衛生管理辦法」第 7 條第 2 項第 1 款規定、每 2 年至少 12 小時之安全衛生在職教育訓練。

（二）職業安全衛生管理員

依據「職業安全衛生管理辦法」第 7 條第 2 項第 3 款規定、每 2 年至少 12 小時之安全衛生在職教育訓練。

（三）製程安全評估人員

依據「危險性工作場所審查及檢查辦法」第 6 條第 2 項規定、在國內完成製程安全評估人員訓練、每 3 年至少 6 小時之安全衛生在職教育訓練。

（四）施工安全評估人員

依據「危險性工作場所審查及檢查辦法」第 18 條第 2 項規定、在國內完成施工安全評估人員訓練、每 3 年至少 6 小時之安全衛生在職教育訓練。

請依「勞動檢查法第 28 條所定勞工有立即發生危險之虞認定標準」第 2 條規定說明有立即發生危險之虞的類型。並請詳述為預防職業災害，當勞動檢查員、雇主（或工作場所負責人）以及勞工之任一方發現勞工有立即發生危險之虞時，應分別採取之作為。（25 分） 【110】

（一）依據「勞動檢查法第 28 條所定勞工有立即發生危險之虞認定標準」第 2 條規定，有立即發生危險之虞之類型如下：

1. 墜落。

2. 感電。

3. 倒塌、崩塌。

4. 火災、爆炸。

5. 中毒、缺氧。

（二）發現勞工有立即發生危險之虞時，各人員應採取之作為如下列：

1. 勞動檢查員：依據「勞動檢查法」第 28 條規定，勞動檢查機構指派勞動檢查員對各事業單位工作場所實施安全衛生檢查時，發現勞工有立即發生危險之虞，得就該場所以書面通知事業單位逕予先行停工。

2. 雇主（或工作場所負責人）：依據「職業安全衛生法」第 18 條第 1 項規定，工作場所有立即發生危險之虞時，雇主或工作場所負責人應即令停止作業，並使勞工退避至安全場所。

3. 勞工：依據「職業安全衛生法」第 18 條第 2 項規定，勞工執行職務發現有立即發生危險之虞時，得在不危及其他工作者安全情形下，自行停止作業及退避至安全場所，並立即向直屬主管報告。

何謂勞工三權？就職業安全衛生法而言，勞工代表有何參與權？又勞工代表如何產生？（25 分） 【111】

（一）所謂的「勞工三權」，係指「退避權」、「申訴權」、「參與權」，說明如下列：

1. 退避權：指的是「職業安全衛生法」第 18 條第 2 項規定，勞工執行職務發現有立即發生危險之虞時，得在不危及其他工作者安全情形下，自行停止作業及退避至安全場所之停止作業權。

2. 申訴權：指的是「職業安全衛生法」第 39 條第 1 項規定，工作者發現下列情形之一者，得向雇主、主管機關或勞動檢查機構申訴的權利：

(1) 事業單位違反本法或有關安全衛生之規定。

(2) 疑似罹患職業病。

(3) 身體或精神遭受侵害。

3. 參與權：指的是「職業安全衛生法」第 34 條第 1 項及第 37 條第 1 項等規定，也就是勞工參與事業單位內有關安全衛生管理相關事務的權利。

（二）1. 依據「職業安全衛生法」第 34 條第 1 項規定，雇主應依本法及有關規定會同勞工代表訂定適合其需要之安全衛生工作守則。

2. 依據「職業安全衛生法」第 37 條第 1 項規定，事業單位工作場所發生職業災害，雇主應即採取必要之急救、搶救等措施，並會同勞工代表實施調查、分析及作成紀錄。

（三）依據「職業安全衛生法施行細則」第 43 條規定，本法第 34 條第 1 項、第 37 條第 1 項所定之勞工代表，事業單位設有工會者，由工會推派之；無工會組織而有勞資會議者，由勞方代表推選之；無工會組織且無勞資會議者，由勞工共同推選之。

有關勞工健康管理、適性工作安排、少年工作保護及母性保護，依職業安全衛生法之規定，職業病醫師應如何參與以達到保護勞工之目的？（25 分）　　　　　　　　　　　　　　　　　　【111】

依據「勞工健康保護規則」第 9 條規定，雇主應使醫護人員及勞工健康服務相關人員臨場辦理下列勞工健康服務事項：

（一）勞工體格（健康）檢查結果之分析與評估、健康管理及資料保存。

（二）協助雇主選配勞工從事適當之工作。

（三）辦理健康檢查結果異常者之追蹤管理及健康指導。

（四）辦理未滿 18 歲勞工、有母性健康危害之虞之勞工、職業傷病勞工與職業健康相關高風險勞工之評估及個案管理。

（五）職業衛生或職業健康之相關研究報告及傷害、疾病紀錄之保存。

（六）勞工之健康教育、衛生指導、身心健康保護、健康促進等措施之策劃及實施。

（七）工作相關傷病之預防、健康諮詢與急救及緊急處置。

（八）定期向雇主報告及勞工健康服務之建議。

（九）其他經中央主管機關指定公告者。

在勞工健康服務團隊中職業病醫師承擔對健康服務團隊賦能的任務，結合疾病臨床知識及職場風險量化數據，協助企業統合群體資料、分析評估，並提供管理者諮詢服務及可行性的實務改善建議，或進一步對工作者提供適當醫療轉介。

某一公司屬製造業，三班制，且經常僱用勞工約 150 人，均為男性，其中數 10 人從事具重複性之噪音作業，依據職業安全衛生法，為保護勞工身心健康，該公司針對那三個事項（不含避難、急救、休息或其他）應妥為規劃及採取必要之安全衛生設施？（10分）另請詳述這三個保護勞工身心健康事項之各自預防措施內容及辦理方式。（15 分）　　　　　　　　　　　　　　　　　　【112】

（一）依據「職業安全衛生法」第 6 條第 2 項規定，雇主對下列事項，應妥為規劃及採取必要之安全衛生措施：

　　1. 重複性作業等促發肌肉骨骼疾病之預防。

　　2. 輪班、夜間工作、長時間工作等異常工作負荷促發疾病之預防。

　　3. 執行職務因他人行為遭受身體或精神不法侵害之預防。

　　4. 避難、急救、休息或其他為保護勞工身心健康之事項。

（二）保護勞工身心健康事項之各自預防措施內容及辦理方式如下列：

　　1. 依據「職業安全衛生設施規則」第 324-1 條規定，雇主使勞工從事重複性之作業，為避免勞工因姿勢不良、過度施力及作業

頻率過高等原因，促發肌肉骨骼疾病，應採取下列危害預防措施，作成執行紀錄並留存 3 年：

(1) 分析作業流程、內容及動作。

(2) 確認人因性危害因子。

(3) 評估、選定改善方法及執行。

(4) 執行成效之評估及改善。

(5) 其他有關安全衛生事項。

2. 依據「職業安全衛生設施規則」第 324-2 條規定，雇主使勞工從事輪班、夜間工作、長時間工作等作業，為避免勞工因異常工作負荷促發疾病，應採取下列疾病預防措施，作成執行紀錄並留存 3 年：

(1) 辨識及評估高風險群。

(2) 安排醫師面談及健康指導。

(3) 調整或縮短工作時間及更換工作內容之措施。

(4) 實施健康檢查、管理及促進。

(5) 執行成效之評估及改善。

(6) 其他有關安全衛生事項。

3. 依據「職業安全衛生設施規則」第 324-3 條規定，雇主為預防勞工於執行職務，因他人行為致遭受身體或精神上不法侵害，應採取下列暴力預防措施，作成執行紀錄並留存 3 年：

(1) 辨識及評估危害。

(2) 適當配置作業場所。

(3) 依工作適性適當調整人力。

(4) 建構行為規範。

(5) 辦理危害預防及溝通技巧訓練。

(6) 建立事件之處理程序。

(7) 執行成效之評估及改善。

(8) 其他有關安全衛生事項。

2-2 勞工安全法規

工業用機器人如使用於有可燃性氣體等滯留而有火災爆炸之虞的場所，則需要有何種性能？（10分）這種機器人要如何符合職業安全衛生法第七條、第八條的規定？（10分） 【103】

(一) 依據「工業用機器人危害預防標準」第 15 條規定，雇主設置之機器人，應具有適應環境之下列性能：

1. 不受設置場所之溫度、溼度、粉塵、振動等影響。

2. 於易燃液體之蒸氣、可燃性氣體、可燃性粉塵等滯留或爆燃性粉塵積存之場所，而有火災爆炸之虞者，其使用之電氣設備，應依危險區域劃分，具有適合該區域之防爆性能構造。

(二) 依據「職業安全衛生法」第 7、8 條規定，製造者、輸入者、供應者或雇主，對於中央主管機關指定之機械、設備或器具，其構造、性能及防護非符合安全標準者，不得產製運出廠場、輸入、租賃、供應或設置。

製造者或輸入者對於第 1 項指定之機械、設備或器具，符合前項安全標準者，應於中央主管機關指定之資訊申報網站登錄，並於其產製或輸入之產品明顯處張貼安全標示，以供識別。

製造者或輸入者對於中央主管機關公告列入型式驗證之機械、設備或器具，非經中央主管機關認可之驗證機構實施型式驗證合格及張貼合格標章，不得產製運出廠場或輸入。

> （一）何謂特定化學設備？（10 分）
>
> （二）對特定化學設備及其附屬設備應如何實施定期自動檢查？
> 　　　（15 分）　　　　　　　　　　　　　　　　　　　　【104】

（一）依據「特定化學物質危害預防標準」第 4 條規定，本標準所稱特定化學設備，指製造或處理、置放、使用丙類第一種物質、丁類物質之固定式設備。

（二）依據「職業安全衛生管理辦法」第 38 條規定，雇主對特定化學設備或其附屬設備，應每 2 年依下列規定定期實施檢查 1 次：

1. 特定化學設備或其附屬設備（不含配管）：

    (1) 內部有無足以形成其損壞原因之物質存在。

    (2) 內面及外面有無顯著損傷、變形及腐蝕。

    (3) 蓋、凸緣、閥、旋塞等之狀態。

    (4) 安全閥、緊急遮斷裝置與其他安全裝置及自動警報裝置之性能。

    (5) 冷卻、攪拌、壓縮、計測及控制等性能。

    (6) 備用動力源之性能。

(7) 其他為防止丙類第一種物質或丁類物質之漏洩之必要事項。

2. 配管：

(1) 熔接接頭有無損傷、變形及腐蝕。

(2) 凸緣、閥、旋塞等之狀態。

(3) 接於配管之供為保溫之蒸氣管接頭有無損傷、變形或腐蝕。

> **請說明我國有關化學品暴露及其健康危害分級管理之相關規定及實施方法。（25 分）　　　　　　　　　　　　　　　　【104】**

（一）我國有關化學品暴露及其健康危害分級管理之相關規定說明如下：

1. 依據「職業安全衛生法」第 11 條規定，雇主對於具有危害性之化學品，應依其健康危害、散布狀況及使用量等情形，評估風險等級，並採取分級管理措施。

   前項之評估方法、分級管理程序與採行措施及其他應遵行事項之辦法，由中央主管機關定之。

2. 依據「危害性化學品評估及分級管理辦法」第 4 條規定，雇主使勞工製造、處置或使用之化學品，符合國家標準 CNS 15030 化學品分類，具有健康危害者，應評估其危害及暴露程度，劃分風險等級，並採取對應之分級管理措施。

3. 依據「危害性化學品評估及分級管理辦法」第 6 條規定，第 4 條之評估及分級管理，雇主應至少每 3 年執行 1 次，因化學品之種類、操作程序或製程條件變更，而有增加暴露風險之虞者，應於變更前或變更後 3 個月內，重新進行評估與分級。

4. 依據「危害性化學品評估及分級管理辦法」第 11 條規定，雇主依本辦法採取之評估方法及分級管理措施，應作成紀錄留存備查，至少保存 3 年。

（二）我國有關化學品暴露及其健康危害分級管理之實施方法說明如下：

1. 規劃（Plan）：了解法規要求事項並規劃化學品分級管理之執行程序，清查廠場中具有健康危害之化學品。

2. 實施（Do）CCB 五步驟：劃分危害群組、判別逸散程度、選擇使用量、決定管理方法、參考暴露控制表單。

3. 檢查（Check）：檢查廠場是否已依 CCB 執行結果，採取適當的管理方法及暴露控制措施。

4. 改進（Act）：若檢查結果符合，則維持現況並持續觀察。若不符合，則應執行改進相關風險減緩或控制措施。定期檢討更新執行程序，並留存紀錄備查。

（一）何謂高壓氣體？（5 分）

（二）高壓氣體容器搬運時，應遵守那些規定辦理？（10 分）

（三）高壓氣體之貯存又應遵守那些規定辦理？（10 分）　【104】

（一）依據「職業安全衛生設施規則」第 18 條規定，本規則所稱高壓氣體，係指下列各款：

1. 在常用溫度下，表壓力（以下簡稱壓力）達每平方公分 10 公斤以上之壓縮氣體或溫度在攝氏 35 度時之壓力可達每平方公分 10 公斤以上之壓縮氣體。但不含壓縮乙炔氣。

2. 在常用溫度下，壓力達每平方公分 2 公斤以上之壓縮乙炔氣或溫度在攝氏 15 度時之壓力可達每平方公分 2 公斤以上之壓縮乙炔氣。

3. 在常用溫度下，壓力達每平方公分 2 公斤以上之液化氣體或壓力達每平方公分 2 公斤時之溫度在攝氏 35 度以下之液化氣體。

4. 除前款規定者外，溫度在攝氏 35 度時，壓力超過每平方公分 0 公斤以上之液化氣體中之液化氰化氫、液化溴甲烷、液化環氧乙烷或其他經中央主管機關指定之液化氣體。

（二）依據「職業安全衛生設施規則」第 107 條規定，雇主對於高壓氣體容器，不論盛裝或空容器，搬運時，應依下列規定辦理：

1. 溫度保持在攝氏 40 度以下。

2. 場內移動盡量使用專用手推車等，務求安穩直立。

3. 以手移動容器，應確知護蓋旋緊後，方直立移動。

4. 容器吊起搬運不得直接用電磁鐵，吊鏈、繩子等直接吊運。

5. 容器裝車或卸車，應確知護蓋旋緊後才進行，卸車時必須使用緩衝板或輪胎。

6. 盡量避免與其他氣體混載，非混載不可時，應將容器之頭尾反方向置放或隔置相當間隔。

7. 載運可燃性氣體時，要置備滅火器；載運毒性氣體時，要置備吸收劑、中和劑、防毒面具等。

8. 盛裝容器之載運車輛，應有警戒標誌。

9. 運送中遇有漏氣，應檢查漏出部位，給予適當處理。

10. 搬運中發現溫度異常高昇時，應立即灑水冷卻，必要時，並應通知原製造廠協助處理。

（三）依據「職業安全衛生設施規則」第 108 條規定，雇主對於高壓氣體之貯存，應依下列規定辦理：

1. 貯存場所應有適當之警戒標示，禁止煙火接近。

2. 貯存周圍 2 公尺內不得放置有煙火及著火性、引火性物品。

3. 盛裝容器和空容器應分區放置。

4. 可燃性氣體、有毒性氣體及氧氣之鋼瓶，應分開貯存。

5. 應安穩置放並加固定及裝妥護蓋。

6. 容器應保持在攝氏 40 度以下。

7. 貯存處應考慮於緊急時便於搬出。

8. 通路面積以確保貯存處面積 20% 以上為原則。

9. 貯存處附近，不得任意放置其他物品。

10. 貯存比空氣重之氣體，應注意低窪處之通風。

雇主對勞工於作業中或通行時，有接觸絕緣被覆配線或移動電線或電氣機具、設備之虞者，未有防止絕緣被破壞或老化等之設施，以致勞工感電死亡。該雇主違反那些職業安全衛生法規？其法律效果為何？請詳述之。（25 分）　　　　　　　　　　【105】

（一）雇主對勞工於作業中或通行時，有接觸絕緣被覆配線或移動電線或電氣機具、設備之虞者，未有防止絕緣被破壞或老化等之設施，以致勞工感電死亡。該雇主係違反「職業安全衛生設施規則」第 246 條，雇主對勞工於作業中或通行時，有接觸絕緣被覆配線或移動電線或電氣機具、設備之虞者，應有防止絕緣被破壞或老化等致引起感電危害之設施之規定。

（二）事業單位為防止罹災者從事該項作業時發生感電危害，應注意依「職業安全衛生法」第 6 條第 1 項第 3 款「雇主對下列事項應有符合規定之必要安全衛生設備及措施：三、防止電、熱或其他之能引起之危害。」暨「職業安全衛生設施規則」第 246 條「雇主對勞工於作業中或通行時，有接觸絕緣被覆配線或移動電線或電氣機具、設備之虞者，應有防止絕緣被覆破壞或老化等致引起感電危害之設施」之規定，提供並確認執行作業中或通行時無感電危險之虞，方使勞工從事作業，惟竟漏未履行上開法定作為義

務，顯有應注意能注意而疏於注意之情事，且疏於注意之行為與勞工死亡有相當因果關係，涉嫌觸犯刑法第 276 條「因過失致人於死者，處 5 年以下有期徒刑、拘役或 50 萬元以下罰金。」之規定。

某鋼瓶檢查場有一作業員於作業中，因天氣熱而開啟電扇時，電扇開關的火花引燃由鋼瓶中被清出的殘餘瓦斯而發生爆炸。請問，發生災害的該檢查場之雇主未能符合（或未遵守）的法規之規範內容為何？請列舉說明之。（15 分）　　　　　　　　　　　【106】

（一）依據「職業安全衛生設施規則」第 171 條規定，雇主對於易引起火災及爆炸危險之場所，應依下列規定：

　　1. 不得設置有火花、電弧或用高溫成為發火源之虞之機械、器具或設備等。

　　2. 標示嚴禁煙火及禁止無關人員進入，並規定勞工不得使用明火。

（二）依據「職業安全衛生設施規則」第 177 條規定，雇主對於作業場所有易燃液體之蒸氣、可燃性氣體或爆燃性粉塵以外之可燃性粉塵滯留，而有爆炸、火災之虞者，應依危險特性採取通風、換氣、除塵等措施外，並依下列規定辦理：

　　1. 指定專人對於前述蒸氣、氣體之濃度，於作業前測定之。

　　2. 蒸氣或氣體之濃度達爆炸下限值之 30% 以上時，應即刻使勞工退避至安全場所，並停止使用煙火及其他為點火源之虞之機具，並應加強通風。

3. 使用之電氣機械、器具或設備，應具有適合於其設置場所危險區域劃分使用之防爆性能構造。

根據「職業安全衛生設施規則」，必須考量其是否危及勞工，而設置具有連鎖性能之安全門等設備的機械種類及部位為何？（15分）　　　　　　　　　　　　　　　　　　　　　　【106】

依據「職業安全衛生設施規則」第 58 條規定，雇主對於下列機械部分，其作業有危害勞工之虞者，應設置護罩、護圍或具有連鎖性能之安全門等設備。

（一）紙、布、鋼纜或其他具有捲入點危險之捲胴作業機械。

（二）磨床或龍門刨床之刨盤、牛頭刨床之滑板等之衝程部分。

（三）直立式車床、多角車床等之突出旋轉中加工物部分。

（四）帶鋸（木材加工用帶鋸除外）之鋸切所需鋸齒以外部分之鋸齒及帶輪。

（五）電腦數值控制或其他自動化機械具有危險之部分。

依據我國職業安全衛生設施規則，有關傳動帶及動力傳動裝置之轉軸防護物之裝設各有何規定？（20分）　　　　　　　　　　　【107】

（一）依據「職業安全衛生設施規則」第 49 條規定，雇主對於傳動帶，應依下列規定裝設防護物：

1. 離地 2 公尺以內之傳動帶或附近有勞工工作或通行而有接觸危險者，應裝置適當之圍柵或護網。

2. 幅寬 20 公分以上，速度每分鐘 550 公尺以上，兩軸間距離 3 公尺以上之架空傳動帶周邊下方，有勞工工作或通行之各段，應裝設堅固適當之圍柵或護網。

3. 穿過樓層之傳動帶，於穿過之洞口應設適當之圍柵或護網。

（二）依據「職業安全衛生設施規則」第 50 條規定，動力傳動裝置之轉軸，應依下列規定裝設防護物：

1. 離地 2 公尺以內之轉軸或附近有勞工工作或通行而有接觸之危險者，應有適當之圍柵、掩蓋護網或套管。

2. 因位置關係勞工於通行時必須跨越轉軸者，應於跨越部分裝置適當之跨橋或掩蓋。

依據我國高壓氣體勞工安全規則，有關高壓氣體之液位計、閥之設置及緊急遮斷閥有何規定？（20 分）　　　　　　　　　　【107】

（一）依據「高壓氣體勞工安全規則」第 51 條，有關高壓氣體之液位計規定如下列：

以可燃性氣體或毒性氣體為冷媒氣體之冷媒設備之承液器及液化氣體儲槽應裝設液面計（氧氣或惰性氣體之超低溫儲槽以外之儲槽，以採用圓型玻璃管以外之液面計為限。）；該液面計如為玻璃管液面計者，應有防止該玻璃管不致遭受破損之措施。

連接前項玻璃管液面計與承液器或儲槽（以儲存可燃性氣體及毒性氣體為限。）間之配管，應設置自動及手動式停止閥。

（二）依據「高壓氣體勞工安全規則」第 52 條，有關高壓氣體閥之設置規定如下列：

設置於儲存可燃性氣體、毒性氣體或氧氣之儲槽（不含中央主管機關規定者。）之配管（以輸出或接受該氣體之用者為限；包括儲槽與配管之連接部分。）除依次條規定設置緊急遮斷裝置之閥類外，應設二具以上之閥；其一應置於該儲槽之近接處，該閥在輸出或接受氣體以外之期間，應經常關閉。

（三）依據「高壓氣體勞工安全規則」第 53 條，有關高壓氣體之緊急遮斷閥規定如下列：

設置於內容積在 5,000 公升以上之可燃性氣體、毒性氣體或氧氣等之液化氣體儲槽之配管，應於距離該儲槽外側 5 公尺以上之安全處所設置可操作之緊急遮斷裝置。但僅用於接受該液態氣體之配管者，得以逆止閥代替。

前項配管，包括儲槽與配管間之連接部分，以輸出或接受液化之可燃性氣體、毒性氣體或氧氣之用者為限。

液氧儲槽僅供應醫療用途者，除應依第 1 項規定設置緊急遮斷裝置外，得另裝旁通閥。但旁通閥應經常保持關閉狀態，並加鉛封或上鎖，非遇有緊急情況或維修需要，不得開啟。

> 依據我國職業安全衛生設施規則，那些設備為可能因靜電引起爆炸或火災之虞者？（10 分）又應採取那些措施？（10 分）　　【107】

（一）依據「職業安全衛生設施規則」第 175 條規定，因靜電引起爆炸或火災之虞之設備如下列：

　　1. 灌注、卸收危險物於槽車、儲槽、容器等之設備。

　　2. 收存危險物之槽車、儲槽、容器等設備。

　　3. 塗敷含有易燃液體之塗料、粘接劑等之設備。

　　4. 以乾燥設備中，從事加熱乾燥危險物或會產生其他危險物之乾燥物及其附屬設備。

　　5. 易燃粉狀固體輸送、篩分等之設備。

　　6. 其他有因靜電引起爆炸、火災之虞之化學設備或其附屬設備。

（二）依據「職業安全衛生設施規則」第 175 條規定，雇主對於上述設備有因靜電引起爆炸或火災之虞者，應採取接地、使用除電劑、加濕、使用不致成為發火源之虞之除電裝置或其他去除靜電之裝置。

某金屬製品加工廠設有二座軌道式固定式起重機（俗稱「天車」，分別標示吊升荷重為 5 公噸與 2.8 公噸），以及一台荷重 2 公噸的動力堆高機。請問：

（一）上述的固定式起重機與堆高機的操作人員須分別接受何種安全衛生訓練課程名稱（6 分），以及受訓時數（3 分），又在職訓練規定如何？（3 分）

（二）依據「起重升降機具安全規則」說明吊升荷重、額定荷重之定義？（8 分）

（三）如果動力堆高機裝載貨物掉落時有危害駕駛者之虞時，其頂蓬設置應符合那些規定？（5 分）　　　　　　【108】

（一）依據「職業安全衛生教育訓練規則」第 12、14、18 條規定，說明如下列：

1. (1) 吊升荷重為 5 公噸的操作人員需接受「吊升荷重在 3 公噸以上之固定式起重機操作人員」具危險性機械操作人員之安全衛生教育訓練課程（38 小時）。

   (2) 吊升荷重為 2.8 公噸的操作人員需接受「吊升荷重在 0.5 公噸以上未滿 3 公噸之固定式起重機操作人員」特殊安全衛生教育訓練課程（18 小時）。

   (3) 荷重 2 公噸動力堆高機的操作人員需接受「荷重在 1 公噸以上之堆高機操作人員」特殊安全衛生教育訓練課程（18 小時）。

2. (1) 吊升荷重為 5 公噸的操作人員需接受「每 3 年至少 3 小時」安全衛生在職教育訓練課程。

   (2) 吊升荷重為 2.8 公噸的操作人員需接受「每 3 年至少 3 小時」安全衛生在職教育訓練課程。

   (3) 荷重 2 公噸動力堆高機的操作人員需接受「每 3 年至少 3 小時」安全衛生在職教育訓練課程。

（二）依據「起重升降機具安全規則」第 5、6 條規定，吊升荷重、額定荷重之定義如下列：

1. 本規則所稱吊升荷重，指依固定式起重機、移動式起重機、人字臂起重桿等之構造及材質，所能吊升之最大荷重。

   具有伸臂之起重機之吊升荷重，應依其伸臂於最大傾斜角、最短長度及於伸臂之支點與吊運車位置為最接近時計算之。

   具有吊桿之人字臂起重桿之吊升荷重，應依吊桿於最大傾斜角時計算之。

2. 本規則所稱額定荷重，在未具伸臂之固定式起重機或未具吊桿之人字臂起重桿，指自吊升荷重扣除吊鉤、抓斗等吊具之重量所得之荷重。

   具有伸臂之固定式起重機及移動式起重機之額定荷重，應依其構造及材質、伸臂之傾斜角及長度、吊運車之位置，決定其足以承受之最大荷重後，扣除吊鉤、抓斗等吊具之重量所得之荷重。

   具有吊桿之人字臂起重桿之額定荷重，應依其構造、材質及吊桿之傾斜角，決定其足以承受之最大荷重後，扣除吊鉤、抓斗等吊具之重量所得之荷重。

（三）依據「機械設備器具安全標準」第 79 條規定，堆高機應設置符合下列規定之頂蓬。但堆高機已註明限使用於裝載貨物掉落時無危害駕駛者之虞者，不在此限：

1. 頂蓬強度足以承受堆高機最大荷重之 2 倍之值等分布靜荷重。其值逾 4 公噸者為 4 公噸。

2. 上框各開口之寬度或長度不得超過 16 公分。

3. 駕駛者以座式操作之堆高機，自駕駛座上面至頂蓬下端之距離，在 95 公分以上。

4. 駕駛者以立式操作之堆高機，自駕駛座底板至頂蓬上框下端之距離，在 1.8 公尺以上。

> 事業單位使用應依「工業用機器人危害預防標準」規定進行管理工作的機器人，請說明何謂機器人？並說明雇主應訂定安全作業標準之事項內容。（20 分）　　　　　　　　　　　　【109】

（一）依據「工業用機器人危害預防標準」第 2 條規定，工業用機器人，指具有操作機及記憶裝置（含可變順序控制裝置及固定順序控制裝置），並依記憶裝置之訊息，操作機可以自動作伸縮、屈伸、移動、旋轉或為前述動作之複合動作之機器。

（二）依據「工業用機器人危害預防標準」第 24 條規定，雇主應就下列事項訂定安全作業標準，並使工作者依該標準實施作業：

　　1. 機器人之操作方法及步驟，包括起動方法及開關操作方法等作業之必要事項。

　　2. 實施教導相關作業時，該作業中操作機之速度。

　　3. 工作者 2 人以上共同作業時之聯絡信號。

　　4. 發生異常狀況時，工作者採取之應變措施。

　　5. 因緊急停止裝置動作致機器人停止運轉後再起動前，確認異常狀況解除及確認安全之方法。

> 請依「起重升降機具安全規則」之規定，說明雇主不得提供起重吊掛作業使用之各種吊掛用具的條件。（20 分）　　　　　　　　【109】

依據「起重升降機具安全規則」第 68 條至第 72 條規定，雇主不得提供起重吊掛作業使用之各種吊掛用具的條件如下列：

（一）第 68 條雇主不得以有下列各款情形之一之鋼索，供起重吊掛作業使用：

　　1. 鋼索一撚間有 10% 以上素線截斷者。

　　2. 直徑減少達公稱直徑 7% 以上者。

　　3. 有顯著變形或腐蝕者。

4. 已扭結者。

（二）第 69 條規定雇主不得以有下列各款情形之一之吊鏈，供起重吊掛作業使用：

1. 延伸長度超過製造時長度 5% 以上者。

2. 斷面直徑減少超過製造時之 10% 者。

3. 有龜裂者。

（三）第 70 條規定雇主不得使用已變形或龜裂之吊鉤、馬鞍環、鉤環、鏈環等吊掛用具，供起重吊掛作業使用。

（四）第 71 條規定雇主不得以有下列各款情形之一之纖維索或纖維帶，供起重吊掛作業使用：

1. 已斷一股子索者。

2. 有顯著之損傷或腐蝕者。

（五）第 72 條規定雇主對於吊鏈或未設環結之鋼索，其兩端非設有吊鉤、鉤環、鏈環、編結環首、壓縮環首或可保持同等以上強度之物件者，不得供起重吊掛作業使用。

請列出依職業安全衛生法第 7 條指定，應符合安全標準之機械設備或器具名稱。另請詳述安全標示與合格標章有何不同並如何取得。（25 分）　　　　　　　　　　　　　　　　　　【110】

（一）依據「職業安全衛生法施行細則」第 12 條規定，本法第 7 條第 1 項所稱中央主管機關指定之機械、設備或器具如下：

1. 動力衝剪機械。

2. 手推刨床。

3. 木材加工用圓盤鋸。

4. 動力堆高機。

5. 研磨機。

6. 研磨輪。

7. 防爆電氣設備。

8. 動力衝剪機械之光電式安全裝置。

9. 手推刨床之刃部接觸預防裝置。

10. 木材加工用圓盤鋸之反撥預防裝置及鋸齒接觸預防裝置。

11. 其他經中央主管機關指定公告者。

（二）安全標示與合格標章不同之處及取得方式如下列：

1. 安全標示：依據「職業安全衛生法」第 7 條第 3 項規定，製造者或輸入者對於第 1 項指定之機械、設備或器具，符合前項安全標準者，應於中央主管機關指定之資訊申報網站登錄，並於其產製或輸入之產品明顯處張貼安全標示，以供識別。

2. 合格標章：依據「職業安全衛生法」第 8 條第 1 項規定，製造者或輸入者對於中央主管機關公告列入型式驗證之機械、設備或器具，非經中央主管機關認可之驗證機構實施型式驗證合格及張貼合格標章，不得產製運出廠場或輸入。

依「勞工作業環境監測實施辦法」規定，何謂臨時性作業、作業時間短暫及作業期間短暫之作業場所？其對實施勞工噪音及有機溶劑作業環境監測之實施頻率又分別有何影響？（25 分） 【111】

（一）依據「職業安全衛生法施行細則」第 17 條第 2 項規定且符合「勞工作業環境監測實施辦法」第 2 條第 3、4、5 款規定說明之作業場所。詳細內容如下列：

1. 「職業安全衛生法施行細則」第 17 條第 2 項規定，應訂定作業環境監測計畫及實施監測之作業場所如下：

    (1) 設置有中央管理方式之空氣調節設備之建築物室內作業場所。

    (2) 坑內作業場所。

(3) 顯著發生噪音之作業場所。

(4) 下列作業場所，經中央主管機關指定者：

甲、高溫作業場所。

乙、粉塵作業場所。

丙、鉛作業場所。

丁、四烷基鉛作業場所。

戊、有機溶劑作業場所。

己、特定化學物質作業場所。

(5) 其他經中央主管機關指定公告之作業場所。

2. 上述作業場所符合「勞工作業環境監測實施辦法」第 2 條第 3、4、5 款規定：

(1) 臨時性作業：指正常作業以外之作業，其作業期間不超過 3 個月，且 1 年內不再重複者。

(2) 作業時間短暫：指雇主使勞工每日作業時間在 1 小時以內者。

(3) 作業期間短暫：指作業期間不超過 1 個月，且確知自該作業終了日起 6 個月，不再實施該作業者。

（二）1. 依據「勞工作業環境監測實施辦法」第 7 條第 1 項第 3 款規定，勞工噪音暴露工作日 8 小時日時量平均音壓級 85 分貝以上之作業場所，應每 6 個月監測噪音 1 次以上。但臨時性作業、作業時間短暫或作業期間短暫之作業場所，不在此限。

2. 依據「勞工作業環境監測實施辦法」第 8 條第 2 項規定，前項作業場所（有機溶劑之作業場所，應每 6 個月監測其濃度一次以上）之作業，屬臨時性作業、作業時間短暫或作業期間短暫，且勞工不致暴露於超出勞工作業場所容許暴露標準所列有害物之短時間時量平均容許濃度，或最高容許濃度之虞者，得不受前項規定之限制。

3. 簡言之，臨時性作業、作業時間短暫及作業期間短暫之噪音作業場所，可不實施作業環境監測。而臨時性作業、作業時間短暫及作業期間短暫之有機溶劑作業，則必須也符合勞工不致暴露於超出勞工作業場所容許暴露標準所列有害物之短時間時量平均容許濃度，或最高容許濃度之虞者，方可不實施作業環境監測。

> **請依我國高壓氣體勞工安全規則，試說明其對安全閥釋放管之相關規定。（25 分）** 　　　　　　　　　　　　　　　　　　　　　　**【111】**

依據「高壓氣體勞工安全規則」第 49 條規定，前條安全裝置（除設置於惰性高壓氣體設備者外。）中之安全閥或破裂板應置釋放管；釋放管開口部之位置，應依下列規定：

（一）設於可燃性氣體儲槽者：應置於距地面 5 公尺或距槽頂 2 公尺高度之任一較高之位置以上，且其四周應無著火源等之安全位置。

（二）設於毒性氣體高壓氣體設備者：應置於該氣體之除毒設備內。

（三）設於其他高壓氣體設備者：應置於高過鄰近建築物或工作物之高度，且其四周應無著火源等之安全位置。

> **依「高壓氣體勞工安全規則」之規定，消費事業單位將液化石油氣容器串接供廠場使用，為預防火災爆炸，請說明應該辦理的事項。（25 分）** 　　　　　　　　　　　　　　　　　　　　　　**【112】**

依據「高壓氣體勞工安全規則」第 191-1 條規定，消費事業單位將液化石油氣容器串接供廠場使用，依下列規定辦理：

（一）使用及備用容器串接總容量不得超過 1,000 公斤，並應訂定容器串接供應使用管理計畫。

（二）容器及氣化器應設置於室外。

（三）容器及配管應採取防止液封措施。

（四）連接容器與配管之軟管或可撓性管（以下簡稱撓管），連結容器處應加裝防止氣體噴洩裝置。

（五）接用撓管之液化石油氣配管應設逆止閥。

（六）撓管及配管之選用及安裝，應符合對應流體性質使用環境之 CNS 國家標準或 ISO 國際標準。

（七）應設置漏洩及地震偵測自動緊急遮斷裝置。

（八）應於明顯易見處標示緊急聯絡人姓名及電話。

前項消費事業單位將液化石油氣容器串接供廠場使用，依消防法有關規定設置必要之消防設備。

2-3 勞工衛生法規

（一）職業安全衛生設施規則要求事業單位的雇主，如勞工 8 小時日時量平均音壓級超過 85 分貝時，應採取的聽力保護措施為何？（18 分）

（二）又勞工人數達 100 人以上和未達 100 人在執行上有何不同？（7 分）　　　　　　　　　　　　　　　　　　【103】

（一）依據「職業安全衛生設施規則」第 300-1 條規定，雇主對於勞工 8 小時日時量平均音壓級超過 85 分貝或暴露劑量超過 50% 之工作場所，應採取下列聽力保護措施，作成執行紀錄並留存 3 年：

1. 噪音監測及暴露評估。

2. 噪音危害控制。

3. 防音防護具之選用及佩戴。

4. 聽力保護教育訓練。

5. 健康檢查及管理。

6. 成效評估及改善。

（二）前項聽力保護措施，事業單位勞工人數達 100 人以上者，雇主應依作業環境特性，訂定聽力保護計畫據以執行；勞工人數未滿 100 人者，得以執行紀錄或文件代替。

（一）為保護勞工的健康，雇主應使醫護人員臨廠服務辦理的事項有那些？
試列舉 5 項（15 分）。

（二）若僱用勞工從事 8 小時日時量平均音壓級超過 85 分貝之工作時，應使其接受之特殊體格檢查內容為何？（15 分）

【106】

（一）依據「勞工健康保護規則」第 9 條規定，雇主應使醫護人員及勞工健康服務相關人員臨場服務辦理下列事項：

1. 勞工體格（健康）檢查結果之分析與評估、健康管理及資料保存。

2. 協助雇主選配勞工從事適當之工作。

3. 辦理健康檢查結果異常者之追蹤管理及健康指導。

4. 辦理未滿 18 歲勞工、有母性健康危害之虞之勞工、職業傷病勞工與職業健康相關高風險勞工之評估及個案管理。

5. 職業衛生或職業健康之相關研究報告及傷害、疾病紀錄之保存。

6. 勞工之健康教育、衛生指導、身心健康保護、健康促進等措施之策劃及實施。

7. 工作相關傷病之預防、健康諮詢與急救及緊急處置。

8. 定期向雇主報告及勞工健康服務之建議。

9. 其他經中央主管機關指定公告者。

（二）依據「勞工健康保護規則」附表十特殊體格檢查、健康檢查項目表規定，勞工噪音暴露工作日 8 小時日時量平均音壓級在 85 分貝以上之噪音作業特殊體格檢查內容如下：

1. 作業經歷、生活習慣及自覺症狀之調查。

2. 服用傷害聽覺神經藥物（如水楊酸或鏈黴素類）、外傷、耳部感染及遺傳所引起之聽力障礙等既往病史之調查。

3. 耳道檢查。

4. 聽力檢查（audiometry）。（測試頻率至少為 500、1,000、2,000、3,000、4,000、6,000 及 8,000 赫之純音，並建立聽力圖）。

某 35 歲女工從事鉛合金切斷或清掃之作業已有 8 年的工作年資，過去幾年的作業環境監測結果顯示其鉛粉塵暴露濃度均未超過 1/2 容許濃度（0.025 mg/m³），但大於 0.01 mg/m³，每年定期的特殊健康檢查數據發現其血中鉛濃度都在 7~15μg/dL 之間；該名女工最近三個月都無月經訊息，經前往婦產科診所檢查確認已懷有一個月身孕，並直接告知公司人事部門與單位主管。請依上述背景說明資料回答下列問題：

（一）說明：(1) 我國現行危害性化學品暴露分級管理方式；（9 分）(2) 該女工懷孕前的暴露分級屬於那一等級？（1 分）

（二）說明：(1) 我國現行母性健康管理的分級管理方式；（12 分）(2) 該女工懷孕後的母性健康管理的分級管理其風險等級屬於那一等級？（3 分） 【108】

（一）依據「危害性化學品評估及分級管理辦法」第 10 條規定，說明如下列：

1. 我國現行危害性化學品暴露分級管理方式，雇主對於化學品之暴露評估結果，應依下列風險等級，分別採取控制或管理措施：

(1) 第一級管理：暴露濃度低於容許暴露標準 1/2 者，除應持續維持原有之控制或管理措施外，製程或作業內容變更時，並採行適當之變更管理措施。

(2) 第二級管理：暴露濃度低於容許暴露標準但高於或等於其 1/2 者，應就製程設備、作業程序或作業方法實施檢點，採取必要之改善措施。

(3) 第三級管理：暴露濃度高於或等於容許暴露標準者，應即採取有效控制措施，並於完成改善後重新評估，確保暴露濃度低於容許暴露標準。

2. 該女工過去幾年的作業環境監測結果顯示，其鉛粉塵暴露濃度均未超過 1/2 容許濃度（0.025 mg/m³），但大於 0.01 mg/m³，故該女工懷孕前的暴露分級屬於第一級管理等級。

（二）1. 我國現行母性健康管理的分級管理方式，依據「女性勞工母性健康保護實施辦法」第 9 條規定，說明如下列：

(1) 符合下列條件之一者，屬第一級管理：

甲、作業場所空氣中暴露濃度低於容許暴露標準 1/10。

乙、第 3 條或第 5 條第 2 項之工作或其他情形，經醫師評估無害母體、胎兒或嬰兒健康。

(2) 符合下列條件之一者，屬第二級管理：

甲、作業場所空氣中暴露濃度在容許暴露標準 1/10 以上未達 1/2。

乙、第 3 條或第 5 條第 2 項之工作或其他情形，經醫師評估可能影響母體、胎兒或嬰兒健康。

(3) 符合下列條件之一者，屬第三級管理：

甲、作業場所空氣中暴露濃度在容許暴露標準 1/2 以上。

乙、第 3 條或第 5 條第 2 項之工作或其他情形，經醫師評估有危害母體、胎兒或嬰兒健康。

2. 因該女工其血中鉛濃度都在 7 ～ 15 µg/dL 之間，依據「女性勞工母性健康保護實施辦法」第 10 條規定：

(1) 第一級管理：血中鉛濃度低於 5 µg/dl 者。

(2) 第二級管理：血中鉛濃度在 5 µg/dl 以上未達 10 µg/dl。

(3) 第三級管理：血中鉛濃度在 10 µg/dl 以上者。

該女工血中鉛濃度數據範圍，落於第二級管理與第三級管理，基於避免低估風險，故該女工懷孕後的母性健康管理的分級管理其風險等級屬於第三級管理等級。

依據職業安全衛生法第 19 條所稱「具有特殊危害之作業」與第 20 條所稱之「特別危害健康作業」相關規定，回答以下問題：

（一）列出所有中央主關機關訂定「具有特殊危害之作業」相關法令名稱。（10 分）

（二）請列出 (1) 5 種「特別危害健康作業」名稱；(5 分）(2) 特殊體格（健康）檢查紀錄依規定應至少保存 30 年之 5 種作業。（10 分）   【108】

（一）中央主管機關訂定「具有特殊危害之作業」相關法令名稱如下列：

1. 高溫作業勞工作息時間標準。

2. 異常氣壓危害預防標準。

3. 高架作業勞工保護措施標準。

4. 精密作業勞工視機能保護設施標準。

5. 重體力勞動作業勞工保護措施標準。

（二）1. 依據「職業安全衛生法施行細則」第 28 條規定，所稱特別危害健康作業，指下列作業：

(1) 高溫作業。

(2) 噪音作業。

(3) 游離輻射作業。

(4) 異常氣壓作業。

(5) 鉛作業。

(6) 四烷基鉛作業。

(7) 粉塵作業。

(8) 有機溶劑作業，經中央主管機關指定者。

(9) 製造、處置或使用特定化學物質之作業，經中央主管機關指定者。

(10) 黃磷之製造、處置或使用作業。

(11) 聯啶或巴拉刈之製造作業。

(12) 其他經中央主管機關指定公告之作業。

2. 依據「勞工健康保護規則」第 20 條規定，從事下列作業之各項特殊體格（健康）檢查紀錄，應至少保存 30 年：

(1) 游離輻射。

(2) 粉塵。

(3) 三氯乙烯及四氯乙烯。

(4) 聯苯胺與其鹽類、4- 胺基聯苯及其鹽類、4- 硝基聯苯及其鹽類、β- 萘胺及其鹽類、二氯聯苯胺及其鹽類及 α- 萘胺及其鹽類。

(5) 鈹及其化合物。

(6) 氯乙烯。

(7) 苯。

(8) 鉻酸與其鹽類、重鉻酸及其鹽類。

(9) 砷及其化合物。

(10) 鎳及其化合物。

(11) 1,3- 丁二烯。

(12) 甲醛。

(13) 銦及其化合物。

(14) 石綿。

(15) 鎘及其化合物。

某事業單位使用丙酮、二甲基甲醯胺、四氯乙烯、滑石粉等物質，該公司欲依「勞工作業環境監測實施辦法」規定，實施作業環境監測，請說明該公司應訂定其有那些項目之作業環境監測計畫？該公司是否應組成監測評估小組的條件？並說明應針對監測結果執行那些工作？（20 分）　　　　　　　　　　　　　　　　【109】

（一）依據「勞工作業環境監測實施辦法」第 10-1 條規定，作業環境監測計畫，應包括下列事項：

1. 危害辨識及資料收集。

2. 相似暴露族群之建立。

3. 採樣策略之規劃及執行。

4. 樣本分析。

5. 數據分析及評估。

（二）依據「勞工作業環境監測實施辦法」第 10-2 條規定，事業單位從事特別危害健康作業之勞工人數在 100 人以上，或依本辦法規定應實施化學性因子作業環境監測，且勞工人數 500 人以上者，監測計畫應由下列人員組成監測評估小組研訂之：

1. 工作場所負責人。

2. 依職業安全衛生管理辦法設置之職業安全衛生人員。

3. 受委託之執業工礦衛生技師。

4. 工作場所作業主管。

（三）依據「勞工作業環境監測實施辦法」第 12 條第 2 ～ 4 項規定，針對監測結果應執行工作如下列：

1. 監測計畫之監測結果應依附表三記錄，並保存 3 年。但屬附表四所列化學物質者（四氯乙烯），應保存 30 年；粉塵之監測紀錄應保存 10 年。

2. 第 1 項之監測結果，雇主應於作業勞工顯而易見之場所公告或以其他公開方式揭示之，必要時應向勞工代表說明。

3. 雇主應於採樣或測定後 45 日內完成監測結果報告，通報至中央主管機關指定之資訊系統。所通報之資料，主管機關得作為研究及分析之用。

事業單位勞工作業時使用黏著劑，雇主要求供應商依「危害性化學品標示及通識規則」規定提供安全資料表（SDS），並針對黏著劑內容物進行評估檢討時，得知含有二甲苯 / Xylene (CAS. No. 1330-20-7) 28%~38%、苯乙烷 / Phenylethane (CAS. No. 100-41-4) 8%~11%、甲苯 / Toluene (CAS. No. 108-88-3) 0.16%~0.23%，最大運作量為 800 公斤，請依職業安全衛生法規定敘述應辦理之事項。（25 分）　　　　　　　　　　　　　　　　　　　　　　　【110】

（一）依據「職業安全衛生法」第 11 條規定，雇主對於前條之化學品，應依其健康危害、散布狀況及使用量等情形，評估風險等級，並採取分級管理措施。

（二）依據「危害性化學品評估及分級管理辦法」第 7 條規定，雇主使勞工製造、處置或使用之化學品，符合國家標準 CNS 15030 化學品分類，具有健康危害者之評估及分級管理，應參照中央主管機

關公告之技術指引，或採取其他具同等科學基礎之評估及管理方法辦理。

（三）依據「危害性化學品評估及分級管理辦法」第 10 條規定，雇主對於前 2 條化學品之暴露評估結果，應依下列風險等級，分別採取控制或管理措施：

1. 第一級管理：暴露濃度低於容許暴露標準二分之一者，除應持續維持原有之控制或管理措施外，製程或作業內容變更時，並採行適當之變更管理措施。

2. 第二級管理：暴露濃度低於容許暴露標準但高於或等於其二分之一者，應就製程設備、作業程序或作業方法實施檢點，採取必要之改善措施。

3. 第三級管理：暴露濃度高於或等於容許暴露標準者，應即採取有效控制措施，並於完成改善後重新評估，確保暴露濃度低於容許暴露標準。

依據特定化學物質危害預防標準，雇主設置局部排氣裝置時，應由何等人員妥為設計？該項設計應製作設計報告書及原始性能測試報告書，這二項報告書的主要內容為何？（25 分）　　　　【112】

（一）依據「特定化學物質危害預防標準」第 38 條第 2 項規定，雇主設置局部排氣裝置時，應指派或委託經中央主管機關訓練合格之專業人員設計。

（二）1. 依據「特定化學物質危害預防標準」附表二規定製作局部排氣裝置設計報告書內容如下列：

　　（1）場所基本資料：

　　　　甲、事業單位基本資料。

　　　　乙、工作場所平面配置圖。

丙、製程流程圖。

丁、局部排氣裝置設置系統略圖（應標示特定化學物質作業範圍、作業位置、氣罩與排氣機之位置及其與發生源等之關係，比例尺以能辨識其標示內容為度）。

戊、特定化學物質之種類及其危害資訊。

己、特定化學物質作業方式。

庚、作業勞工人數及暴露途徑。

(2) 局部排氣裝置設計之說明：

甲、環境干擾氣流及降低方式。

乙、補氣系統設計及措施。

丙、氣罩設計資料及其規格。

丁、導管系統設計資料及其規格。

戊、空氣清淨裝置設計及其規格。

己、排氣機設計及其規格。

庚、局部排氣裝置壓力損失計算。

辛、其他設計資料（含清潔口及測定孔或其他監測裝置）。

(3) 設計人員資格證號及簽名。

2. 依據「特定化學物質危害預防標準」附表三規定製作之局部排氣裝置原始性能測試報告書內容如下列：

(1) 場所基本資料：

甲、事業單位基本資料。

乙、設計單位／人員。

丙、測試單位／人員。

(2) 局部排氣裝置原始性能測試結果與設計報告比較：

甲、環境干擾氣流測試。

乙、補氣效能測試（室內外壓力差）。

丙、氣罩測試結果：

（甲）氣罩幾何形狀與尺寸。

（乙）入口風速。

（丙）吸氣口與特定化學物質發生源之相對位置與距離。

丁、管道系統重要檢測點（氣罩、節點、空氣清淨裝置、排氣機）上下游靜壓、檢測孔靜壓測試結果。

戊、其他檢測資料。

己、測試人員簽名及測試完成日期。

依據「優先管理化學品之指定及運作管理辦法」，所定優先管理化學品有那些？（10 分） 　【112】

依據「優先管理化學品之指定及運作管理辦法」第 2 條規定，本辦法所定優先管理化學品如下：

（一）本法第 29 條第 1 項第 3 款（鉛、汞、鉻、砷、黃磷、氯氣、氰化氫、苯胺等）及第 30 條第 1 項第 5 款（二硫化碳、三氯乙烯、環氧乙烷、丙烯醯胺、次乙亞胺、砷及其化合物、汞及其無機化合物等）規定之危害性化學品。

（二）依國家標準 CNS 15030 分類，屬下列化學品之一，並經中央主管機關指定公告者：

1. 致癌物質、生殖細胞致突變性物質、生殖毒性物質。

2. 呼吸道過敏物質第一級。

3. 嚴重損傷或刺激眼睛物質第一級。

4. 特定標的器官系統毒性物質屬重複暴露第一級。

（三）依國家標準 CNS 15030 分類，具物理性危害或健康危害之化學品，並經中央主管機關指定公告。

（四）其他經中央主管機關指定公告者。

2-4 其他安全衛生相關法規

> 如何增進爆炸性環境電氣工作人員的能力（competence）？請依據職業安全衛生法規之規定加以申論，並請提供未來修訂之建議。
> （25 分）　　　　　　　　　　　　　　　　　　【105】

現行職業安全衛生相關法規當中，對於防爆電氣設備有所規範部分係「職業安全衛生設施規則」、「高壓氣體勞工安全規則」及「機械設備器具安全標準」等等，其中內容主要係為預防火災爆炸，雇主對使用之電氣設備，應具有適應其設置場所及該氣體種類之防爆性能構造，而其性能、構造、試驗、標示及危險區域劃分等，應符合國家標準 CNS 3376 系列、CNS 15591 系列或與其同等之標準規定。亦即現行法規對於防爆電氣設備已多有規範。

而防爆電氣設備是否能發揮其防爆功能，端視製造商供應之產品是否符合防爆構造規格，使用者是否選用適合該危險場所之防爆電氣設備，及其施工方法與運轉後之維護保養是否得當而定。其中對於防爆電氣其施工方法與運轉後之維護保養乃為一項複雜及專門之知識與技能，其不同於一般之電氣裝設，若以一般之電氣規劃或安裝檢查維護進行，常出現不適當或無法發揮其防爆效能之情形。

在國外，如國際電工委員會、英國、日本及新加坡等皆陸續推動有關防爆電氣專業人員之能力驗證相關制度。國內目前欠缺防爆電氣相關驗證

制度，因此有必要引進國外防爆電氣設備之專業人員能力驗證制度，以提升防爆電氣規劃、施工、維護、檢查及管理等人員之專業知識與技能。而國內推行已久的技能檢定制度，透過檢定資格的審查、基礎學科及實務術科的測試，以確保防爆電氣專業人員之能力達到一定水準，必要時可另外配合訂定定期回訓制度的實施，使得防爆電氣專業人員定期接受新知，持續精進其專業之能力。

某一公司屬製造業，111 年使用過氧化丁酮之最大運作量達 500 公斤，112 年每月過氧化丁酮之經常運作量約 400 公斤，請問僅就過氧化丁酮之處理使用：

（一）該公司依「優先管理化學品之指定及運作管理辦法」不需申報中央主管機關備查的理由？（5 分）

（二）該公司依「工廠危險物品申報辦法」需向主管機關申報的內容？（5 分）

（三）該公司依「公共危險物品及可燃性高壓氣體製造儲存處理場所設置標準暨安全管理辦法」需報請消防機關核定的事項及規定？（5 分）　　　　　　　　　　　　　　　　　　【112】

（一）依據「優先管理化學品之指定及運作管理辦法」附表三規定應報請備查之有機過氧化物之臨界量為 10 公噸，因該公司使用過氧化丁酮之最大運作量為 500 公斤、經常運作量約 400 公斤，均未達應報請備查之規定量，故不需申報中央主管機關備查。

（二）依據「工廠危險物品申報辦法」第 10 條規定，危險物品之申報內容包括申報單位基本資料，危險物品之範圍、化學文摘社號碼、聯合國編號、中英文名稱、分子式、數量、用途、放置方式及放置位置（含配置圖）。

　　　前項危險物品之申報內容，應一併提供工廠建築物內製造、加工或使用之機械設備配置圖。

（三）依據「公共危險物品及可燃性高壓氣體製造儲存處理場所設置標準暨安全管理辦法」第 10 條第 1 項規定，公共危險物品及可燃性高壓氣體之製造、儲存或處理場所之位置、構造及設備圖說，應由直轄市、縣（市）消防機關於主管建築機關許可開工前，審查完成。

2-5 參考資料

說明 / 網址	QR CODE
全國法規資料庫 *https://law.moj.gov.tw/Index.aspx*	
勞動部勞動法令查詢系統 *https://laws.mol.gov.tw/FLAW/index-1.aspx*	
勞動部勞動及職業安全衛生研究所安全衛生法規資料庫 *https://www.ilosh.gov.tw/90987/90989/90991/lpsimplelist*	
中華民國工業安全衛生協會職安法規查詢 *http://law.isha.org.tw/ISHA_LAW/Pages/Index.aspx*	
中國勞工安全衛生管理學會法規新訊 *http://www.cshm.org.tw/law.asp*	

風險危害評估　3

3-0 重點分析

在工業安全技師的六個考試科目中，個人覺得「風險危害評估」這個科目相較下是最難準備的一科；因其範圍甚廣，出題方向捉摸不定，往往實戰經驗考下來，本科的分數幾乎都是六科中倒數一二，且不易找到標準解答。本書所蒐集撰寫的內容，僅提供各位一個參考方向，鼓勵報考者要再多方涉獵風險危害評估相關專業資訊，在考試當下才能觸類旁通，爭取高分的機會。

依據考選部公佈的「專門職業及技術人員高等考試工業安全技師考試命題大綱」之中，有關「風險危害評估」這個科目的命題大綱包含：風險危害認知、風險危害評估方法、風險危害控制及其他安全風險危害管理等四部分。以 100 年至 112 年這 13 年間，共考出 53 題，而題目可能會跨 2 至 3 個部分，個人採初略分類，其中「風險危害評估方法」佔 68% 最高，其次「風險危害認知」佔 15% 次之，再次之為「其他安全風險危害管理」的 11% 及「風險危害控制」的 6%。

可見本科目在準備上，對於風險危害評估之各種「評估手法」需下功夫熟識，根據「危險性工作場所審查及檢查辦法」及「製程安全評估定期實施辦法」，這些評估方法包含：如果 - 結果分析（What-If）、檢核表（Checklist）、如果 - 結果分析 / 檢核表、危害與可操作性分析（HAZOP）、失誤模式與影響分析（FMEA）、故障樹分析（FTA）及其

他經中央主管機關認可具有同等功能之安全評估方法，例如：初步危害分析（PrHA）、道氏火災與爆炸指數分析（Dow F&EIA）、事件樹分析（ETA）、保護層分析（LOPA）⋯等；這些評估手法若採計算模式呈現者，因計算結果其答案較為明確，更應熟練其計算方法，以把握得分之機會。

最後提醒考前應留意國內外相關重大職災或事故的時事新聞，例如國內高雄的氣爆事件於 103 年風險評估的第 2 題就考出來。考試除了用心、用功並全力以赴的準備之外，若有信仰者，可以學習交托及祈禱；本人 97 年進入工安領域至今，為用而訓之環安衛證照，均能順利獲得且一次到位，信仰絕對位居首功。因恐懼、害怕、擔心，只會削弱我們的學習潛能與動力；考場的沉著，心情的穩定，甚至神來一筆的靈感與創新獨特見解，是我個人考場未曾失利的武器。

3-1 風險危害認知

請解釋下列名詞：

（一）BLEVE（13 分）

（二）UEL（6 分）

（三）FAR（6 分）

【103】

（一）BLEVE：沸騰液體膨脹蒸氣爆炸（Boiling Liquid Expanding Vapor Explosion, BLEVE）是指當儲槽內之液化氣體，若受外界熱源（如火災侵襲）使槽內液化氣體蒸發造成內壓上昇，此時會啟動安全閥作動釋放內部壓力，但因加熱過度安全閥無法適度宣洩突如其來的巨大壓力而導致儲槽破裂；在儲槽破裂瞬間其內部高壓降為常壓，使液化氣體大量沸騰為氣體，體積膨脹百倍能將破片推送至遠處，若其內部為可燃氣體與空氣混合遇火源則瞬間點燃爆炸。

（二）UEL：以可燃性氣體或蒸氣之體積百分比表示之爆炸範圍最高濃度界限，稱為爆炸上限（Upper Explosive Limit, UEL）。

（三）FAR：致死事故率（Fatal Accident Rate, FAR），為每 1,000 人一生 50 年工作 10^8 工時內之死亡率。

國內化工相關製程進行初步危害分析時常採用本質危害暨系統作用危害分析。其中，本質危害分析會完成檢核表 A、B、C 三份檢核表。試問該方法中，本質危害分析或系統作用危害分析何者可以判斷製程區屬於重大危害區域？或兩者均可以？檢核表 B 為物質相容性檢核表，於檢核表 B 的分析中，應考慮那兩種類型物質的相容性問題？相同化學品間有沒有相容性的問題？若不考慮加入的先後順序，化學品甲和化學品乙間的相容性與化學品乙和化學品甲間的相容性是否一樣？（25 分）　　　　　　　　【104】

（一）本質危害分析無法判斷製程區是否屬於重大危害區域，而系統作用危害分析可以判斷製程區是否屬於重大危害區域。

1. 本質危害分析：是針對危害物質之易燃性、爆炸性、反應性與急毒性等，進行物質的危害本質辨識與相對危害等級的評估分析，無法確認製程區是否屬於重大危害區域。

2. 系統作用危害分析：是針對整體系統製程作業區域，依其危險程度將工作區執行製程實務劃分區隔，如物質進料區、高溫溶解區、熔融反應區、蒸餾萃取區等，並對各個製程區域執行風險危害查核評估分析，以判斷那些製程區屬於重大危害區域。

（二）檢核表 ABC 之定義如下：

1. 物質危害檢核表（A）：檢核化學物質之易燃性、安定性、毒性與對人體的健康危害程度等。

2. 物質的相容性檢核表（B）：檢核化學物質彼此間的相容性，甚至化學品與設備材質之間的相容程度等。

3. 處理方法檢核表（C）：檢核化學物質對於設備儀器及系統製程方面，可能造成的危害影響等。

其中，物質相容性檢核表 B，在分析中應考量物質的單一成分及彼此間相容性的問題。

（三）化學品若屬相同物質成分，則彼此間應沒有相容性的問題。

（四）若不考慮加入的先後順序，化學品甲和化學品乙間的相容性與化學品乙和化學品甲間的相容性是一樣的。換言之，即相容性不會因甲、乙化學品間互換而改變。

1. 若甲、乙化學品彼此相容，則（甲加乙）與（乙加甲）的結果一樣皆為相容。

2. 若甲、乙化學品彼此不相容，則（甲加乙）與（乙加甲）的結果一樣皆為不相容。

依據職業安全衛生法第十五條第三項訂定之「製程安全評估定期實施辦法」係針對危害性化學品數量、製程安全評估方法、評估報告內容要項、報請備查之期限、項目、方式及其他應遵行事項進行規範。而由「製程安全評估定期實施辦法」第四條第一項要求之「製程安全資訊」包含高度危險化學品危害資訊、製程技術相關資訊與製程設備相關資訊三項，請就此三項目詳述之；另，「製程安全資訊」應用目的為何？（25 分）　　　　　　【107】

（一）依據「製程安全評估定期實施辦法」第 4 條之規定，製程安全資訊內容包含下列事項：

1. 高度危險化學品之危害資訊：

　　(1) 毒性資訊。

　　(2) 容許暴露濃度。

　　(3) 物理數據。

(4) 反應性數據。

(5) 腐蝕性數據。

(6) 熱及化學安定性數據。

(7) 可能發生不慎與其他物質混合危害後果。

2. 製程技術相關資訊：

(1) 方塊流程圖或簡化製程流程圖。

(2) 製程化學反應資料。

(3) 預期最大存量。

(4) 溫度、壓力、流量或組成等之安全上、下限。

(5) 製程偏移後果評估，包括可能影響勞工安全及健康事項。

3. 製程設備相關資訊：

(1) 建造材料。

(2) 管線與儀錶圖（P&ID's）。

(3) 防爆區域劃分。

(4) 釋壓系統設計及設計依據。

(5) 通風系統設計。

(6) 使用之設計規範及標準。

(7) 質能平衡資料。

(8) 安全系統如安全連鎖、偵測或抑制系統。

(9) 製程設備之設計、製造及操作符合相關法令規定之證明文件。

（二）「製程安全資訊」應用目的在於書面製程安全資訊的編製，使雇主和製程相關員工能夠辨識和暸解製程中高度危險化學品的危害性。

某一工廠於執行 H_2O_2（雙氧水）儲槽 HAZOP 分析，於「高溫」偏離時，可能危害／後果的欄位上寫：「槽體爆裂，造成火災（遇可燃物）或人員中毒。」請由雙氧水的本質危害說明該分析有何問題？並由該分析結果說明分析小組對雙氧水本質危害的認知為何？應如何分析比較好？若將「槽體爆裂，造成火災（遇可燃物）或人員中毒。」的原始分析結果應用於製程安全管理（PSM）的緊急應變單元，會產生那些問題？（25 分）　　　　　【109】

（一）依據雙氧水之安全資料表（SDS）危害警告訊息，雙氧水屬強氧化劑，可能引起燃燒或爆炸，若長期或重複暴露吸收過量，會危害健康造成嚴重皮膚灼傷和眼睛損傷；在火場中會產生刺激性或毒性氣體。依雙氧水 SDS 之安全處置與儲存方法如下列：

　1. 處置：

　　（1）儲存之容器及可能接觸或使用到的一切設備應小心選擇，以減少其反應之危險性。

　　（2）儲存處附近應備有水源。

　　（3）為保持取出容器內雙氧水純度，取出後之溶液不要再回收至原容器內。

　　（4）容器應加蓋並保持排氣，避免撞擊等物理性傷害。

　　（5）容器排空前，應以水沖洗乾淨。

　　（6）排空容器不要使用壓力擠出排空。

　2. 儲存：

　　（1）儲存於陰涼、乾燥、通風良好、防火地區，遠離可燃物質、腐蝕性氣體、工作區、飲食區、引火源、避免陽光直接照射。

　　（2）遠離可燃物、重金屬、催化金屬化合物、熱源和火源，避免陽光直射。

(3) 貯存區應標示清楚，且無障礙物並必須受過訓的人員方可進入；儲存在貼有標示之適當容器裡，並避免容器受損。

（二）危害與可操作分析 HAZOP（Hazard and Operability Study）係針對一個新設或既設之設備，檢驗其偏離設計目的之潛在危害與後果影響的系統化分析方法。

1. 依題意 H_2O_2 儲槽 HAZOP 分析，於「高溫」偏離時，可能危害 / 後果的欄位上寫：「槽體爆裂，造成火災（遇可燃物）或人員中毒。」

2. 其引導字（較多）與製程參數（溫度）所產出的偏離為高溫，就其危害與可操作性分析程序而言，製程偏離（高溫）之造成的可能原因為何，因題意並未說明，僅直接描述可能後果；在後續的防護措施會造成困擾，因不知造成高溫的肇因，會不知該如何防護，且後續的嚴重性、可能性及風險等級和改善建議都會不知該如何評估與控制。

（三）製程安全管理之緊急狀況規劃與應變程序，事業單位應建置並執行廠內緊急應變計畫，其計畫須包括處理危害物之洩漏步驟。

1. 緊急應變計畫應包含下列項目：

(1) 緊急應變運作流程與組織架構及權責。

(2) 緊急應變控制中心設置。

(3) 緊急應變運作流程及說明。

(4) 指派應變協調指揮官並律定職責。

(5) 緊急疏散程序及疏散路徑設定。

(6) 執行重要操作之勞工在疏散前必須遵守之程序。

(7) 律定疏散後之集合地點及清點程序。

2. 「槽體爆裂，造成火災（遇可燃物）或人員中毒。」該論述運用在緊急應變單元時，此處槽體爆裂起因若為高溫造成，應設法降溫，至於為何造成高溫應在進一步探討原因，以利在應變

預防方面避免災害擴大。另槽體爆裂的後果究竟是遇可燃物造成火災或危害蒸氣外洩導致人員中毒，還是兩者同時存在，應先確認災害的結果現況，此與後續的災害範圍及救災的規模有關。

依我國「製程安全評估定期實施辦法」規定，請說明製程安全評估為何？製程修改為何？有一高科技廠使用 150 公斤之矽甲烷（silane），在 106 年通過甲類危險性工作場所審查，並在 5 年後（111 年）須重新評估，請說明其所實施之製程安全評估內容應包括那些？（25 分）　　　　　　　　　　　　【110】

（一）依據「製程安全評估定期實施辦法」第 3 條規定：

1. 本辦法所稱「製程安全評估」，指利用結構化、系統化方式，辨識、分析前條工作場所潛在危害，而採取必要預防措施之評估。

2. 本辦法所稱「製程修改」，指前條工作場所既有安全防護措施未能控制新潛在危害之製程化學品、技術、設備、操作程序或規模之變更。

（二）依據「製程安全評估定期實施辦法」第 4 條第 2 項規定，實施前項評估之過程及結果，應予記錄，並製作製程安全評估報告及採取必要之預防措施，評估報告內容應包括下列各項：

1. 實施前項評估過程之必要文件及結果。

2. 勞工參與。

3. 標準作業程序。

4. 教育訓練。

5. 承攬管理。

6. 啟動前安全檢查。

7. 機械完整性。

8. 動火許可。

9. 變更管理。

10. 事故調查。

11. 緊急應變。

12. 符合性稽核。

13. 商業機密。

> 何謂危害分析？（10分）何謂風險評估（依危害而定，包含那些工作項目）？（10分）　　　　　　　　　　　　　【111】

（一）所謂危害分析是指從職場中的危害辨識開始，進而分析可能發生的事故之因果關係，並估算事故可能造成的不良影響，包含勞工的傷亡程度、財產損失的範圍及環境的污染損害之嚴重性，以及事故肇生的機率等因素；其危害分析的手法，包含定性及定量分析模式：

1. 定性分析：以探討事故與危害肇因之相關性及因果關係，或指認製程偏離正常操作之步驟及異常徵兆等不安全狀況。

2. 定量分析：以估定不良後果的大小程度或範圍，以及肇生事件的機率；有時採半定量化數據，如 FMECA 之風險危害矩陣；有時是全量化數據，如 Dow Index 之毀損半徑等。

3. 最好採定量分析，將數據量化後可進一步執行分級管理；畢竟企業在有限資源下，經風險分級後能排定優先順序，針對高風險項目應優先採取控制作為，以降低風險危害。

（二）職安法所稱風險評估，指辨識、分析及評量風險之程序；係針對職場可能對勞工安全及健康，肇生意外事故傷害和職業疾病之風險，所採取之風險衡量與控制的管理作為，包含找出工作場所可能危害，推估可能會受傷害的對象及如何受傷，評估危害所導致的風險嚴重性及檢視現有的預防措施是否適當，記錄所評估的結果，並且定期覆核及修正，以預防或降低傷害疾病風險等措施；依其危害種類，包含職場安全及衛生等工作項目：

1. 職場安全危害：即對勞工身體可能肇生立即性傷害者，包含火災、爆炸、墜落、倒塌、崩塌、被夾、被捲、飛落、被撞、中毒、缺氧、感電、局限空間等危害。

2. 職場衛生危害：即對勞工健康可能肇生慢性職業疾病者，包含物理性（如異常溫度、異常氣壓、噪音、振動、採光照明、游

離及非游離輻射等）、化學性（如有機溶劑、特化物質、鉛及四烷基鉛等）、生物性（如鼠類、植物花粉、真菌、細菌、病毒及毒素和過敏原等）、人因性（如工作環境設計不佳、過度施力、姿勢不良、重複性工作且無適當休息等）、心理性（如肢體暴力、心理暴力、言語暴力、性騷擾及跟蹤騷擾）等危害。

3. 依其危害種類，透過儀器如噪音計測量物理性危害，評估結果與法規標準比較，作為職場作業環境後續控制依據；或依危害物毒性、暴露劑量、暴露途徑、暴露頻率、暴露時間及勞工代謝能力等，執行作業環境區域採樣及個人採樣後，評估作業環境污染物分布情形及勞工暴露吸收劑量，進而瞭解工程控制設施之效率，進而採取控制改善作為。

工作安全分析（JSA）是一套有效預防事故發生的好方法，藉由工作觀察與工作流程分析，發現工作時之潛在危害及可能發生的危害有那些？工作安全分析有一定的順序，請依序寫出工作安全分析的步驟，並加以說明之。（共 20 分）　　　　　　　　【112】

（一）針對工廠作業時的潛在或可能肇生之危害因素或風險如下：

1. 人機介面：

在複雜製程或設備機械工作環境中，人員與機台接觸的距離與頻率，會有潛在的切割夾捲等風險。

2. 作業型式：

生產研發過程，會有物料運送、組裝、機台設定及操作保養、故障維修，物料報廢，機械拆卸等各項作業，都可能肇生作業者之職災風險。

3. 職災類型：

墜落、滾落、跌倒、衝撞、物體飛落、物體倒塌、崩塌、被撞、被夾、被捲、踩踏、被切、割、擦傷、溺斃、與高溫、低

溫接觸、與有害物等之接觸、感電、爆炸、物體破裂、火災等。

4. 媒介或危害因素：

   如機械或電氣等動力源、化學物質、生產製程、人為不當操作、外在不良環境、天然災害等。

（二）工作安全分析之步驟如下：

1. 選擇要分析的工作：

   優先選擇傷害頻率高或傷害嚴重率高的工作，或是具有潛在危害的工作來執行工作分析，以具體性的工作或製程任務及整體工作流程來分析。

2. 將工作分解成若干步驟：

   選定工作將其動作分解成具體步驟，每個步驟都詳細描述，包括動作所使用的工具及設備，以及涉及的化學品或物料等。

3. 識別可能潛在危害因素：

   將每個步驟執行分析，辨識其可能危害和風險，包括物理性危害、化學性危害、生物性危害和人因性危害等因素。

4. 評估可能風險：

   根據所識別的危害之風險程度，如危害的嚴重性、頻率和潛在影響來進行評估，可使用風險矩陣將風險量化分級。

5. 制定控制措施：

   根據風險等級，制定控制措施來降低或消除危害，其方法手段包括工程控制、行政管理和個人防護措施等。

6. 實施控制措施：

   確保制定的控制措施得到有效實施，包含人員的教育訓練、提供必要的設備和資源，以確保操作者均能遵守各項管制措施。

3-2 風險危害評估方法

今年夏天，在高雄市區發生嚴重的丙烯（C_3H_6）氣爆事件，並造成重大的傷亡。

（一）請估計丙烯氣體的密度是空氣的幾倍？（5分）

（二）若埋在地底下的丙烯氣體輸送管線未穿越下水道箱涵，但同樣發生輸送管線破裂，及同樣在輸送丙烯氣體，則請判斷其造成的危害會比此次高雄丙烯氣爆事件更嚴重或較輕微，請說明你的理由。（15分）

（三）此次氣爆事件，事後發現穿越下水道箱涵的管線鏽蝕嚴重且破裂，但其他埋在地底下未穿越下水道箱涵的輸送管線則未發生鏽蝕的情況，請說明其原因為何。（5分）　　　【103】

（一）丙烯（C_3H_6）分子量為 42，空氣分子量約為 28.8，故丙烯氣體的密度是空氣的 1.5 倍。

（二）埋在地底下的丙烯氣體輸送管線未穿越下水道箱涵，但同樣發生輸送管線破裂，及同樣在輸送丙烯氣體，其造成的危害會比此次高雄丙烯氣爆事件較為輕微；而穿越下水道箱涵的丙烯氣體輸送管線會比較嚴重。原因在於下水道箱涵內提供了「空氣」，會加速可燃氣體的爆炸，且會沿著下水道擴大其爆炸燃燒的範圍，使得災害區域更加嚴重。

（三）該氣爆事件，事後發現穿越下水道箱涵的管線鏽蝕嚴重且破裂，但其餘埋在地底下未穿越下水道箱涵的輸送管線則未發生鏽蝕的情況，其原因在於穿越下水道箱涵的管線提供相當的水氣成分，會加速管線的鏽蝕而造成嚴重破裂現象；另埋在地底下未穿越下水道箱涵的輸送管線，因為避開了下水道箱涵的水氣，故而未發生鏽蝕之情況。

（一）請說明獨立事件、相依事件及互斥事件的定義。（9分）

（二）T 是由 A、B 兩事件所促成的，即 T = A + B，已知 A、B 及 T 的發生機率分別為 P(A) = 0.28、P(B) = 0.47 及 P(T) = 0.68，試問：

1. A 與 B 是否為互相獨立事件？（6分）

2. A 與 B 是否為互斥事件？（5分）

3. 請計算 B 事件發生後，再發生 A 事件的機率 P(A|B) = ？（5分）

【103】

（一）1. 若 $P(A \cap B) = P(A) \times P(B)$，則 A 與 B 為互相獨立事件。

2. 若 $P(A \cap B) \neq P(A) \times P(B)$，則 A 與 B 為相依事件。

3. 若 $P(A \cap B) = \phi$，則 A 與 B 不可能同時發生，為互斥事件。

（二）1. $P(A \cup B) = P(A) + P(B) - P(A \cap B)$

$$= 0.28 + 0.47 - P(A \cap B)$$

$$= 0.75 - P(A \cap B)$$

$$= 0.68$$

故 $P(A \cap B) = 0.75 - 0.68 = 0.07$

$P(A) \times P(B) = 0.28 \times 0.47 = 0.132 \neq P(A \cap B)$，故 A 與 B 不為獨立事件。

2. $P(A \cap B) = 0.07 \neq 0$，故 A 與 B 不為互斥事件。

3. 依條件機率定義 $P(A|B) = P(A \cap B)/P(B) = 0.07/0.47 = 0.1489$

3

風險危害評估

某石化工廠管線是用來輸送某可燃性氣體，若管線破裂未被察覺會
導致可燃性氣體濃度上升至爆炸下限以上，此時若遇火源或高溫
表面則會立刻引起氣爆。為避免此事故發生，工廠內設有下列安全
措施：（Ⅰ）可燃性氣體濃度達爆炸下限濃度 1/50（V1）時，自動
偵測器的警報響起（故障率 = 5×10^{-2} 次／次）；（Ⅱ）操作員聽到
警報響起（故障率 = 5×10^{-2} 次／次，未聽到），會立即手動關閉
管線輸送（故障率 = 2×10^{-2} 次／次）；（Ⅲ）可燃性氣體濃度達爆
炸下限濃度 1/10（V2）時，管線自動關閉系統自動啟動（故障率
= 2×10^{-2} 次／次）。起始事件（管線破裂，可燃性氣體洩漏）發生
的機率為 10^{-3} 次／時。

（一）請依前述條件繪製事件樹。（15 分）

（二）計算可燃性氣體濃度超過 V2 的機率（次／年）？（10 分）

【103】

（一）

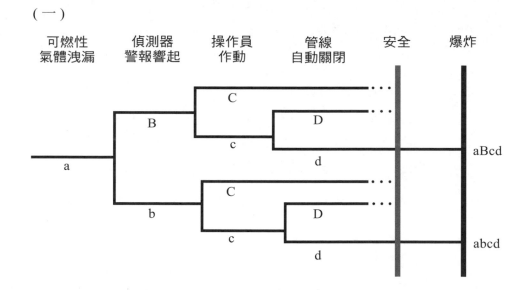

（二）可燃性氣體濃度超過 V2 的機率

$$= a \times B \times c \times d + a \times b \times c \times d \implies (a \times c \times d) \times (B + b)$$

$$\because (B + b) = 1 \therefore = (a \times c \times d) \times (1)$$

$$= (1 \times 10^{-3}) \times (5 \times 10^{-2}) \times (2 \times 10^{-2}) \times (1) = 1 \times 10^{-6} \times (1) = 1 \times 10^{-6}/\text{年}$$

另解

$$= a \times B \times c \times d + a \times b \times c \times d$$

$$= (1 \times 10^{-3}) \times (1 - 5 \times 10^{-2}) \times (5 \times 10^{-2}) \times (2 \times 10^{-2}) + (1 \times 10^{-3}) \times (5 \times 10^{-2}) \times (5 \times 10^{-2}) \times (2 \times 10^{-2})$$

$$= (1 \times 10^{-3}) \times (5 \times 10^{-2}) \times (2 \times 10^{-2}) = 1 \times 10^{-6}/\text{年}$$

勞動部於中華民國 103 年 12 月 31 日訂定發布「製程安全評估定期實施辦法」，並於中華民國 104 年 1 月 1 日正式施行。該辦法適用的工作場所為何？依該辦法規定，實施製程安全評估須準備的資料及評估報告內容應包括的項目與美國職業安全衛生署（OSHA）製程安全管理的 14 個單元一致的工作場所有那些？對於安全評估方法，該辦法的規定與「危險性工作場所審查及檢查辦法」的規定有何不同？（25 分）　　　　　　　　　　　　　　　【104】

（一）依據「製程安全評估定期實施辦法」第 2 條規定，本辦法適用於下列工作場所：

1. 勞動檢查法第 26 條第 1 項第 1 款所定從事石油產品之裂解反應，以製造石化基本原料之工作場所。

2. 勞動檢查法第 26 條第 1 項第 5 款所定製造、處置或使用危險物及有害物，達勞動檢查法施行細則附表 1 及附表 2 規定數量之工作場所。

（二）依據「製程安全評估定期實施辦法」第 4 條之規定，製程安全資訊內容包含下列事項：

1. 高度危險化學品之危害資訊：

    (1) 毒性資訊。

    (2) 容許暴露濃度。

    (3) 物理數據。

    (4) 反應性數據。

    (5) 腐蝕性數據。

    (6) 熱及化學安定性數據。

    (7) 可能發生不慎與其他物質混合危害後果。

2. 製程技術相關資訊：

    (1) 方塊流程圖或簡化製程流程圖。

    (2) 製程化學反應資料。

    (3) 預期最大存量。

    (4) 溫度、壓力、流量或組成等之安全上、下限。

    (5) 製程偏移後果評估，包括可能影響勞工安全及健康事項。

3. 製程設備相關資訊：

    (1) 建造材料。

    (2) 管線與儀錶圖（P&ID's）。

    (3) 防爆區域劃分。

    (4) 釋壓系統設計及設計依據。

    (5) 通風系統設計。

    (6) 使用之設計規範及標準。

(7) 質能平衡資料。

(8) 安全系統如安全連鎖、偵測或抑制系統。

(9) 製程設備之設計、製造及操作符合相關法令規定之證明文件。

（三）依據「製程安全評估定期實施辦法」第 5 條規定，前條所定製程安全評估，應使用下列一種以上之安全評估方法，以評估及確認製程危害：

1. 如果 - 結果分析。

2. 檢核表。

3. 如果 - 結果分析 / 檢核表。

4. 危害及可操作性分析。

5. 失誤模式及影響分析。

6. 故障樹分析。

7. 其他經中央主管機關認可具有同等功能之安全評估方法。

依據「危險性工作場所審查及檢查辦法」第 5 條附件 2 規定，實施初步危害分析（Preliminary Hazard Analysis）以分析發掘工作場所重大潛在危害，並針對重大潛在危害實施下列之一之安全評估方法，實施過程應予記錄並將改善建議彙整：

1. 檢核表（Checklist）。

2. 如果 - 結果分析（What If）。

3. 如果 - 結果分析 / 檢核表 (What If / Checklist）。

4. 危害及可操作性分析（Hazard and Operability Studies）。

5. 故障樹分析（Fault Tree Analysis）。

6. 失誤模式與影響分析（Failure Modes and Effects Analysis）。

7. 其他經中央主管機關認可具有上列同等功能之安全評估方法。

3

風險危害評估

某一工場於執行 HAZOP 分析時，於 HAZOP 工作表的可能危害 / 後果的欄位上寫：「輕油低流量，致反應溫度上升，反應器高溫跳脫。」請問該分析方式有何問題？於危害辨識中會出現什麼問題？應如何分析比較好？若將「輕油低流量，致反應溫度上升，反應器高溫跳脫。」的原始分析結果應用於製程安全管理（PSM），會產生那些問題？（25 分）　　　　　　　　　　　　　　　【104】

（一）HAZOP 分析：危害與可操作性分析（HAZOP）主要在於辨識及評估化工製程上可能造成的危害，應系統性的檢視作業流程，留意製程參數（溫度、壓力等）的變異，並評估對人員安全、設備機具、生產作業效能及公司營運產能的虧損影響。整體而言，HAZOP 分析資料應呈現製程的偏差現象、造成偏差的原因探討、可能產生的災害風險後果、評估現有的安全措施與管理機制及應採取的改善建議事項等。

（二）可能危害 / 後果的欄位上寫：「輕油低流量，致反應溫度上升，反應器高溫跳脫。」該分析方式之問題僅僅辨識出製程參數的變異現象，如輕油的流量下降，反應的溫度上升；但評估方面欠缺說明製程參數的變異，可能造成哪些影響與嚴重性。

（三）在執行系統性的製程危害辨識後，應針對製程參數溫度、壓力等變異，進行評估，僅描述到溫度上升會造成反應器高溫跳脫；但後續可能會對人員安全、設備機具（財損）、生產作業效能及公司營運產能的虧損，未論述其影響程度。

（四）若將「輕油低流量，致反應溫度上升，反應器高溫跳脫。」的原始分析結果，應用於製程安全管理（PSM）會產生論述評估性的偏差問題，僅由引導字句導出製程的偏離現象，未能進一步客觀執行後果的分析評估，無法評定其風險等級與提供公司主管決策，作為問題改善及有效精進等方案。

進行 LOPA 分析時會用到保護層的概念。針對化學製程工場，請由保護層包括那幾層來說明保護層的概念。其中，那幾層保護層是 LOPA 分析考慮的重點？（25 分）　　　　　　　　　【104】

（一）保護層分析（LOPA）：主要在於預防意外事故的肇生及降低災害風險的容忍範圍，通常保護層的設計與製程複雜程度及災害風險嚴重度有關，愈複雜且潛在後果愈嚴重者，其保護層的道次需求愈高。例如鍋爐冷卻系統失效事件，應評估事件可能導致的後果，如造成系統超壓引起物理性火災爆炸、易燃性化學物質或有毒性氣體的洩漏，可能導致人員的傷亡或環境的嚴重污染等；另外尚須考量意外事件發生的風險機率。當然，沒有哪種保護層是保證絕對萬無一失的，因無論是主動性或被動性預防設計、人為管控或儀器監控等，均存在其失誤性的風險。

（二）針對高風險的化學製程，如火炸藥製程工廠或石油煉製場所等，應執行 LOPA 分析並採用保護層概念，其保護層分析包括下列六層，每層分析考慮的重點敘述如下：

1. 本質安全控制層：製程所採用之設備或生產機械等，符合產品出廠本質安全設計，例如：設備材質與厚度等原始設計，即可承受超過製程容許的最高壓力；換言之，在本質更安全的控制下，已阻止一些不良後果的情境發生。

2. 程序控制設計層：透過基本製程的程序控制設計，促使高風險的製程應依循正常的操作標準程序來執行，若未依 SOP 操作，系統無法正常運作；換言之，在使用和管理程序控制系統時，分析管理者應評估系統的有效性，避免系統遭受人為疏失或破壞，導致喪失原有保護設計的功能。

3. 安全儀器監控層：是設備在正常生產運作下，加裝一些安全儀器的監控功能，如溫度及壓力等量測器、邏輯運算器、最終控制元件組成或系統關鍵警報器等；此安全保護層分析考

慮的重點在於安全儀控的設計規格是否符合系統需求，且應
定期保養及測試，以確保安全功能正常。

4. 主動元件保護層：例如安全閥或破裂盤等物理性保護設計，以
    提供製程設備具有較高程度的超壓保護功能；在系統整體設計
    上，若危害物質從安全閥洩壓釋放，可能造成外部環境大氣之
    污染，應再思考加裝後端處理設備，如燃燒塔或洗滌塔，以降
    低危害至符合法規標準再行排放。

5. 被動元件保護層：例如自動灑水系統、消防泡沫系統、毒氣偵
    測系統、火工區防爆牆或化學區防溢堤等設計，該保護層在於
    危害物質釋放後的防護，應確保設計與維護得宜，以避免災害
    持續的擴散。

6. 緊急應變保護層：包含廠區內的消防編制、人工防洪系統的設
    置、工廠的緊急疏散計畫，甚至整體社區的緊急撤離措施與災
    難臨時收容避難處所的安置規劃等，此部分宜定期演練，以有
    效提升緊急應變能力的處置作為。

進行製程危害分析時，若經初步危害分析評估為重大潛在危害區域
時，需進一步進行系統安全分析，如 FMEA 與 HazOp。

（一）前述中重大潛在危害區域是指需符合：(1) Q > 20%TQ、
(2)高放熱反應、(3) LEL < 製程組成濃度 < UEL、(4)具有在
100°C 以下熱不安定性，或與一般物質接觸後起反應之物
質、(5) T > AIT、(6) P ≥ 20 kg/cm^2 或 p ≤ 500 mmHg、(7)
製程中有明顯高低壓差等，上述條件中的任一條件或所有條
件。（5 分）

（二）何謂 HazOp ？請說明 HazOp 的執行方法。（20 分）【105】

（一）高風險製程經初步危害分析評估為重大潛在危害區域時，需進
一步進行系統安全分析，探討製程系統中可能產生的失效模式
與效應，進而能夠全面性的面對問題，進而提供公司高階管理

者能夠理解、審核並採取解決問題的必要行動及投入應有的資源，使製程中的各項風險降至最低的合理範圍內。

（二）針對上述所謂的重大潛在危害區域，是指符合下列條件中的任一條：

1. Q > 20%TQ：依「勞動檢查法施行細則」規定，在製造、處置及使用危害物時，其法定之限量上限值（TQ），通常化工廠區會進行總量管制；當製程區域所使用的危害物總量 Q，大於法定限量 TQ 的 20% 以上，即為重大潛在危害區域。

2. 高放熱反應：依化學反應原理，溫度提升會加速化學反應速率，因此，當化學製程中屬高放熱反應者，其潛在危害風險相對提昇。

3. LEL < 製程組成濃度 < UEL：若製程中產生的危害物濃度介於爆炸下限值以上，或爆炸上限值以下，就是具有爆炸的風險。

4. 具有在 100°C 以下熱不安定性，或與一般物質接觸後起反應之物質：其危害風險相對較高，在製程過程應格外小心處置。

5. T > AIT：危害物質中的可燃性液體或易燃性氣體，具有一定的自燃溫度之燃點，若製程操作溫度（T）超過危害物的自燃溫度（AIT）時，其風險亦相對提高。

6. $P \geq 20 \text{ kg/cm}^2$ 或 $p \leq 500 \text{ mmHg}$：高溫高壓的製程，往往風險都會隨之提升，一旦操作壓力超過 20 kg/cm^2 應納入重大潛在危害區域；但操作壓力小於 500 mmHg 也應納入潛在危害區域，當製程缺乏正氣壓保護，可能造成交叉污染。

7. 製程中有明顯高低壓差：當製程中有顯著的高低壓力落差在四倍以上時，即應納入重大潛在危害區域，因易導致製程的失控風險造成危害。

（三）危害與可操作性分析（Hazard and Operability Study, HazOp）：是識別及評估在製程上可能產生的問題，結構化及系統化的檢視流程及作業的方法。流程及作業可以是正在計畫中的，也可以是既

有的，所關注的問題是可能造成人員或設備的風險，或是影響正常作業的問題。

（四）HazOp 執行方法步驟：

1. 前置規劃階段

   (1) 選擇節點及引導字，思考製程可能的偏離現象、解釋節點設計之目的、選擇製程參數及引導字（引導字可用於製程參數上以發展出有意義的製程偏離）。

   (2) 列出造成偏離的可能原因。

   (3) 檢驗製程偏離可能造成的後果（嚴重性）。

   (4) 辨識現有製程已存的防護設備或措施，是否能滿足需求。

   (5) 評估後果的嚴重性及機率（可能性），以對應出風險等級。

   (6) 依據風險等級評估風險的可接受性，以及提供改善建議。

2. 執行評估階段

   (1) 依規劃階段結論，決定標的並確認範圍。

   (2) 編組 HazOp 團隊成員並彼此分工執行任務。

   (3) 蒐集各項資料並彙整成果。

   (4) 評估節點及查核進度並定期研討。

3. 分析研討執行結果（召集會議）並撰寫分析報告。

4. 追蹤考核，評估精進，再推出下一個 PDCA。

> 卜瓦松分配（Poisson distribution）是安全統計中一種重要的工具，可以下式
>
> 表示卜瓦松分配之機率：$P(r) = \dfrac{(\lambda t)^r e^{-\lambda t}}{r!}$，該式表示，當一時、空單位發生某現象之平均次數為 λ 時，則在 t 時、空單位中，某現象發生 r 次的機率。
>
> 請以該卜瓦松分配機率回答下述問題。某壓力容器用的彈簧式安全閥之設計，必需達到操作 1000 小時仍不發生故障（可順利跳脫上揚）的機率為 95%，則欲符合此一設計需求之測試故障情形如何（即兩次故障之間的平均時間）？（20 分）　　　【105】

依據 Poisson 分配，時間（t）之可靠度（Reliability, [R(t)]）與失誤頻率（Failure rate, λ）之關係式為：$R(t) = e^{-\lambda t}$；而平均失誤期間（Mean time between failure, MTBF）為兩次失誤間的時間期望值：

$$E(t) = \int_0^\infty tf(t)dt = 1 / \lambda$$

已知操作時間 t = 1,000 hr，不發生故障（可順利跳脫上揚）的機率為 95%

即 $R(t) = 95\% = e^{-\lambda t} = e^{-\lambda 1,000}$

$\ln(0.95) = -\lambda \times 1,000$

$-0.0513 = -\lambda \times 1,000$

所以 λ = 0.00005

MTBF（平均失誤期間）＝1/λ = 20,000 hr

某批式反應系統，如下圖所示，為一高放熱反應，可能有反應失控後造成反應器爆炸的潛在危害。因反應速率隨反應物之進料流量而增加，故以一套 FIC 裝置控制反應物之進料流量。另設有防止反應爆炸之緊急釋放裝置破裂盤，和防止系統持續升溫後導致反應失控的高溫連鎖迴路 TIS。假設所有組件皆互為獨立事件，且各組件每年平均故障機率為：（I）流量指示控制器 $= 2×10^{-2}$ 次／年、（II）流量控制閥 $= 2×10^{-2}$ 次／年、（III）溫度連鎖回饋 $= 5×10^{-2}$ 次／年、（IV）緊急關斷閥 $= 1×10^{-2}$ 次／年、（V）破裂盤釋放 $= 2×10^{-3}$ 次／年。請以失誤樹分析模式，分析此反應器產生爆炸事故的失誤樹及發生之頻率（次／年）。（25 分） 【105】

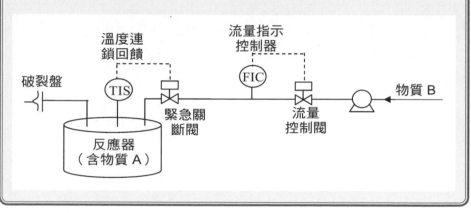

依題意結構，該系統失誤樹如下圖示：

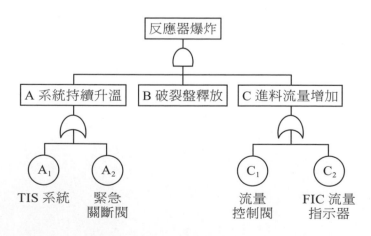

反應器爆炸機率 $= A \times B \times C = (A_1 + A_2) \times B \times (C_1 + C_2)$

$$= (5 + 1) \times 10^{-2} \times 2 \times 10^{-3} \times (2 + 2) \times 10^{-2}$$

$$= 4.8 \times 10^{-6}$$

> 為避免因製程變更引起不可接受之風險，而危及到廠內人員或廠外民眾之安全與健康，或造成設備損失，我國「危險性工作場所審查及檢查辦法」要求訂定製程修改安全計畫，並著重於製程變更風險評估。變更管理的範圍相當廣泛，包括所有「非同型物料（not-in-kind）」替換都應納入。請說明：
>
> （一）一般變更管理之運作流程。（15 分）
>
> （二）請依小型、一般及大型變更專案，說明製程變更風險評估的做法。（15 分）
>
> 【105】

（一）一般變更管理之運作流程，依變更管理技術指引其作業流程如下：

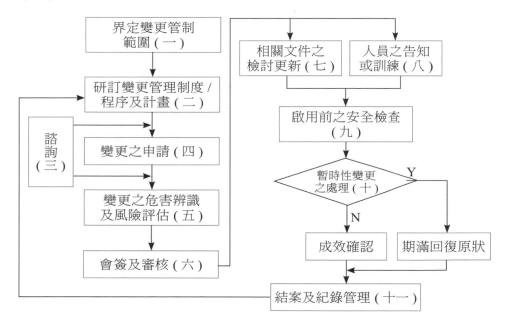

（二）製程變更風險評估的做法如下：

1. 界定變更管制範圍：界定變更定義，並依工作環境或製程作業辨識危害風險，鑑認出管制範圍，包含引進或修改製程、作業程序、材料及設備等。

2. 研訂變更管理制度／程序及計畫：依規模及風險特性，引進或修改製程作業程序、材料及設備前，應評估其風險，建立、實施及維持符合法規及變更申請等管制。

3. 諮詢：當變更會影響員工及承攬人之安全衛生時，當事者應被諮詢，以維護其權利。

4. 變更之申請：可循職安衛管理系統中有關管理方案模式提出，或是另設計申請表單供變更案件申請用。

5. 變更之危害辨識及風險評估：在導入變更之前，應事先評估此變更是否會引起新的危害或風險，或是會加劇原有危害或風險之程度，若無適當控制措施可將危害或風險降至可接受範圍內，不應核准該變更案件。另對於執行變更案件危害辨識及風險評估之人員應給予必要之教育訓練，以確保評估結果之完整性及正確性。

6. 會簽及審核：應依變更特性、類型及複雜性等因素，擬定應會簽及審核之單位及人員。對於會加重原有危害及風險程度，或是會產生新危害及風險之變更案件，在無適當的控制措施下，不應核准該項變更。必要時，得要求提案相關部門或人員提出更完整的危害辨識、風險評估及風險控制報告。

7. 相關文件之檢討更新：變更案件正式啟用前，相關文件資料應先完成檢討，必要時予以更新，並分發至相關單位及人員。與變更案件有關之原有安全衛生危害辨識及風險評估之紀錄，應在正式啟用後一定期限內完成檢討更新。

8. 人員之告知或訓練：平時藉由溝通及教育訓練，促使主管及員工建立一個基本觀念：變更應經適當的申請、核准及執行，

無正式之書面規定或未經核准，禁止作任何的變更；遇有未經核准但已在執行之變更，應立即向上反映。另在變更正式啟用前，與變更有關之人員（含承攬人）應被告知或接受必要之教育訓練。

9. 啟用前之安全檢查：變更案件正式啟用前，應確認危害辨識及風險評估所提之改善建議或控制措施，已確實符合安全衛生法規之最低標準且是有效的。另檢查結果應作成紀錄，如有缺失，須待改善完成且經確認後，方可核准啟用該項變更。

10. 暫時性變更之處理：申請暫時性變更除須註明有效期限外，期滿前應指派專人確認將其改為永久性變更、延長期限，或是恢復至變更前之狀態，且須確認相關人員均已知悉。

11. 結案及紀錄管理：所有變更案件於結案後皆應留下紀錄備查，且在其相關製程、活動或服務持續運作期間，該紀錄皆須持續保存。

依我國危險性工作場所審查及檢查辦法規定，在製程安全評估報告書中：

（一）製程說明應包含那些項目？（8分）

（二）針對重大潛在危害實施安全評估方法有那些？（9分）

（三）製程修改安全計畫應包括那些事項？（8分）　　【106】

（一）依據「危險性工作場所審查及檢查辦法」第9條附件二之規定，乙類工作場所製程安全評估報告書中之製程說明應包含項目如下列：

1. 工作場所流程圖。

2. 製程設計規範。

3. 機械設備規格明細。

4. 製程操作手冊。

5. 維修保養制度。

（二）依據「危險性工作場所審查及檢查辦法」第 9 條附件二之規定，乙類工作場所針對重大潛在危害實施安全評估方法如下列：

1. 檢核表（Checklist）。

2. 如果 - 結果分析（What If）。

3. 如果 - 結果分析 / 檢核表（What If / Checklist）。

4. 危害及可操作性分析（Hazard and Operability Studies）。

5. 故障樹分析（Fault Tree Analysis）。

6. 失誤模式與影響分析（Failure Modes and Effects Analysis）。

7. 其他經中央主管機關認可具有上列同等功能之安全評估方法。

（三）依據「危險性工作場所審查及檢查辦法」第 9 條附件三之規定，乙類工作場所製程修改安全計畫至少應含下列事項：

1. 製程修改程序。

2. 安全衛生影響評估措施。

3. 製程操作手冊修正措施。

4. 製程資料更新措施。

5. 職業安全衛生教育訓練措施。

6. 其他配合措施。

請說明：

（一）何為事件樹（Event tree）？（8分）

（二）事件樹在分析結構上特性為何？（8分）

（三）試比較事件樹與失誤樹（Fault tree）之差異？（9分）【106】

（一）事件樹分析（Event Tree Analysis，簡稱 ETA）起源於決策樹分析（簡稱 DTA），它是一種按事故發展的時間順序，由初始事件開始推論可能的後果，從而進行危險源辨識的方法。

一起事故的發生，是許多原因事件相繼發生的結果，其中，一些事件的發生是以另一些事件首先發生為條件的，而一事件的出現，又會引起另一些事件的出現。在事件發生的順序上，存在著因果的邏輯關係。事件樹分析法是一種時序邏輯的事故分析方法，它以一初始事件為起點，按照事故的發展順序，分成階段，一步步地進行分析，每一事件可能的後續事件只能取完全對立的兩種狀態（成功或失敗，正常或故障，安全或危險等）之一的原則，逐步向結果方面發展，直到達到系統故障或事故為止。所分析的情況用樹枝狀圖表示，故叫事件樹。

（二）事件樹之結構說明如下述：

ETA 事件樹（ETA-Event Tree Analysis）是一種由下往上、階層式、邏輯式的事件（event）發展推展架構方法。藉由一個初始意外事件發生後，推論所有可能的後續事件發展、影響及可能的最終後果。同時辨認後續事件發展各階段中，相關安全屏障（safety barriers）有效及失效狀況的因果關係。

（三）事件樹與失誤樹差異性說明如下述：

1. 失誤樹是由上而下式的方式，回溯（Backward）發展模式，演繹（Deductively）或推論後果（Effect）至其原因（Causes）。

2. 事件樹是由下而上式的方法，前向（Forward）發展模式，歸納（Inductively）或引導原因（Cause）至其後果（Effects）。

> 危害與可操作性分析（Hazard and Operability Study, HAZOP）
> 為我國製程安全分析中最常使用之分析方法，請說明：
> （一）HAZOP 分析法之特性為何？（9 分）
> （二）有一針對液氯槽車灌裝出口管線進行 HAZOP 分析時，其所
> 　　　列偏離計有高流量、低／無流量、逆流、高壓、低壓／真空、
> 　　　高溫、低溫、高液位、低／無液位、錯誤物質、高／低／無反
> 　　　應等項目，請探究前述製程偏離之合宜性？（16 分）【106】

（一）HAZOP 分析法之特性說明如下述：

　　危害與可操作分析（Hazard and Operability Analysis，簡稱
HAZOP）是以系統工程為基礎的危險分析方法。該方法採用表
格式分析形式，具有專家分析法的特性，主要適用於連續性生產
系統的安全分析與評價，是一種啟發性的、實用性的定性分析方
法。

　　HAZOP 是將製程分割為許多節點（Node），並藉助一組已建立的
引導字在此一界限內以逐管法（Line by Line）分析製程參數（溫
度、壓力、流量、液位、濃度等）的偏離，藉以尋找偏離參數的
原因及檢討可能的結果及影響，例如：火災、爆炸、溢流、反應
失控、毒性物質外洩等，並提出建議，再經由設計、操作及管理
上的各種改善及措施來防止或降低這些製程偏離的發生或然率及
影響。HAZOP 可以有系統地找出具有潛在危害的製程偏離，並
辨識其可能的原因、結果、影響以及安全防護，且同時提出改善
措施。

（二）製程偏離之合宜性說明如下述：

　　1. 高流量：合宜。

　　2. 低／無流量：合宜。

　　3. 逆流：合宜。

　　4. 高壓：合宜。

5. 低壓 / 真空：不適宜合併進行評估。

   低壓與真空，其發生的可能原因可能部分一樣，但其可能危害 / 後果及防護措施是不一樣的，當液氯槽車來源為低流量時，可能產生低壓的情況；但真空並無具體危害之發現。

6. 高溫：合宜。

7. 低溫：合宜。

8. 高液位：合宜。

9. 低 / 無液位：合宜。

10. 錯誤物質：合宜。

11. 高 / 低 / 無反應：不適宜合併進行評估。

當液氯與儲槽化學物質不相容時，其反應之強弱要看其化學性質之變化，發生地點可能在槽車、管路或儲槽。

風險評估乃是一種系統化的評估過程，其目的在於事先發現程序的危害、機率、影響及以上三者組合的危險程度，其評估結果量化後可以作為決策的依據。請針對安全風險、健康風險、生態 / 環境風險、公共福利 / 名譽風險、財務風險五種類別風險說明其適用對象與關注焦點。（25 分）　　　　　　　　　　　　　　【107】

（一）一般人的願望通常不高，能笑得出、吃得下、睡得著；身體健康、家庭和樂、工作愉快，終其一生，若心力有餘，能回饋社會大眾，應可心滿意足。然而，人生無常，風險無所不在。風險包含可能性與影響度，具有不確定性，有財物虧損或身體傷殘，屬將來性且不易掌控等特質。

（二）各種風險隨對象不同其關注的焦點亦有所差異，大至國家政府有軍事戰略風險、政治風險及各項實體性（公共議題事件）的風險，小至各事業單位或中小企業公司，有企業經營風險、專案計畫風險、

生產作業風險、法律及管理風險、財務及信用（名譽）風險等。針對下列五項種類說明如下述：

種類	適用對象	關注焦點
1. 安全風險 原因顯著（通常是物理性能量造成），其效應明顯，會造成立即傷亡。	1. 火炸藥生產單位。 2. 營造業或製造業。 3. 化工廠。 4. 各事業單位，凡使用危害物質生產製造，對工作人具有安全疑慮之企業或公司。	1. 職災死亡人數、傷殘現況。 2. 生產及營運之財損情形。 3. 毒化物濃度（LC_{50}、LD_{50}）及擴散情況。 4. 員工工作安全或廠區外居民對公司的評價。
2. 健康風險 原因 - 效應關係不易建立，屬長期隱性，可能病發期長。	1. 火炸藥生產單位。 2. 化工廠、營造業或製造業。 3. 餐飲業、食品製造業及販售業。 4. 各事業單位，凡使用危害物質生產製造，對工作人具有健康疑慮之企業或公司。	1. 公司或社區因有害物造成罹癌致病人數及遞增趨勢。 2. 化學品等有害物導致疾病之危害風險。 3. 食材源頭管理及化學品殘留管制作為，如每日容許攝取量及農藥最大殘留安全容許量等。 4. 員工健康檢查指標或廠區外居民身體健康狀況。
3. 生態 / 環境風險 緩和，不易發現，其原因 - 效應關係，具不確定性。	1. 各事業單位若不重視環保議題，均可能造成環境生態污染的元兇。 2. 一般民眾，環保議題，人人有責。	1. 生態環境系統的功能縮減。 2. 物種（生物種類）的滅絕消失。 3. 自然資源遭受人為破壞。 4. 污染源（空污或水污等）的濃度與範圍。 5. 污染物與生態系及生物間之交互作用現象。 6. 環境能源、氣候變遷及節能減碳。

種類	適用對象	關注焦點
4. 公共福利／名譽風險	1. 政府等公部門。 2. 各事業單位也可能導致公共福利的議題，若營運不當，導致公司倒閉裁員，即形成社會問題。	1. 人民生命財產，因政府施政不當而使得百姓受到虧損。 2. 公共資源（如自來水或地下水）管理不當，導致人民遭受管制。 3. 垃圾處理不當，導致環境臭味、疾病傳染等影響。 4. 百姓對公共福利政策的整體觀感與評價或民調指數現況。 5. 如何處理危機及媒體應對，設法將問題收斂，不宜再擴散。
5. 財務風險	1. 政府等公部門。 2. 各事業單位若營運不當，均可能導致財務風險問題。	1. 企業營收指標是否達到預期。 2. 國際金融市場匯率及利率等波動現況。 3. 公司保險費率、債券償還率及長短期負擔現況等。 4. 企業整體財務的運作是否合理正常。

(三) 企業應永續經營，推動職場安全文化，建構優質的健康職場，提升國家整體產業，使員工有更為安全健康的工作環境；讓社區百姓有優良的空氣品質，及地下水資源可取用，不會產生戴奧辛與重金屬的污染，甚至如高雄大林蒲、鳳鼻頭的遷村命運。

工廠事故主要起因於不同設備或零件之相互作用，意外發生的機率可由單元設備或元件之失誤機率求得。今有一流量控制系統（如下之流量控制系統示意圖）說明某反應器冷卻管路進水之控制方式，冷卻水流入系統係以熱電偶式溫度感測器、流量控制器以控制流量計（flow meter）與控制閥操作冷卻水流入，所有控制系統之元件以串聯方式運作。

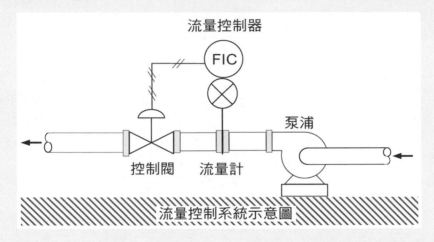

流量控制系統示意圖

依據 Poisson 分配，若時間（t）之可靠度（Reliability, [R(t)]）與失誤頻率（Failure rate, μ）之關係式為：$R(t) = e^{-\mu t}$；失誤機率（Failure probability）為：$P(t) = 1-e^{-\mu t}$；失誤密度函數 [f(t)] 為失誤函數之時間微分：$f(t) = \mu e^{-\mu t}$；平均失誤期間（Mean time between failure, MTBF）為兩次失誤間的時間期望值：$E(t)\int_0^\infty tf(t)dt = 1/\mu$。

假設操作期為一年（t = 1 year），失誤頻率等資料請參照下表：

元件	失誤頻率 μ，（故障／年）	可靠度，$R = e^{-\mu t}$	失誤機率，$P = 1 - R$
控制閥	0.60	0.55	0.45
流量控制器	0.29	0.75	0.25
熱電偶式溫度感測器	0.52	0.60	0.40

（一）請計算系統之可靠度（Reliability）、失誤機率（Failure probability）、失誤頻率（Failure rate）與平均失誤期間（Mean time between failure, MTBF）。（20分）

（二）若失誤頻率（μ）為一常數值，請繪製單元設備失誤頻率之浴缸曲線（Bathtub curve），並說明之。（5分）　　　【107】

（一）當串聯系統愈複雜，構件愈多時，其整體系統可靠度變愈低，亦即系統發生故障的機會就會提升，因為只要其中一個元件發生問題（故障），就會使整個系統停擺失效。

所以，系統串聯之可靠度 Rs = $R_1 \times R_2 \times R_3$ = 0.55×0.75×0.60 = 0.2475

失誤機率 Ps = 1 – Rs = 1 – 0.2475 = 0.7525

因為 Rs = $e^{-\mu s \times 1(年)}$，所以 ln (0.2475) = $-\mu_s$，即失誤頻率 μ_s = 1.3963

平均失誤期間（MTBF）= $1/\mu$ = 1/1.3963 = 0.7162（年）

（二）若失誤頻率 μ_s = 1.3963，則單元設備失誤頻率之浴缸曲線（Bathtub curve）說明如下：

1. 所謂浴缸曲線是因累積風險分布函數呈現兩端陡峭，中間平坦，形如浴缸之剖面，因而得名；其風險函數常運用於可靠度工程之探討，三個段落如下：

   (1) 前段為早夭期：失效率隨時間遞減。

   (2) 中段為機遇失效期：失效率呈現平坦常數值。

   (3) 後段為損耗期：失效率隨時間遞增。

2. 若韋伯分配之失效率函數為

   $$h(x) = \frac{\beta}{\mu s}\left(\frac{x}{\mu s}\right)^{\beta-1}, x \geq 0$$ 則

   (1) 當 $\beta < 1$ 時，失效率隨時間遞減（即為前段的早夭期）。

   (2) 當 $\beta = 1$ 時，失效率為常數（即為中段的機遇失效期）。

(3) 當 $\beta > 1$ 時，失效率隨時間遞增（即為超過設計壽命之後段損耗期）。

3. 浴缸曲線圖如下：

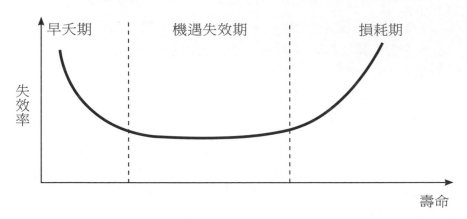

先進國家為進行石化業者或相關行業，如運輸、供銷、使用高度危險物品業者的危害分析，以防止易燃易爆或毒性物質可能造成的危害，常以下列系統安全分析技術進行風險評估，如：(1)WHAT-IF 分析與檢查表、(2)PHA 初步危害分析、(3)HAZOP 危害與操作性研究、(4)DOW INDEX 道氏指數或 (5)ETA 事件樹分析等，請略述此五種分析方法在系統壽命周期中的實施時機。（25 分）【108】

製程階段 分析技術	製程研發	基本設計	試驗工廠	細部設計	建廠階段	試車階段	正常運轉	擴廠修改	停工拆卸
如果會如何（What-If）	○	○	○	○	○	○	○	○	○
初步危害分析（PHA）	○	○	○	○				○	
危害與可操作分析（HAZOP）			○	○		○	○	○	
道氏指數（DOW INDEX）			○	○		○	○	○	
事件樹分析（ETA）			○	○		○	○	○	

由失誤模式 / 原因的相依性 (dependent failure events) 所引起多重 / 複式元件的故障，進而導致事故的發生時，可以用共同原因失誤模式（common cause failure, CCF）進行分析，且機率可引用 Beta 因子估算：

$$\beta = \frac{\lambda_c}{\lambda_c + \lambda_i}$$ 其中 λ_i = 元件之獨立失誤事件的失誤率
λ_c = 考慮 CCF 事件的失誤率

今有一連續攪拌槽反應器，需有連續穩定的反應物進流量，以防溢流而導致危害物外洩的潛在危害，故該反應器設有液位過高時緊急連鎖卸料閥裝置，可使反應終止。如下圖所示，該反應器底部設有兩個緊急卸料閥 V1 與 V2，該卸料閥是由一組三選二的選擇邏輯單元 (voting logic unit, VLU) 所控制。

（一）請做此反應器於液位過高時緊急卸料閥故障的失誤樹分析。（15 分）

（二）考慮此系統具有多重 / 複式卸料閥的共同原因失誤（不考慮液位訊號線路的共同原因失誤），計算此系統因液位過高而導致危害物外洩的機率。（15 分）【108】

假設各元件之年故障率如下：

卸料閥的 Beta 因子為 0.2

卸料閥：0.1/year（包括反應器至閥體的管線、閥本體及閥的操作員）

三選二邏輯單元 (VLU)：0.005/year

液位感測元件 (LE)：0.3/year

液位訊號傳送器 (LT)：0.1/year

高液位開關 (LSHH)：0.025/year

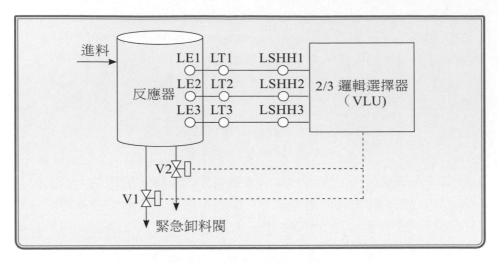

（一）此反應器於液位過高時緊急卸料閥故障的失誤樹分析如下：

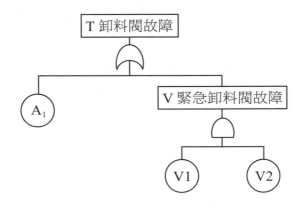

$$\beta = \frac{\lambda_c}{\lambda_c + \lambda_i} \rightarrow 0.2 = \frac{\lambda_c}{\lambda_c + 0.1} \rightarrow \lambda_c = 0.2(\lambda_c + 0.1)$$

$$= 0.2\lambda_c + 0.02 = 0.025 \rightarrow \lambda_c = 0.025$$

$$\text{T} = \lambda_c + \text{V} = 1 - [(1 - \lambda_c)(1 - \text{V1} \times \text{V2})]$$

$$= 1 - [(1 - 0.025)(1 - 0.1 \times 0.1)]$$

$$\text{T} = 1 - (0.975 \times 0.99) = 0.03475$$

（二）此系統因液位過高而導致危害物外洩的機率計算如下：

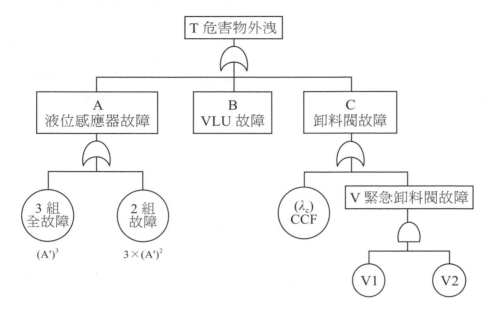

A'= 其中任一組液位感應器故障機率

$= 1 - [(1 - LE)(1 - LT)(1 - LSHH)]$

$= 1 - [(1 - 0.3)(1 - 0.1)(1 - 0.025)]$

$= 1 - [(0.7)(0.9)(0.975)] = 0.38575$

$T = 1 - \{[(1 - A)(1 - B)(1 - C)]\}$

$= 1 - \{(1 - [1 - (A')^3] (1 - 3(A')^2)] (1 - B) (1 - \lambda c + V)]\}$

$T = 1 - \{(1 - [1 - (0.38575)^3) (1 - 3(0.38575)^2)] (1 - 0.005) (1 - 0.03475)]\}$

$T = 1 - \{(1 - [(0.9426) (0.5536)] (0.995) (0.96525)]\}$

$T = 1 - \{[1 - (0.5218)] (0.995) (0.96525)\}$

$T = 1 - [(0.4782) (0.995) (0.96525)] = 1 - (0.4593) = 0.5407$

道氏指數（Dow Index）與邦德指數（Mond Index）是危害分析技術中較常見的相對危害等級分析技術。其中，道氏指數僅適用於化學製程單元，作為化學工廠防範火災與爆炸參考用之指數，而邦德指數則可用於彌補道氏指數之不足，如毒性危害評估。請針對此兩種指數的估算基礎，說明下列問題：

（一）道氏指數於評估火災與爆炸危害的基礎為何？如何實施道氏指數危害分析？（20 分）

（二）邦德指數於評估毒性危害的基礎為何？（5 分）　　【108】

（一）道氏指數（Dow Fire & Explosion Index）的意義分述如下：

1. 道氏指數：此為道氏化學公司（Dow Chemical Company）於 1964 年所研究發展，以作為化學工廠防範火災與爆炸參考之用的指數。道氏指數僅適用於化學製程單元（process units）；而所謂的製程單元係指製程設備的主要機件，例如壓縮機、馬達、反應器、熔爐、蒸發器、儲槽、乾燥器等。至於產生動力的設備、水處理系統、控制室和辦公大樓等設備設施皆不適用。

2. 道氏指數於評估火災與爆炸危害的基礎為：

   (1) 潛在的化學能量。

   (2) 危險物質的存量。

   (3) 每平方面積單位的價值。

   (4) 製程的壓力與溫度。

   (5) 過去發生火災爆炸的紀錄或可能性。

3. 道氏指數危害分析實施流程如下：

   (1) 選擇適當的製程單元。

   (2) 決定物質係數（MF）。

(3) 計算 F1 一般製程危害。

(4) 計算 F2 特殊製程危害。

(5) 決定危害係數 F1×F2 = F3。

(6) 道氏指數（Dow F & EI）= 物質係數（MF）× 危害係數 F3。

（二）邦德指數（Mond Fire, Explosion & Toxicity Index）的意義如下：

1. 邦德指數：此為英國 ICI 公司於 1979 年針對發展道氏指數時，針對其所發現不足之處而加以發展的指數，與道氏指數比較起來，邦德指數主要在於：

(1) 能探討更多的製程及儲存設備。

(2) 可以評估危險物品的毒性。

(3) 對不同種類的潛在危害（如火災、爆炸、毒氣外洩等）予以分析，並分別將這些危害程度與可接受的風險基準相互比較。

(4) 提出設備或設施之間的適當安全距離（不適用於重大危害評估）。

2. 邦德指數其評估毒性危害的基礎為：

(1) 火災負荷係數。

(2) 單元毒性指數。

(3) 主要毒性事故指標。

(4) 裝置內部爆炸指數。

(5) 氣體爆炸指數。

> 「危險性工作場所審查及檢查辦法」和「製程安全評估定期實施辦法」要求甲類工作場所至少每 5 年需重新評估。國內許多甲類工作場所每 5 年重新評估的結果和第一次評估的結果往往是一樣的，製程安全評估小組的回覆往往是：該辦識的危害於第一次評估時已經辨識出來了，5 年定期重新評估的結果和第一次評估的結果本來就一樣。試申論該回覆是否合理？（25 分）　　　　【109】

（一）依據「危險性工作場所審查及檢查辦法」，甲類工作場所（從事石油產品之裂解反應，以製造石化基本原料之工作場所；以及製造、處置、使用危險物、有害物之數量達法令規定數量之工作場所），應於製程修改時或至少每 5 年重新評估，檢附下列資料，執行必要之更新及記錄，並報請檢查機構備查。

1. 事業單位組織系統圖。

2. 危害性化學品之管理。

3. 勞工作業環境監測計畫。

4. 危險性機械或設備之管理。

5. 勞工健康服務與管理措施。

6. 職業安全衛生組織、人員設置及運作。

7. 職業安全衛生管理規章。

8. 自動檢查計畫。

9. 承攬管理計畫。

10. 職業安全衛生教育訓練計畫。

11. 事故調查處理制度。

12. 工作場所之平面配置圖並標示下列規定事項，其比例尺以能辨識其標示內容為度：

　　(1) 危險性之機械或設備所在位置及名稱、數量。

(2) 危害性化學品所在位置及名稱、數量。

(3) 控制室所在位置。

(4) 消防系統所在位置。

(5) 可能從事作業勞工、承攬人及所僱勞工、外來訪客之位置及人數。

(二) 依據「製程安全評估定期實施辦法」，事業單位應每5年或於製程修改時，應就下列事項實施製程安全評估：

1. 製程安全資訊。

2. 製程危害控制措施。

3. 實施製程安全危害評估之過程及結果，應予記錄，並製作製程安全評估報告及採取必要之預防措施，評估報告內容應包括下列各項：

(1) 實施製程安全危害評估過程之必要文件及結果。

(2) 勞工參與。	(8) 動火許可。
(3) 標準作業程序。	(9) 變更管理。
(4) 教育訓練。	(10) 事故調查。
(5) 承攬管理。	(11) 緊急應變。
(6) 啟動前安全檢查。	(12) 符合性稽核。
(7) 機械完整性。	(13) 商業機密。

(三) 製程安全評估小組的回覆「該辨識的危害於首次評估已辨識出來，5年定期重新評估的結果和首次評估結果本來就一樣」，此論述與「危險性工作場所審查及檢查辦法」和「製程安全評估定期實施辦法」對甲類工作場所重新評估之要求不符，因隨時間因素歷經5年，其人員／組織、機械／設備、職場環境、製程／材料、法令規章等均可能產生變化，此變化對製程安全均可能造成影響。

1. 人員／組織：歷經 5 年人員會老化，組織人力結構會變化，應重新評估對製程安全之影響。

2. 機械／設備：歷經 5 年機械設備會老舊，應重評機械設備對製程安全可能造成之危害。

3. 職場環境：歷經 5 年職場工作環境會有所改變，應重新評估對製程安全之影響。

4. 製程／材料：歷經 5 年可能有更佳的製程方法或更好的材料選擇，應重新再評估其影響。

5. 法令規章：歷經 5 年職業安全衛生相關法令規章會有所變化，應重評對製程安全之影響。

國內曾發生人為操作錯誤造成製程火災爆炸事故。程序 HAZOP（Procedural HAZOP）為利用操作步驟偏離為引導，協助辨識人為操作錯誤對製程衍生的危害。試說明於程序 HAZOP 分析中，如何得到操作步驟偏離。（25 分）　　　　　　　　　【109】

（一）危害與可操作分析（Hazard and Operability Analysis，簡稱 HAZOP）是以系統工程為基礎的危險分析方法。該方法採用表格式分析形式，具有專家分析法的特性，主要適用於連續性生產系統的安全分析與評價，是一種啟發性的、實用性的定性分析方法；能對新設或既設之設備檢驗其偏離設計目的潛在危害與後果影響執行系統化探討。

（二）HAZOP 可將製程分割為許多節點（Node），並藉助一組已建立的引導字在此一界限內以逐管法（Line by Line）分析製程參數（溫度、壓力、流量、液位、濃度等）的偏離，藉以尋找偏離參數的原因及檢討可能的結果及影響，例如：火災、爆炸、溢流、反應失控、毒性物質外洩等，並提出建議，再經由設計、操作及管理上的各種改善及措施來防止或降低這些製程偏離的發生或然率及影響。HAZOP 可以有系統地找出具有潛在危害的製程偏離，並

辨識其可能的原因、結果、影響以及安全防護，且同時提出改善措施。

（三）所謂偏離（deviation）係指有系統的應用引導詞之後所發現與設計預期目的歧異之處，通常都是異常狀況；執 HAZOP 時，應考慮的偏 包括：1. 高流（動）量；2. 高溫；3. 高壓；4. 低流（動）量；5. 不流動；6. 低溫；7. 低壓；8 倒流；9. 錯誤的相；10. 錯誤的物料；11. 其他。

（四）HAZOP 分析操作步驟偏離流程說明如下述：

1. 先選擇一節點或製程的區段。

2. 解釋此一節點的設計目的。

3. 選擇一製程參數（變數）。

4. 選擇一引導字用於該製程參數上，以發展出有意義的製程偏離。

5. 列出偏離可能的原因。

6. 檢驗與偏離相關的後果（假設所有的保護措施均失效時）。

7. 辨識現有既存的防護措施（已具備的安全設施作為）。

8. 決定後果嚴重性等級。

9. 決定後果可能性等級。

10. 對應出風險等級。

11. 評估風險的可接受性。

12. 提出改善建議或發展一套改善計畫。

13. 重複所有引導字（步驟 4）。

14. 重複所有製程參數（步驟 3）。

15. 重複所有節點或製程區段（步驟 1）。

> 國際突然爆發急性新型病毒，各國皆發展快篩試劑來判定人員是否感染，而此檢驗可靠度為 90%。若真有病，則有 0.9 之機率呈正反應（假設檢驗只有正與負反應）；若無並亦有 0.05 的機率呈正反應。依據國際衛生組織之統計資料顯示平均每 100 人會有一人會有此病。此檢驗迅速且無害，若檢驗呈正反應，則"須"至醫院住院一週做進一步檢查。試問有病且被篩出之機率為何？無病且被篩出之機率為何？有病沒被篩出之機率為何？無病沒被篩出之機率為何？請分析部分國家不鼓勵大量篩檢之原因為何？（25 分）
>
> 【110】

（一）定義：

1. 盛行率：依國際衛生組織統計資料顯示，每 100 人有 1 人確診該病毒，即盛行率為 1%。

2. 快篩試劑真陽性率：若真有病，則有 0.9 之機率呈正反應，即敏感性為 90%。

3. 快篩試劑真陰性率：若真無病，則有 0.95 之機率呈負反應，即特異性為 95%；換言之，無病卻有 0.05 的機率呈正反應。

（二）依據訊號偵檢理論之可能結果如下：

		輸入（訊號與雜訊）		人數比例
		有病 (+) 人數	無病 (-) 人數	
反應輸出	篩出陽性 (+)	命中（陽性個案）$0.9 \times 100 \times 0.01 = 0.9$	誤警（偽陽性）$0.05 \times 100 \times 0.99 = 4.95$	5.85
	篩出陰性 (-)	漏失（偽陰性）$0.1 \times 100 \times 0.01 = 0.1$	正棄（真正陰性）$0.95 \times 100 \times 0.99 = 94.05$	94.15
		1	99	100

（三）機率：

1. 命中（陽性個案）：有病且被篩出（確診）之機率 0.9/100 = 0.9%

2. 誤警（偽陽性）：無病且被篩出（確診）之機率 4.95/100 = 4.95%

3. 漏失（偽陰性）：有病沒被篩出之機率 0.1/100 = 0.1%

4. 正棄（真正陰性）：無病沒被篩出之機率 94.05/100 = 94.05%

（四）不鼓勵大量篩檢的原因：

1. 偽陰性：因帶有病毒，若進入社區將造成病毒傳播之感染風險。

2. 偽陽性：因檢驗呈正反應，須至醫院住院一週執行檢查，可能須住負壓隔離病房，執行疫調作業；造成醫療人力與資源的浪費且對當事人恐有副作用，勞民傷財，不符成本效益。

有一苯乙烯（C_8H_8。28°C，MESG = 0.95 mm，AIT(燃點為 380°C）作業場所，其苯乙烯消費率為 20 kg/hr，為防止火災爆炸，在 25°C、一大氣壓下，請依據前述條件，並運用燃燒三要素原則規劃預防火災爆炸風險之措施？（25 分）

（請依 Jone's 理論估算爆炸下限，而爆炸下限（LEL）為理論混合比例值（Cst）之 0.55 倍）　　　　　　　　　　　　【110】

（一）可燃物

苯乙烯（C_8H_8）之燃燒化學式 $C_8H_8 + 10O_2 \rightarrow 8CO_2 + 4H_2O$

$$Cst = \frac{1}{1 + \frac{10}{0.21}} = \frac{1}{1 + 47.62} = \frac{1}{48.62} = 2.06\%$$

或　$Cst = \frac{0.21 \times 100}{0.21 + N} = \frac{21}{0.21 + 10} = \frac{21}{10.21} = 2.06\%$

苯乙烯（C_8H_8）之理論爆炸下限

$= 0.55 \times Cst = 0.55 \times 2.06\% = 1.13\%$

苯乙烯（C_8H_8）之理論爆炸上限

$= 3.5 \times Cst = 3.5 \times 2.06\% = 7.21\%$

（二）針對苯乙烯燃點，預防火災爆炸風險之措施：

物料燃點與防爆電氣設備溫度等級表		物料等級與 MESG 判定表		
物料燃點 (℃)	電氣溫度等級	物料等級		最大安全間隙
		我國	歐盟	（mm）（MESG）
>85	T6			
>100	T5	II A		≧ 0.9
>135	T4	II B		0.9~0.5
>200	T3	II C		＜ 0.5
>300	T2			
>450	T1			

作業場所所需之電氣種類與可燃物之自燃溫度和安全間隙值等特性選用適當之防爆電氣種類與規格為：

Ex d IIA T2：耐壓防爆（燃點 380℃，最大安全間隙 MESG = 0.95 mm）或

Ex e IIA T2：安全增加（燃點 380℃，最大安全間隙 MESG = 0.95mm）

（三）助燃物

每小時使用之苯乙烯量 W 為 (20kg×1,000g/kg)/hr = 20,000g/hr

苯乙烯（C_8H_8）之分子量 (M.W) 為 12×8 ＋ 1×8 = 96 ＋ 8 = 104

為避免火災爆炸之理論最低防爆換氣量：

$$Q = \frac{24.45 \times 10^3 \times W}{60 \times \text{LEL} \times 10^4 \times \text{M.W}} \Rightarrow Q = \frac{24.45 \times 10^3 \times 20,000}{60 \times 1.13 \times 10^4 \times 104} = 6.93 \text{ m}^3/\text{min}$$

故為避免火災爆炸之理論最低防爆換氣量 Q = 6.93 m³/min

某反應器內進行放熱反應，當溫度超過一定值後，會引起反應失控而爆炸。為立即移走反應熱，在反應器外面安裝夾套冷卻水系統。由反應器上的熱電偶溫度測量儀與冷卻水進口閥聯接，根據溫度控制冷卻水流量；為防止冷卻水供給失效，在冷卻水進水管上安裝了壓力開關並與原料進口閥聯接，當水壓小到一定值時，原料進口閥會自動關閉，停止反應。請將超溫爆炸之失誤樹畫出，並估算該系統之可靠度（reliability）、不可靠度（failure probability）及年故障率（failure rate）。（25 分）（操作週期為一年）　　　【110】

裝置組成之簡圖與各元件故障率如下：

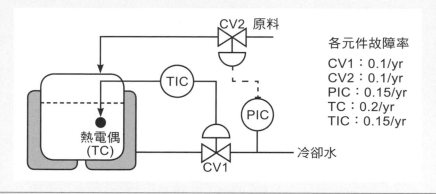

各元件故障率
CV1：0.1/yr
CV2：0.1/yr
PIC：0.15/yr
TC：0.2/yr
TIC：0.15/yr

（一）反應器超溫爆炸 (T) 之失誤樹如下：

　　冷卻系統應在熱電偶溫度上升至溫控器設定值時，啟動冷卻水開關閥開啟並進水降溫。

　　冷卻系統故障 (X)，包含：A 為 CV1（冷卻水開關閥），D 為 TC（熱電偶），E 為 TIC（溫度控制器）等三項元件，其中任一元件故障均可能造成風險。

　　送料系統應在水壓不足時，啟動進料開關閥關閉，以停止進料，避免肇生風險。

　　送料系統故障 (Y)，包含：B 為 CV2（進料開關閥），C 為 PIC（水壓控制器）等二項元件，其中任一元件故障均可能造成風險。

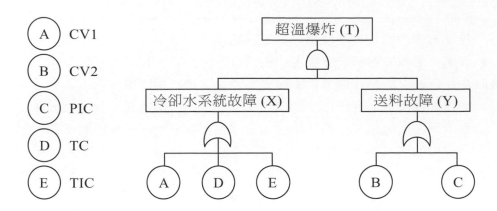

（二）該系統之年故障率 (λ) 計算如下：

　　Top Equation T = X × Y = (A + D + E) × (B + C)

　　　　　　　　　　= AB + AC + BD + CD + BE + CE

　　P(T) = AB + AC + BD + CD + BE + CE

　　　　= 1 − [(1 − AB) × (1 − AC) × (1 − BD) × (1 − CD) × (1-BE) × (1-CE)]

　　　　= 1 − [(1-0.1 × 0.1) × (1-0.1 × 0.15) × (1-0.1 × 0.2) × (1-0.15 × 0.2) ×
　　　　　　(1-0.1 × 0.15) × (1-0.15 × 0.15)]

　　　　= 1 − [(1-0.01) × (1-0.015) × (1-0.02) × (1-0.03) × (1-0.015)
　　　　　　× (1-0.0225)]

　　　　= 1 − [(0.99) × (0.985) × (0.98) × (0.97) × (0.985) × (0.9775)]

　　　　= 1 − (0.893) = 0.107

該系統之年故障率 (λ) 為 0.107/yr

該系統之可靠度 (Ri) = $e^{-\lambda t}$

可靠度 = $e^{-0.107 \times 1}$ = 0.899

該系統之不可靠度 (Rp) = 1 − 可靠度

不可靠度 = 1 − 0.899 = 0.101

> **請說明重大災害的後果分析，包括那二大模式？（20分）【111】**

重大災害的後果分析主要可分為下列二大模式：

（一）效應模式：係指當發生災害時，可能會產生的物理現象（如洩放、汽化與散布），並依某些模式進行計算。

　　1. 洩放模式：如設備的操作壓力超壓造成安全閥吹洩或設備因破裂造成的洩放。

　　2. 汽化模式：如設備的內容物為液態時，當在洩漏時會產生汽化現象，進而形成蒸氣雲。

　　3. 散布模式：當設備的內容物洩漏後，會因內容物的物化性、噴出能量與位置、氣象環境等因素，而受影響。

（二）損傷模式：係指當發生災害時，可能會產生的火災、爆炸與毒性物質擴散，進而產生人員傷亡、設備物質損毀或環境污染等。

　　1. 火災損傷模式：當火災時，其產生的火焰與輻射熱會造成人員傷亡或設備物質損毀。

　　2. 爆炸損傷模式：當發生化學性爆炸時，可能會產生火焰、輻射熱、碎片與超壓，而物理性爆炸則可能會產生碎片與超壓；上述爆炸的發生，都會可能造成人員傷亡或設備物質損毀。

　　3. 毒性物質擴散損傷模式：當毒性物質擴散時，會對人體可能產生急/慢性的影響，急性致死效應可參考 LD50、LC50 或 IDLH、ERPG…等暴露指標，慢性致死效應則較不易評估。

（三）在後果分析中尚有不確性因素需考量，如基本數據、分析模式與品質等，所以須盡量降低其不確定性，以提升分析的品質與可靠度。

> 請說明危害分析法中 What-If、PHA、ETA 與 FTA 之優缺點。
> （每項 5 分，共 20 分）　　　　　　　　　　　　　【111】

危害分析法中 What-If、PHA、ETA 與 FTA 之優缺點說明如下：

危害分析法	優點	缺點
如果 - 如何分析（What-If）：屬開放式問答，用於突發事故，其成敗在於團隊間的詳細研討程度。	1. 因屬開放式問答，可集思廣益激發提出更多被疏忽的潛在問題。 2. 高效益且費用低。 3. 配合危害及可操作分析與失誤樹，或與檢核表並用，彌補其不足之處。	1. 欠缺經驗的人難以引導與規範危害分析之進行。 2. 屬於定性分析，較無法定量分析。 3. 方法結構性較為不足。
初步危害分析（Preliminary hazard analysis；PHA）：用於設計之初概念階段。	1. 可預先指出危害，且以最小成本達成控制危害之目的。 2. 在設計之初即可發展協助建構操作基準或準則。 3. 簡單易行，可系統性的觀察。	1. 執行 PHA 其成敗取決於分析者的專業知識與經驗。 2. 分析者對系統操作及環境安全等專業技能需深入熟悉。 3. 未能量化或危害分級。
事件樹分析（Event tree analysis；ETA）：由一個起始事件逐步推演可能造成之後果，是由下而上的前向發展模式，歸納或引導原因至其終極後果。	1. 可系統性的表達一件意外發生之後果與順序。 2. 能協助分析者找出安全系統的缺陷問題。 3. 機率數據齊全，可以量化分析。	1. 事件樹假設所有事件為獨立事件，可能會忽略掉某些事件。 2. 僅能由原因推演至後果，無法鑑定造成後果之可能原因。 3. 不易處理延時事件。

危害分析法	優點	缺點
失誤樹或故障樹分析（Fault tree analysis；FTA）：其思考步驟與失誤樹相反，由終極事件開始，反向逐步分析引起事件之原因，即由上而下的回溯發展模式，演繹或推後果至其事件原因。	1. 理論發展完全，步驟系統化，可能採用電腦程式。 2. 分析者可選擇欲分析的結果，逆向歸納造成後果的基本事件及順序。 3. 機率數據齊全可量化。	1. 複雜事件需花費相當多的人力分析。 2. 分析者很難考慮到所有可能的因素。 3. 失誤樹假設失誤為完全失誤，實際上許多設備零件失誤往往是局部性的。

> **請說明危害分析法有那些限制須予注意？（20 分）　　【111】**

(一) 危害分析法的限制須注意下列事項：

1. 完整性的不確定性：因所有可能的根因未被仔細思考，且常礙於時間壓力而導致分析的不完整。

   因應作為：給予適當的分析時間，進而盤點所有可能根因並進行評估。

2. 主觀判斷的分析：主觀判斷容易因個人因素且可能未輔以適當客觀的失誤率（設備或人為）為證，進而讓讀者較難以信服。

   因應作為：分析者應多以客觀與不同角色面向進行評估，並引用國際或公司內部的失誤率資料庫，以優化分析品質。

3. 經驗為主的分析：危害分析過程，分析者常會仰賴過往經驗，但隨著時間、製程或作業特性…等變遷，進而可能無法分析出根因。

   因應作為：分析者應以經驗為底，並多學習相關國內外相同 /類似事故，再融合前述兩者進行分析，進而提升分析品質。

4. 難解性：危害分析的報告經數次研討與完整撰寫後，多為長篇大論，所以提升讀者的閱讀難度與理解度。

因應作為：分析者與報告撰寫者，應多次編輯討論與簡要重點摘述，並多以讀者的背景或思維作為撰寫用詞，進而提升讀者的可讀性與理解度。

5. 複製性的困難：分析過程伴隨分析者的主觀意識與假設，所以若沒有向該報告的讀者進行解說，可能會無法讓讀者有所體會與了解。

因應作為：向讀者說明撰寫背景、條件假設與考量因素，並從讀者熟識的言語進行報告。

（二）危害分析法各有優缺點與使用限制，所以分析者除於分析過程中善用其特點外，也需於報告撰寫時，讓讀者能清楚明白分析的重點與根因，進而認同改善措施的意涵。

請說明 FMEA 之嚴重性分析，可分為那四類？（5分）又其意義為何？（15分）　　【111】

（一）故障型式及影響分析（FMEA）：係先針對系統中各元件定義其故障模式，再對各元件之故障模式的發生後果及影響執行分析。一般應用於評估風險較高的設備，以界定特殊的測試問題、品質檢驗、預防性維護措施及作業上的限制因素；其輸入程序包含建立基本規範、確定要分析的系統並加以描述、畫方塊圖、確定故障型式及其原因、確定故障的影響、說明故障偵測裝置、補救措施、嚴重性分類、提出改善措施及清除故障或消除危害等。

（二）FMEA 適用於：非電器設備的設計評估、系統內含新的或非傳統的硬體設備、系統內甚少或沒有複雜組件或副件、確認單點故障及其影響、以表格陳述較能被人瞭解。

（三）FMEA 之嚴重性分析可分為四類，其意義說明如下四級：

FMEA 嚴重性分析	發生事故 風險等級	財物災損 復原成本	衝擊 程度	緊急應變 參與等級	進入該區 防護裝備等級
1. 安全或可忽視 （safe and negligible）	第一級綠區 一般正常 至輕微	低	無	無或現場作業 人員	D 級防護 一般性防護
2. 安全邊緣 （safety marginal）	第二級黃區 輕微 至可接受	中	輕微 人員 輕傷	現場作業人員 及作業主管	C 級防護 環境中可能存有 風險，可執行空 氣淨化以利健康 呼吸。
3. 危險 （critical）	第三級紅區 中級 - 嚴重 可接受至不 可接受	高	嚴重 人員 重傷	現場作業人員 現場作業主管 公司高層主管	B 級防護 環境中已存在風 險，須對呼吸及 皮膚等執行保 護。
4. 災變 （catastrophic）	第四級紫區 重大 不可接受	極高	非常 嚴重 人員 死亡	現場作業人員 現場作業主管 公司高層主管 需動員外部支 援	A 級防護 處於最危險環境 中工作，必須對 呼吸、眼睛及皮 膚等額外加強保 護。

3

風險危害評估

> 請列表說明危害分析方法 What-If Analysis（如果 - 結果分析）、HAZOP（危害及可操作性分析）、FMEA（失誤模式影響分析）、FTA（失誤樹分析）之實施時機優點與缺點。（20 分）　　　【112】

危害分析法中 What-If Analysis、HAZOP、FMEA 與 FTA 之優缺點說明如下：

危害分析法實施時機	優點	缺點
如果 - 結果分析（What-If Analysis）：屬開放式問答，用於突發事故，其成敗在於團隊間的詳細研討程度。	1. 因屬開放式問答，可集思廣益激發提出更多被疏忽的潛在問題。 2. 高效益且費用低。 3. 配合危害及可操作分析與失誤樹，或與檢核表並用，彌補其不足之處。	1. 欠缺經驗的人難以引導與規範危害分析之進行。 2. 屬於定性分析，較無法定量分析。 3. 方法結構性較為不足。
危害及可操作性分析（HAZOP）：利用無、多於、小於、部分、同時存在、逆向、此外等定性方法，使用偏離製程來引導新製程或新設備的潛在危害分析。	1. 跨越如果 - 結果分析的門檻，相對效果較佳；可適用於前所未有或尚未明瞭之反應及製程狀況。 2. 可識別及評估可能產生的問題，能系統或結構化的檢視流程及作業方法。 3. 能夠執行逐管（管線）、逐對象（儲槽）、逐步驟（操作程序）的分析。	1. 屬於定性主觀的分析、較無法定量分析。 2. 不適用於複雜的邏輯系統以及多故障的系統。 3. 對於複雜製程之分析過程較為繁瑣，需投入人力工時，導致成本的增加。

危害分析法實施時機	優點	缺點
失誤模式影響分析（FMEA）：用於製程失誤的分析，如控制閥關閉故障或內部外部洩漏等，可將製程中之設備元件先行列出，再將其失誤模式逐一分析其影響。	1. 易於實施，大部分可用定量分析，且採用表格化分析較有系統，對硬體設備檢核相當徹底。 2. 適用於複雜系統中之設備零件分析，是製程設計、除錯、維修等作業之有利分析工具。 3. 可從最簡單元件開始分析，以確實找到失效模式、原因、嚴重性等資訊。	1. 較侷限於硬體設備，對於人為或作業環境因素的影響並未納入分析。 2. 無法直接找出發生故障之根本原因，不易察覺多重故障的狀況，分析會比較耗時費力。 3. 缺乏環境影響與人為疏忽的分析，只能就單一元件失效分析，對多重元件失效的影響無法估算。
失誤樹或故障樹分析（FTA）：其思考步驟與失誤樹相反，由終極事件開始，反向逐步分析引起事件之原因，即由上而下的回溯發展模式，演繹或推 後果至其事件原因。	1. 理論發展完全，步驟系統化，可能採用電腦程式。 2. 分析者可選擇欲分析的結果，逆向歸納造成後果的基本事件及順序。 3. 機率數據齊全可量化。	1. 複雜事件需花費相當多的人力分析。 2. 分析者很難考慮到所有可能的因素。 3. 失誤樹假設失誤為完全失誤，實際上許多設備零件失誤往往是局部性的。

3-3 風險危害控制

一操作於燃燒上限以上的氧化反應製程，若燃料進料流量控制失效將使反應器濃度進入燃燒範圍，由於製程反應溫度遠超過該燃料的自燃溫度（AIT），因此，當反應器濃度進入燃燒範圍一定會發生製程內部的火災爆炸。若該燃料的進料流量由一 FIC（流量指示／控制）控制，且該 FIC 設有低流量警報（Low flow alarm），同時，FIC 的流量傳感器（sensor）信號接至一 SIL（Safety Integrity Level）1 等級的安全儀表系統（SIS），除此之外，該反應器設有一安全閥。若 BPCS（Basic Process Control System）失效的起始事件發生頻率為 0.1/ 年，警報和安全閥若為獨立保護層（IPL）則其 PFD（Probability of Failure on Demand）分別為 0.1 和 0.01。試以保護層分析計算該製程因燃料進料流量控制失效，反應器濃度進入燃燒範圍造成製程內部火災爆炸的頻率（需詳細說明計算過程所選用數據的依據）。（25 分）　　　【109】

（一）已知警報和安全閥的要求失效概率 PFD（Probability of Failure on Demand）

分別為 $P_{alarm} = 0.1$ 和 $P_{psv} = 0.01$

BPCS（Basic Process Control System）失效的起始事件發生頻率為 0.1/ 年

（二）先求 BPCS 的 PFD

$$P_{BPCS} = \int_0^1 0.1 e^{-0.1t} dt = -e^{-0.1t} \mid_0^1 = 1 - e^{-0.1} ≒ 0.095$$

$P_{BPCS} = 0.095$

（三）再求該製程的 PFD（$P_{F\&E}$）

$$P_{F\&E} = P_{BPCS} + P_{alarm} + P_{psv} = 1 - \left[\left(1 - P_{BPCS}\right)\left(1 - P_{alarm}\right)\left(1 - P_{psv}\right)\right]$$

$$= 1 - [(1 - 0.095)(1 - 0.1)(1 - 0.01)]$$

$$= 1 - (0.905 \times 0.9 \times 0.99)$$

$$= 1 - 0.81$$

$$= 0.19$$

（四）次求造成製程內部火災爆炸的頻率 λ

$$P_{F\&E} = \int_0^1 \lambda e^{-\lambda t} dt = -e^{-\lambda t}\big|_0^1 = 1 - e^{-\lambda} = 0.19$$

$$1 - e^{-\lambda} = 0.19 \implies -\lambda = \ln(1 - 0.19) \implies \lambda = 0.22$$

經計算後得知造成製程內部火災爆炸的頻率 λ 為 0.22/ 年

有一高分子材料廠，每月使用約 2,500 公斤的過氧化丁酮，庫房固定會存放一個月的量，大概 3,000 公斤，依照危險性工作場所審查及檢查辦法，操作過氧化丁酮屬於那一類工作場所？請問儲存危險性化學品該如何進行風險控制？請提出應規劃之項目。

（30 分）　　　　　　　　　　　　　　　　　　　　　　　　　【112】

（一）每月操作使用 2,500 公斤的過氧化丁酮屬於甲類危險性工作場所

依據「勞動檢查法施行細則」附表一，製造、處置或使用過氧化丁酮 2,500Kg 超過 2,000Kg，依「勞動檢查法」第 26 條第 1 項第 5 款所定製造、處置或使用危險物，達「勞動檢查法施行細則」附表一規定數量之工作場所，依「製程安全評估定期實施辦法」第 2 條第 1 項第 2 款及第 4 條規定，該工作場所事業單位應每 5 年實施製程安全評估並製作製程安全評估報告及採取必要之預防措施，評估報告內容包括：

1. 實施製程安全資訊及製程危害控制措施評估過程之必要文件及結果。

2. 勞工參與。　　　　　　8. 動火許可。

3. 標準作業程序。　　　　9. 變更管理。

4. 教育訓練。　　　　　　10. 事故調查。

5. 承攬管理。　　　　　　11. 緊急應變。

6. 啟動前安全檢查。　　　12. 符合性稽核。

7. 機械完整性。　　　　　13. 商業機密。

（二）儲存危險性化學品過氧化丁酮應執行下列風險管控

1. 依「製程安全評估定期實施辦法」第 8 條及「危險性工作場所審查及檢查辦法」第 8 條及「勞動檢查法施行細則」相關規定，儲放過氧化丁酮超過 2,000 公斤即屬於甲類工作場所，事業單位應於甲類工作場所使勞工作業 30 日前，向當地勞動檢查機構申請審查。

2. 儲存危險性化學品應依化學品評估及分級管理（CCB）執行規劃，其 CCB 化學品分級管理 5 步驟包含：依 GHS 健康危害分類劃分危害群組、依化學品型態判定散布狀況、選擇使用量並判斷風險等級、依風險等級決定管理方法、參考暴露控制表單執行管制並紀錄備查。

3. 因屬甲類工作場所在火災爆炸方面應加強預防措施，並遵照「製程安全評估定期實施辦法」及「危險性工作場所審查及檢查辦法」予以評估審查及檢查管制。

3-4 其他安全風險危害管理

在全球競爭激烈之際，製造者、輸入者或供應者為維護國家安全或商品營業秘密之必要，而保留揭示安全資料表中之危害性化學品成分之名稱、含量或製造者、輸入者或供應者名稱時，依我國危害性化學品標示及通識規則：

（一）應檢附那些文件？報中央主管機關核定。（5分）

（二）前項危害性化學品成分屬於國家標準 CNS15030 分類之那些級別者，不得申請保留上開安全資料表內容之揭示。（15分）

（三）化學品之製造者、輸入者或供應者如有違反有關提供涉及營業秘密資訊之規定者，依職業安全衛生法罰則為何？（5分）

【106】

（一）依據「危害性化學品標示及通識規則」第18條第1項規定，製造者、輸入者或供應者為維護國家安全或商品營業秘密之必要，而保留揭示安全資料表中之危害性化學品成分之名稱、化學文摘社登記號碼、含量或製造者、輸入者或供應者名稱時，應檢附下列文件，向中央主管機關申請核定：

1. 認定為國家安全或商品營業秘密之證明。

2. 為保護國家安全或商品營業秘密所採取之對策。

3. 對申請者及其競爭者之經濟利益評估。

4. 該商品中危害性化學品成分之危害性分類說明及證明。

（二）依據「危害性化學品標示及通識規則」第18-1條規定，危害性化學品成分屬於下列規定者，不得申請保留上開安全資料表內容之揭示：

1. 勞工作業場所容許暴露標準所列之化學物質。

2. 屬於國家標準 CNS 15030 分類之下列級別者：

   (1) 急毒性物質第一級、第二級或第三級。

   (2) 腐蝕或刺激皮膚物質第一級。

   (3) 嚴重損傷或刺激眼睛物質第一級。

   (4) 呼吸道或皮膚過敏物質。

   (5) 生殖細胞致突變性物質。

   (6) 致癌物質。

   (7) 生殖毒性物質。

   (8) 特定標的器官系統毒性物質－單一暴露第一級。

   (9) 特定標的器官系統毒性物質－重複暴露第一級。

3. 其他經中央主管機關指定公告者。

（三）依據「職業安全衛生法」第 44 條第 1 項規定，違反第 10 條第 2 項規定者（製造者、輸入者或供應者，提供前項化學品與事業單位或自營作業者前，應予標示及提供安全資料表；資料異動時，亦同）處新臺幣 3 萬元以上 15 萬元以下罰鍰；經通知限期改善，屆期未改善者，並得按次處罰。

機械設備之運轉故障或失效常是導致工安事故原因之一，依據勞動部職業安全衛生署編印之「事業單位實施定期製程安全評估參考手冊」說明機械完整性，為確保重要設備能正常發揮其功能性，對壓力容器與儲槽、管線（包括管線組件如閥）、釋放及排放系統、緊急停車系統、控制系統（包括監測設備、感應器、警報及連鎖系統）、泵浦等製程設備執行那些事項，以確保製程設備程序完整性，請完整說明其內容。（25 分）　　　　　　　　　　【107】

依據「事業單位實施定期製程安全評估參考手冊」第 8 章機械完整性之規定，對壓力容器與儲槽、管線（包括管線組件如閥）、釋放及排放系

統、緊急停車系統、控制系統（包括監測設備、感應器、警報及連鎖系統）、泵浦等製程設備執行下列事項，以確保製程設備程序完整性：

（一）建立並執行書面程序。

（二）針對維持設備持續完整性之勞工，提供製程概要與危害認知及適用於勞工作業相關程序之訓練。

（三）檢查及測試：

　　1. 製程設備須實施檢查及測試。

　　2. 檢查與測試程序、頻率須符合相關法令及工程規範。

　　3. 依照製程設備操作與維修保養經驗，定期檢討檢查及測試頻率。

　　4. 應有詳實之書面紀錄資料，內容至少載明檢查或測試日期、執行檢查或測試人員姓名、檢查或測試製程設備編號或其他識別方式、檢查或測試方式說明、檢查或測試結果等。

（四）未對超出製程操作或設備規範界限實施矯正前，不得繼續設備之操作。

（五）對設備之建造、組裝，應訂定品質保證計畫，以確保下列事項：

　　1. 採用正確之材質及備品，並確認適用於製程。

　　2. 執行適當之檢點及檢查，以確保設備之正確安裝，並符合原設計規格。

　　3. 確認維修材料、零組件及設備符合未來製程應用之需要。

> 事業單位進行有機過氧化物的製程安全管理，除全員參與、商業機密外，請寫出其他三個面向，五個製程安全管理的單元，並試述之。（30分）　　　　　　　　　　　　　　　【112】

製程安全管理的程序單元如下：

（一）蒐集製程安全資訊：

建構維護製程相關資訊，包括製程設計技術、高度危險化學品性質、製程操作程序、製程設備規格等。

（二）辨識及評估製程危害並分析採取安全控制措施：

執行製程系統性的危害分析，評估危害來源及風險並制定相應安全控制措施。

（三）機械完整性操作程序及製程關鍵設備之辨識：

制定及執行機械安全操作程序，包括製程設備操作及緊急應變，確保機台設備操作之安全性與一致性，使製程設備正常運行，包括定期檢查、維護和修復。

（四）制訂標準作業程序：

包含各項製程操作階段程序，操作界線，安全及健康考量，製程安全標準程序之確認，及工作安全分析及衛生標準之建構。

（五）變更管理：

確立製程變更規範，應執行風險評估和管理，確保製程變更後之安全。

（六）承攬管理：

建立承攬管理規範，依指引落實管理和監督承攬商之安全執行，確保承攬作業符合職安法規之安全規範。

（七）動火許可：

　　界定動火管制區域及作業類型，依申請許可程序獲得許可才得實施動火作業，並應採取必要的安全措施。

（八）緊急應變：

　　依指引完成緊急應變作業程序，訂定緊急應變計畫及組織架構，執行計畫演練並檢討修正計畫及留存紀錄備查。

（九）教育訓練：

　　包含一般安全衛生教育訓練，安全衛生在職教育訓練，各項製程安全評估人員之專業培訓，以確保有足夠專業知識和技能來應對各項製程的安全風險。

（十）啟動前安全檢查：

　　建構設備符合設計之規範，在啟動新製程或重新啟動製程前，進行安全檢查及評估，以確保安全措施均到位。

（十一）事故調查：

　　界定事故類型及定義，鼓勵提報虛驚事故，組成事故調查小組，掌握事故調查時效，找出事故原因並提出改進措施，以避免類案再肇生。

（十二）符合性稽核：

　　包含規劃、人員配置、啟動稽核、準備稽核、執行稽核、稽核報告之準備及溝通、評估與矯正措施及持續追蹤等，可參考ISO19011 管理系統稽核指導綱要作業程序執行。

3-5 參考資料

（一）課本書籍

1. 「危害分析與風險評估」，黃清賢著，三民書局。
2. 「工業安全風險評估」，王世煌著，揚智文化事業股份有限公司。
3. 「製程安全管理」，張一岑著，揚智文化事業股份有限公司。
4. 「工業安全技師」歷年經典題庫總彙，陳淨修編著，千華數位文化。
5. 「風險危害評估」重點整理與經典題庫解析，劉永宏、陳毓軒編著，千華數位文化。
6. 「現代安全管理（第五版）」，蔡永銘著，揚智文化事業股份有限公司。
7. 「工業安全與緊急應變概論」，蔡嘉一、陳珊玫著，五南圖書出版社。
8. 「風險評估管理及實例」，中華民國工業安全衛生協會編印。

（二）相關法規

1. 職業安全衛生法。
2. 職業安全衛生設施規則。
3. 勞動檢查法施行細則。
4. 危害性化學品標示及通識規則。
5. 危險性工作場所審查及檢查辦法。
6. 製程安全評估定期實施辦法。
7. 高壓氣體勞工安全規則暨相關基準規定。
8. 美國職業安全衛生署（OSHA）－高危害化學製程安全管理法規。
9. 變更管理技術指引。

（三）相關網站或網頁

1. 勞動部勞動法令查詢系統（*https://laws.mol.gov.tw/FLAW/index-1.aspx*）－法規查詢，應留意當年度新修法規條款。
2. 勞動部職業安全衛生署（*https://www.osha.gov.tw/1106/26064/*），應留意國家重大政策方針及勞檢機關年度執行報告等文件。

3. 勞動部勞動及職業安全衛生研究所（*https://www.ilosh.gov.tw/*），應留意當年度風險管理方面的研究成果等報告。

4. PSM 製程安全管理技術交流平台（*https://www.sahtech.org/PSM/aboutPsm.aspx*）。

5. 中小企業安全衛生資訊網－風險評估（*https://sh168.osha.gov.tw/contentMenu.aspx?m=4*）。

6. 周春榮老師－甲級職業安全管理師術科解題（*http://ccrong95.blogspot.com/p/blog-page_4.html*）。

（四） 參考文獻或資料

1. 事業單位實施定期製程安全評估參考手冊。

2. 道氏（Dow）化學公司－化學暴露指數（CEI）。

3. 美國職業安全衛生署（OSHA）－製程安全管理的 14 個單元。

4. 事件樹和保護層分析－財團法人安全衛生技術中心（于樹偉）。

5. 製程危害評估－工研院環境與安全衛生技術發展中心（冉存仁）。

6. 製程反應失控預防技術手冊－經濟部工業局＆工研院環境與安全衛生技術發展中心（93 年 9 月）。

7. 應用 HAZOP 及 Hazard Tree Analysis（HTA）風險分析技術於蒸汽鍋爐工場之適用性研析，許錦明／葉忠益，勞工安全衛生研究季刊。

工業安全工程 4

4-0 重點分析

專技高考工業安全技師考試類科，有關「工業安全工程」考科係採申論及計算合併出題方式，此科範圍非常廣泛，包含法規、火災爆炸、製程安全評估、系統安全、營造安全衛生、危害性化學品、時事題…等。考題約 4～5 題，準備方向非常不易，有時題目非常簡單，類似技能檢定；有時天馬行空，看都沒看過，本書只能提供歷年來試題參考答案與方向，以供考生參考。在「工業安全技師」六大考科中，每門考科皆互有關聯，工業安全工程涉及到法規面、管理面，還有非常重要的工程面，此科的準備確實有其難度；因牽涉的產業面廣泛，如考生不在該領域從業，對其產業技術之工安要求不可能深入了解。

因此，建議考生應廣泛閱讀相關文獻，以充實對各產業的製程或是工程之基本知能，進而了解其風險與控制方法，以及工業安全所關注的重點等。如果沒有時間看那麼多資料也沒關係，本書作者觀察這幾年考題略分成六大類，讓沒有時間廣泛閱讀的考生，可以藉由整理過後的重點去準備。本科考試六大類重點如下：

（一）火災爆炸（尤其化工製程）（幾乎必考一題以上）

（二）感電

（三）法規

（四）半導體產業

（五）營造

（六）其他類型

其中「火災爆炸」及「感電」是近 10 年來最常出現的熱門考題，「半導體產業」則有退燒的情形，故在研讀時可先將重心放在「火災爆炸」與「感電」。另外「法規」這門科目，是一個大補丸，因為工安技師考試六科中，法規不會只出現在「勞工安全衛生法規」這一考科中；法規是所有科目的基石，務必要下功夫打好基礎。當然，在時間許可下，針對近 10 年來的歷次考題務必要熟悉，不僅是閱讀題目解答，而是要靜下心來，最好到圖書館，動筆多加練習，對各類型再進一步的延伸，能夠舉一反三，如此才有機會拿到高分。

在準備此科時，本書作者已提供相關參考書籍，請考生要廣泛的閱讀並多留意工安時事（意外死傷愈多愈重要）與勞研所資訊，建議將相關公式與單位換算做成筆記，計算機要會使用如 log、ln、10^{-6}、$e^{-0.4}$…等相關運算，並參加技能檢定練筆，蕭中剛技師的「職業安全管理甲級技術士術科考古題集錦」可熟練打底。在考場上千萬不要空白，真的不會寫先靜下來看是否可利用單位換算去推導，或用 3（認知、評估、控制）4（PDCA）5（人機料法環）方向去擠一點答案要點分數，當您見多識廣累積到一定功力，也就離上榜不遠了。最後，預祝各位考生金榜題名，事事順利。

4-1 機電安全

> 一利用蒸汽產生電力的大型汽電共生鍋爐，依傳熱面積的大小，屬於何級鍋爐？鍋爐一旦熄火而再點火，其再點火的步驟和安全注意事項為何？由鍋爐操作的條件和火災爆炸的基本理論說明其原因。（25分） 【103】

（一）大型汽電共生鍋爐屬於甲種蒸氣鍋爐。

（二）鍋爐點火準備要領如下：

1. 供電前，應先確認操作盤各按鈕開關在關之位置，接通電源開關及各供電繼電器，操作盤開關按鈕切入準備位置，檢查各指示燈作動是否正常。

2. 實施爐內排淨，確認節氣閥開度是否全開及排淨時間（約3～5分鐘）是否適宜。

3. 確認燃油溫度與燃油壓力。

（三）點火注意事項：

1. 爐內排淨完成後，操作節氣閥之開度關小於點火位置，再次確認水位計水位，燃油溫度與燃油壓力是否正常，開啟瓦斯點火，並由窺視窗確認點火是否正常（註：無瓦斯引燃器者，得直接實施燃燒器點燃，並由窺視窗確認點火是否正常）。

2. 適當時間內燃燒器點火，並由窺視窗確認點火是否正常。

3. 燃燒三要素為燃料、氧氣、溫度，只要缺一就無法燃燒，所以爐內排淨相當重要，避免可燃性混合氣體與點火源同時存在而引起爆炸。

> 工作環境經常發生機械傷害，請問造成機械性傷害的主要原因為何？（25 分） 【104】

造成機械性傷害的主要原因說明如下：

（一）人的不安全行為

    1. 操作失誤的主要原因有：

        (1) 機械產生的雜訊使操作者的知覺和聽覺麻痺，導致不易判斷或判斷錯誤。

        (2) 根據錯誤或不完整的資訊操縱或控制機械造成失誤。

        (3) 機械的顯示器、指示信號等顯示失誤使操作者誤操作。

        (4) 控制與操縱系統的識別性、標準化不良而使操作者產生操作失誤。

        (5) 時間緊迫致使沒有充分考慮而處理問題。

        (6) 缺乏對動力機械危險性的認識而產生操作失誤。

        (7) 技術不熟練，操作方法不當。

        (8) 準備不充分，安排不周密，因倉促而導致操作失誤。

        (9) 作業程式不當，監督檢查不夠，違章作業。

        (10) 人為的使機器處於不安全狀態，如取下安全罩、切除連鎖裝置等。走捷徑、圖方便、忽略安全程式。如不盤車、不置換分析等。

    2. 誤入危區的原因主要有：

        (1) 操作機器的變化，如改變操作條件或改進安全裝置時。

        (2) 圖省事、走捷徑的心理，對熟悉的機器，會有意省掉某些程式而誤入危區。

        (3) 條件反射下忘記危區。

(4) 單調的操作使操作者疲勞而誤入危區。

(5) 由於身體或環境影響造成視覺或聽覺失誤而誤入危區。

(6) 錯誤的思維和記憶，尤其是對機器及操作不熟悉的新工人容易誤入危區。

(7) 指揮者錯誤指揮，操作者未能抵制而誤入危區。

(8) 資訊溝通不良而誤入危區。

(9) 異常狀態及其他條件下的失誤。

(二) 機械的不安全狀態

機械的不安全狀態，如機器的安全防護設施不完善，通風、防毒、防塵、照明、防震、防雜訊以及氣象條件等安全衛生設施缺乏均能誘發事故。所造成的傷害事故的危險源常常存在於下列部位：

1. 旋轉的機件具有將人體或物體從外部捲入的危險；機床的卡盤、鑽頭、銑刀等、傳動部件和旋轉軸的突出部分有鉤掛衣袖、褲腿、長髮等而將人捲入的危險；風扇、葉輪有絞碾的危險；相對接觸而旋轉的滾筒有使人被捲入的危險。

2. 作直線往復運動的部位存在著撞傷和擠傷的危險。衝壓、剪切、鍛壓等機械的模具、錘頭、刀口等部位存在著撞壓、剪切的危險。

3. 機械的搖擺部位又存在著撞擊的危險。在工作時、也要固定好。

4. 機械的控制點、操縱點、檢查點、取樣點、送料過程等也都存在著不同的潛在危險因素。

有一停止運轉的馬達使用 110V 電源，如下圖所示其地線呈現斷路，火線與馬達連通，馬達因內部絕緣失效而造成漏電現象，此時有人員不慎接觸漏電的馬達金屬外殼而感電，試計算以下情況通過人體之電流值。

（一）若此馬達未進行設備接地，此時通過人體之電流值（單位：mA）？（10 分）

（二）若馬達進行設備接地（接地電阻 R_3 為 50Ω），此時通過人體之電流值（單位：mA）？（10 分）　　　　　　【106】

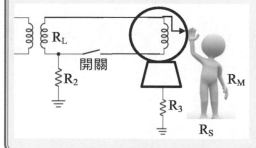

E ：使用電壓（110 V）

R_L：線路電阻（200 Ω）

R_2：第二種接地電阻（10 Ω）

R_3：第三種接地電阻（50 Ω）

R_M：人體電阻（2,000 Ω）

R_S：足踏點電阻（500 Ω）

（一）因為此馬達未實施接地，且第二種接地電阻 R_2 之值遠小於人體電阻 R_M 及足踏點電阻 R_S，人體接觸電壓 V_M 約等於 $E \times [R_M / (R_M + R_S / 2)]$

故通過人體之電流 I_M 可近似為 $I_M = E / (R_M + R_S / 2)$

$I_M = E / (R_M + R_S / 2) = 110 \text{ V} / (2{,}000Ω + 500Ω / 2) = 110 \text{ V} / 2{,}250Ω = 0.049 \text{ A} = 49 \text{ mA}$

依照上式數據計算，此馬達未進行設備接地，此時通過人體的電流約為 49 mA。

（二）馬達實施設備接地後，假設 R_2 及 R_3 遠小於 $R_M + R_S / 2$

人體接觸電壓 V_M 約等於 $E \times [R_M / (R_M + R_S / 2)] \times [R_3 / (R_3 + R_2)]$

流過人體之電流 I_M 可近似為 $I_M = ([E / (R_M + R_S / 2)] \times [R_3 / (R_3 + R_2)] = I_M \times [R_3 / (R_3 + R_2)]$

$I_M = 49mA \times [50\Omega / (50\Omega + 10\Omega)] = 49mA \times (50\Omega / 60\Omega) = 41mA$

依照上式數據計算，馬達進行設備接地，此時通過人體的電流約為 41 mA。

試分別說明：

（一）電氣設備接地與靜電接地的目的（10 分）。

（二）電氣設備接地與靜電接地兩者對接地電阻需求的差異（10 分），兩者何時可以共用、何時不能共用？（5 分）　【107】

（一）1. 設備接地的主要目的有三：

  (1) 防止電擊：當電氣設備因絕緣設備劣化、損壞引起漏電或因感應現象導致其非帶電金屬部分之電位升高或電荷積聚時，提供一低阻抗迴路並疏導感應電荷到大地，使非帶電金屬部分之電位接近大地電位，進而降低人員感電危險。

  (2) 防止火災及爆炸：提供足夠載流能力，使故障迴路不致因高阻抗漏電產生火花引起火災或爆炸，此載流能力須在過電流保護設備允許之範圍內。

  (3) 啟動保護設備：提供一低阻抗迴路使流過之故障電流足以啟動過電流保護設備或漏電斷路器。

  2. 靜電接地的主要目的是防止靜電蓄積造成產品損壞，或靜電火花造成火災及爆炸。

（二）1. 設備接地要求比較嚴格，按實際要求不同應該保證接地電阻在 0～100Ω 以內，應採用合格的接地樁深入地面 1 米深左右。設備接地兼顧了防靜電接地與防雷的作用。

  2. 靜電接地是指將帶靜電物體或有可能產生靜電的物體（非絕緣體），通過導靜電體與大地構成電氣迴路的接地，靜電接地電阻一般要求不大於 10 歐姆（Ω）。

（三）1. 電氣設備接地與靜電接地兩者可以共用情況－考慮設備漏電及靜電蓄積造成人員感電情況時。

2. 電氣設備接地與靜電接地兩者不能共用情況－考量保護精密電子產品或是有機溶劑的危險性作業場所。

若一動力衝剪機械採用雙手起動式安全裝置，其離合器之嚙合處數目為 10，曲柄軸旋轉一周所需時間為 400 毫秒，請計算該安全裝置所需之最小安全距離為多少毫米？另一衝剪機械之光電式安全裝置，其手指介入光電式安全裝置之感應區域至快速停止機構開始動作之時間為 120 毫秒，快速停止機構開始動作至滑塊等停止之時間為 150 毫秒，連續遮光幅為 25 毫米，請說明何謂連續遮光幅及計算安全距離？（25 分）　　　　　　　　　　　　　【109】

（一）依據「機械設備器具安全標準」第 8 條規定：

雙手操作式安全裝置或感應式安全裝置之停止性能，其作動滑塊等之操作部至危險界限間，或其感應域至危險界限間之距離，應超過下列計算之值：

$D > 1.6Tm$

D ： 安全距離，以毫米表示。

Tm ： 手指離開操作部至滑塊等抵達下死點之最大時間，以毫秒表示，並以下列公式計算：

1. $Tm = \left(\dfrac{1}{2} + \dfrac{1}{離合器之嚙合處之數目} \right) \times 曲柄軸旋轉一周所需時間$

$= \left(\dfrac{1}{2} + \dfrac{1}{10} \right) \times 400 = 240\,(ms)$

經計算後得知此手指離開操作部至滑塊達下死點時之最大時間為 240 毫秒。

2. $D = 1.6 \times Tm = 1.6(mm/msec) \times 240(msec) = 384(mm)$

   經計算後得知此雙手起動式安全裝置之安全距離為 384 毫米

(二) 依據「機械設備器具安全標準」第 12 條第 3 款規定，所謂連續遮光幅係指投光器及受光器之光軸數須具二個以上，且將遮光棒放在前款之防護高度範圍內之任意位置時，檢出機構能感應遮光棒之最小直徑（稱為連續遮光幅）在 50 毫米以下。但具啟動控制功能之光電式安全裝置，其連續遮光幅為 30 毫米以下。

(三) 光電式安全裝置安全距離計算如下：

$D = 1.6(Tl + Ts) + C$

D：安全距離，以毫米表示。

Tl：手指介入光電式安全裝置之感應域至快速停止機構開始動作之時間，以毫秒表示。

Ts：快速停止機構開始動作至滑塊等停止之時間，以毫秒表示。

C：追加距離，以毫米表示，並採下表所列數值：

連續遮光幅：毫米	追加距離：毫米
30 以下	0
超過 30，35 以下	200
超過 35，45 以下	300
超過 45，50 以下	400

$D = 1.6(120 + 150) + 0 = 1.6(270) + 0 = 432 + 0 = 432$ 毫米

> 電氣安全的問題是造成職業災害很重要的原因，請說明何種情況之下使用電氣設備應使用漏電斷路器？並敘述漏電斷路器的原理。（25 分）
>
> 【109】

（一）依據「職業安全衛生設施規則」第 243 條規定，雇主為避免漏電而發生感電危害，應依下列狀況，於各該電動機具設備之連接電路上設置適合其規格，具有高敏感度、高速型，能確實動作之防止感電用漏電斷路器：

1. 使用對地電壓在 150 伏特以上移動式或攜帶式電動機具。

2. 於含水或被其他導電度高之液體濕潤之潮濕場所、金屬板上或鋼架上等導電性良好場所使用移動式或攜帶式電動機具。

3. 於建築或工程作業使用之臨時用電設備。

（二）漏電斷路器（Ground-Fault Circuit Interrupter）：

一種靈敏的器具，以防止感電為目的。當漏電流至接地的電流足以傷害人員，但卻尚不至起動該系統之過電流保護裝置時，此漏電斷路器即在數分之一秒的時間內作動，使電線或部分電路切斷。亦稱為感電保護器。

電器接往電源之兩條線路之電流量在正常時應相同，如下圖中 $I_1 = I_2$。

漏電時電流透過故障點傳至人體，並通往大地，該電流為 I_3，亦即 $I_1 - I_2$。

電驛感應 I_1 與 I_2 間有差異，當此差異造成之訊號（或感應電流）之強度足以使電驛發生跳脫動作時，即時讓電源造成斷路而達保護人體之作用。

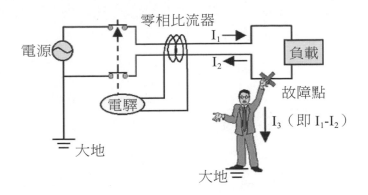

電源　零相比流器　$I_1 \rightarrow$　負載　$I_2 \leftarrow$　故障點　I_3（即 I_1-I_2）　電驛　大地　大地

> 桌上式研磨機是經常使用的機具，如果加工物件楔入研磨輪與護罩或工作物支架，可能導致研磨輪破裂之危害，在使用中，應以設置舌板或其他方法，使研磨之必要部分研磨輪周邊與護罩間之間隙或研磨輪與工作物支架之間隙分別可調整至多少毫米以下？舌板設置之規定為何並請設計於工作場所巡視時前述間隙之檢核方式（25 分）　　　　　　　　　　　　　　　　　　　　　　　【111】

（一）依據「機械設備器具安全標準」第 104 條規定，桌上用研磨機及床式研磨機使用之護罩，應以設置舌板或其他方法，使研磨之必要部分之研磨輪周邊與護罩間之間隙可調整在 10 毫米以下。

前項舌板，應符合下列規定：

1. 為板狀。

2. 材料為第 96 條第 1 項所定之壓延鋼板。

3. 厚度具有與護罩之周邊板同等以上之厚度，且在 3 毫米以上，16 毫米以下。

4. 有效橫斷面積在全橫斷面積之百分之七十以上，有效縱斷面積在全縱斷面積之百分之二十以上。

5. 安裝用螺絲之直徑及個數，依研磨輪厚度，具有附表三十四所定之值。

（二）依據「機械設備器具安全標準」第 107 條規定，桌上用研磨機或床式研磨機，應具有可調整研磨輪與工作物支架之間隙在 3 毫米以下之工作物支架。

4-2 防火與防爆

> 易燃性氣體或蒸氣外洩時，分別於何條件下會形成蒸氣雲爆炸（爆燃和爆轟）、閃火或噴射火焰？（20 分） 【104】

（一）易燃氣體或蒸氣廣泛反應在局限空間時會形成蒸氣雲爆炸（爆燃和爆轟）。

　　蒸氣雲爆炸可因空間規劃分為蒸氣雲爆炸或非局限蒸氣雲爆炸，其原因不外乎都是當易燃性氣體或蒸氣發生外洩，並與空氣混合達到燃燒下限之氣體。此氣體若再遇火源或接觸能量高於最小著火能量時，將可能會立即引燃，因引燃速度太快，進而伴隨強大之壓力變化，倘若此時之火焰燃燒速度大於音速，我們稱此現象為爆轟，反之則稱為爆燃。

（二）易燃氣體或蒸氣之混合濃度達到燃燒下限時會發生閃火現象。

　　閃火是易燃性氣體或蒸氣必須與空氣混合並遇火源後閃出火花之現象，因閃火之溫度不足達到使易燃性氣體或蒸氣持續燃燒，故閃火溫度常用來表示易燃性氣體或蒸氣外洩時之最低燃燒溫度。

（三）易燃氣體或蒸氣於壓力管線釋放至開放空間反應會形成噴射火焰。

　　當易燃性氣體或蒸氣於壓力管線釋放後，易燃性氣體或蒸氣接觸到空氣，並混合達到燃燒下限時，此時再遇火源，將會使洩放氣體引燃，並形成火焰，此時火焰會以噴射之方式進行燃燒。

限氧濃度（Limiting Oxygen Concentration, 簡稱 LOC）又稱為最小需氧量（Minimum Oxygen Concentration, 簡稱 MOC），常應用於惰化（inerting）。丙烯的燃燒下限為 2%，求丙烯的限氧濃度？（25 分）
【103】

（一）列出丙烯的燃燒化學式：

$$C_3H_6 + \frac{9}{2}O_2 \rightarrow 3CO_2 + 3H_2O$$

（二）計算丙烯的限氧濃度：

限氧濃度（LOC）與燃燒下限（LFL）之關係為

LOC = n × LFL　　　n：燃燒所需之氧氣莫耳數

　　　= 9 / 2 × 2 = 9%

引起高雄氣爆的丙烯（Propylene，$CH_2 = CHCH_3$）常溫下為無色、無臭、稍帶有甜味的氣體；爆炸下限為 2%。請問：

（一）在攝氏 25 度，爆炸下限時，每立方公尺（m^3）含丙烯多少公克（gm）？（5 分）

　　　（提示：使用理想氣體公式 PV = nRT　R = 0.082 atm L/mol K）

（二）如果一個 50 立方公尺的房間中，以每分鐘 10 公克的速度洩漏，請問多少分鐘達爆炸下限？（10 分）

（三）如果房間有稀釋通風系統以每分鐘 1 立方公尺的速度排出室內空氣，請問理想混合下房間內是否會到達爆炸下限？（10 分）
【104】

（一）ppm⇨mg/m^3　1% = 10^4ppm　丙烯分子量：42 g/mole

$$C(mg/m^3) = X(ppm) \times \frac{M.W.}{Vm} \Rightarrow C(mg/m^3) = X(ppm) \times \frac{42}{24.45}$$

$C(ppm) = $ 濃度 $X(mg/m^3) = $ 濃度 M.W. = 物質之分子量（g/mole）

$Vm = $ 莫爾體積 24.45（L/mole）

丙烯濃度 C：$(20,000 \times 42) \div 24.45 = 34,355.8 \ mg/m^3 = 34.36 \ g/m^3$

（二）洩漏速度 Q = 10 g/min　丙烯濃度 C = 34.36 g/m^3　體積 V = 50 m^3
時間 T = min

時間 T = $(C \times V) / Q = (34.36 \times 50) / 10 = 1,718 / 10 = 171.8$ min

（三）先求出丙烯產生量為 10 g/min 時，則此空間的最低換氣量為多少。

由公式 $C(g/m^3) = W \ (g/min) / Q \ (m^3/min)$

移項可得 $Q \ (m^3/min) = W \ (g/min) / C(g/m^3)$

其中氣狀污染物與粒狀污染物換算公式如上。

$Q \ (m^3/min) = [10 \ (g/min)] / [34.36 \ (g/m^3)] = 0.29 m^3/min$

已知此房間以 $1m^3/min$ 稀釋通風，因為 $1m^3/min > 0.29m^3/min$，所以不會到達爆炸下限。

（一）若有一甲醇桶槽，其電容為 400 PF，電壓為 1 kV 時，是否
　　　會引燃甲醇？（甲醇之最小著火能量為 0.14 mJ）（7 分）

（二）請描述靜電控制之方法有那些？（13 分）　　　　　　【105】

（一）　$E = \dfrac{1}{2}CV^2 \times 10^{-9}$

$E = $ 最小著火能量（mJ）、$C = $ 電容（PF）、$V = $ 電壓（V）

$E = \dfrac{1}{2}CV^2 \times 10^{-9} = \dfrac{1}{2} \times 400 \times 1,000^2 \times 10^{-9} = 0.2mJ$

$$\boxed{\begin{array}{l} 1J = 10^3 mJ \\ 1F = 10^{12} PF \end{array}}$$

計算後得知的著火能量 0.2mJ 高於甲醇之最小著火能量為 0.14 mJ，故會引燃甲醇。

（二）靜電控制之方法如下列：

1. 接地及搭接（bonding）

   減少金屬物體之間以及物體和大地之間的電位差，使其電位相同，不致產生火花放電的現象。

2. 增加濕度

   採用加濕器、地面撒水、水蒸氣噴出等方法，維持環境中相對濕度約 65%，可有效減低親水性物質的靜電危害產生。

3. 使用抗靜電材料

   在絕緣材料的表面塗佈抗靜電物質（如碳粉、抗靜電劑等）、在絕緣材料製造過程中加入導電或抗靜電物質（如碳粉、金屬、抗靜電劑、導電性纖維等）。

4. 使用靜電消除器

   利用高壓電將空氣電離產生帶電離子，由於異性電荷會互相吸引而中和，可使帶靜電物體的電荷被中和，達成電荷蓄積程度至最低，因此不會發生危害的靜電放電。

5. 降低或限制速度

   若易燃性液體中未含有不相容物，則液體流速應限制小於 7 m/s，在一般的工業製程中都能依據此原則進行製程設計與生產操作。

消防系統水流測試中，當水流量為每分鐘 2,500 加侖，壓力從 69 psi 下降至 44 psi，試問水壓為 20 psi 時，水流量每分鐘為多少加侖？（20 分）

【105】

參考公式：$\dfrac{Q_1}{Q_2} = \dfrac{(S-R_1)^{0.54}}{(S-R_2)^{0.54}}$

$$\frac{Q_1}{Q_2} = \frac{(S-R_1)^{0.54}}{(S-R_2)^{0.54}} \Rightarrow \frac{2,500}{Q_2} = \frac{(69-44)^{0.54}}{(69-20)^{0.54}} \Rightarrow \frac{2,500}{Q_2} = \frac{25^{0.54}}{49^{2.54}} = \frac{5.69}{8.18}$$

$$Q = \frac{2,500 \times 8.18}{5.69} = \frac{20,450}{5.69} ≒ 3,594 \text{ 加侖}$$

經計算後得知該消防系統之水流量約為每分鐘 3,594 加侖。

（一）槽車之車架固定有一內容積 20 立方公尺容器，灌裝有比重 0.55 之液化石油氣（平均分子量為 58）3,000 公斤，依我國「高壓氣體勞工安全規則」規定之該槽車容器儲存能力為若干公斤？（5 分）

（二）該容器在管理分類上，應至少再灌裝多少公斤才屬灌氣容器？（5 分）

（三）該容器於灌裝液化石油氣時，其處理設備之外面至處理煙火設備，應保持多少公尺以上距離？（5 分）

（四）若該容器依「高壓氣體勞工安全規則」之儲存能力規定灌滿後，可以提供常溫常壓下多少立方公尺的液化石油氣？（5 分）

【106】

（一）依據「高壓氣體勞工安全規則」第 18 條第 3 款規定，本規則所稱儲存能力，係指儲存設備可儲存之高壓氣體之數量，其計算式如下：

液化氣體容器：W = V2 / C

算式中：

W：儲存設備之儲存能力（單位：公斤）值。

V2：儲存設備之內容積（單位：公升）值。

C：中央主管機關指定之值。

（平均分子量為 58，推估此液化石油氣主成分應為丁烷，丁烷指定之 C 之數值為 2.05）

$W = V2 / C = 20m^3 \times 10^3 (L/m^3) / 2.05 = 9,756 (kg)$

（二）依據「高壓氣體勞工安全規則」第 8 條規定，本規則所稱灌氣容器，係指灌裝有高壓氣體之容器，而該氣體之質量在灌裝時質量之二分之一以上者。

此容器之儲存能力為 9,756(kg)，其二分之一之儲存能力為 4,878(kg)。

已知容器灌重 3,000(kg)，故該容器在管理分類上，應至少再灌裝 1,878(kg)(4,878(kg) – 3,000(kg)) 才屬灌氣容器。

（三）依據「高壓氣體勞工安全規則」第 33 條規定，自可燃性氣體製造設備（以可燃性氣體可流通之部分為限；經中央主管機關指定者除外）之外面至處理煙火（不含該製造設備內使用之煙火）之設備，應保持 8 公尺以上距離或設置防止可燃性氣體自製造設備漏洩時，不致流竄至處理煙火之設備之措施。

（四）依據「高壓氣體勞工安全規則」第 18 條第 3 款規定，該容器依規定灌滿後，其儲存能力為 9,756(kg)，該液化石油氣之比重為 0.55，由 $D = W / V = 9,756(kg) / 0.55(kg/m^3) = 17,738(m^3)$

該容器依規定灌滿後，約可以提供常溫常壓下 17,738 立方公尺的液化石油氣。

（一）試說明防爆電氣設備構造類別。（10 分）

（二）電氣防爆針對其特性及適用條件以專屬之系統代號作為識別，說明歐洲 IEC 電氣防爆系統代號「Exd IIB T4」之特性及適用條件。（10 分）　　　　　　　　　　　　【106】

（一）防爆電氣設備構造類別簡述如下列：

1. 耐壓型防爆構造（flameproof apparatus）

   耐壓防爆構造之電氣機器，是電氣機器周圍存有爆炸性氣體，因隨著電氣機器之操作，產生呼吸作用時進入電氣機器內接觸起火源而產生爆炸。因為組織電氣機器之耐壓容器產生爆炸時，可以承受壓力之外，同時也不會波及至容器周圍之爆炸性氣體之構造，其記號為 Ex'd'。

2. 增加安全型防爆構造（increased safety apparatus）

   此構造不是直接安裝防爆要件之構造，除了電氣機器之構造要件中加入加強安全防爆性之製造外，更進一步要求電氣機器之使用者進行正確之設置、操作、保養、保護裝置之設定等，使發火源機率變小，結果可得到防爆性構造。其記號為 Ex'e'。

3. 本質安全型防爆構造（intrinsic safety apparatus）

   本質安全防爆構造，是電氣機器於正常狀態及事故發生時，設計及製作回路使得電器火花及高溫部分之低電壓、小電流，使得爆炸性氣體不發火之防爆構造。另根據其容錯安全等級之高低可分為 ia 及 ib 兩級，其記號為 Ex'ia' 或 Ex'ib'。

4. 油浸型防爆構造（oil-immersed apparatus）

   此構造是將發生電氣火花或高溫部分，沉放入絕緣油中之深處。隔離電氣機器周圍及使其不接觸存在於油面上之爆炸性氣體之容器，正是具有防爆基本條件，可以阻止起火源與爆炸性氣體共存之構造，其記號為 Ex'o'。

5. 正壓型防爆構造（pressure apparatus）

   正壓型防爆電氣設備構造的設計構想，係將有明顯的或是潛在的點火源之電氣設備全體或是部分以容器包圍，在該容器內部加壓灌注保護氣體（空氣或惰性氣體），使該點火源與周圍的爆炸性混合氣體隔離，使點火源與爆炸性氣體無法共存之方法，其記號為 Ex'p'。

6. 填粉型防爆構造（sand-filled apparatus）

   填粉型防爆電氣設備構造的設計構想，主要是對有潛在點火源之電氣設備中可能成為點火源之部分，以石英粉或是玻璃顆粒等完全充填、包覆，防止周圍之爆炸性氣體著火，其記號為 Ex'q'。

7. 模鑄型防爆構造（encapsulated apparatus）

   模鑄型防爆電氣設備構造的設計構想，主要是對有明顯的或潛在的點火源之電氣設備中可能成為點火源之部分，以電氣絕緣性複合物來包覆，防止周圍之爆炸性氣體著火，適用於發熱量少之電氣零件，其記號為 Ex'm'。

8. n 型防爆構造（type of protection 'n'）

   n 型防爆電氣設備構造，是以在第 2 種場所設置為前提，依各種概念發展而成之防爆構造之總稱，其技術有：(a) 不會發生電氣火花之電氣機器，(b) 限制通氣之容器（restricted breathing enclosure），(c) 接點是以限制通氣容器以外之方法來保護「作動時產生電弧火花或是表面高溫的電氣設備」，其記號為 Ex'n'。

9. 特殊型防爆構造（special type of protection）

   特殊型防爆電氣設備構造對於爆炸性氣體具有防爆性能，並且經過試驗加以確認之構造，為上列 1 至 8 以外之保護方法者，其記號為 Ex's'。

（二）歐洲 IEC 電氣防爆系統代號「Ex d IIB T4」之特性及適用條件說明如下：

Ex d II B T4 代號中

Ex：防爆標記

d：防爆型式－耐壓型防爆構造

II B：電氣分群符號類別－最大試驗安全間隙 MESG（mm） 0.9 > MESG > 0.5

T4：溫度等級－容許最高表面溫度 135（°C）

有一內容積 50 公升的壓力容器發生爆炸，造成重達 20 公斤的端板飛離爆炸地點 150 公尺，該壓力容器爆炸後其本體仍固定於基座上，而其端板以 30° 角仰角拋射，假設爆炸後之能量全部轉換成端板拋射之動能，且不計端板與大氣之摩擦力，試估算發生爆炸時壓力容器內部之壓力大小（單位：kg/cm²）？（20 分）　　【106】

射程：$X = [(V^2) \times \sin 2\theta] / g$

V：速度（米 / 秒，m/s）

θ：速度與水平面夾角

g：重力加速度（g = 9.8 m/s²）

射程 $150 = V^2 \times \sin(2 \times 30°) / 9.8 \rightarrow 150 \times 9.8 = V^2 \times \sin(60°) \rightarrow$

$V^2 = 150 \times 9.8 / \sin(60°)$

$V^2 = 1,470 / 0.866$

$\quad = 1,697.46$

$V = 41.2 \text{(m/s)}$

動能：$E = \frac{1}{2} mv^2$

$E =$ 動能（焦耳，J）、$m =$ 質量（公斤，kg）、$V =$ 速度（米／秒，m/s）

$E = 1/2 mv^2 = 0.5 \times 20 \times 1,697.46 = 16,974.6(J)$

做功：$W = P \times V$

$W =$ 能量（焦耳，J）、$P =$ 壓力（kg/m^2）、$V =$ 體積（m^3）

$E = W = 16,974.6 = P \times 50(L) / 1,000(L/m^3) \rightarrow$

$P = 16,974.6 \times 1,000 / 50$

$P = 339,492(kg/m^2) = 33.9492(kg/cm^2)$

如考慮理想氣體的碰撞理論，壓力 $P = 2/3$ 能量 (W)

$PV = 2/3$ 動能，所以可為 $16,974.6 \times 2/3 = P \times 50 / 1,000$

$P = 226,328(kg/m^2) = 22.6328(kg/cm^2)$

附圖為三硝化甲苯（TNT）爆炸後過壓所產生的過壓曲線，垂直軸為比例過壓（Scaled overpressure, $P_s = P_o / P_a$），其中 P_o 為過壓（overpressure, Pa），P_a 為大氣壓（$= 101.3$ kPa），水平軸為比例距離（Scaled distance, $Z_e = r / W^{1/3}$），其中 r 為距離爆炸中心的距離（單位為 m），W 是三硝化甲苯的當量（單位為 kg）。對於一易燃性氣體，其三硝化甲苯的當量可用其燃燒熱（E_c）、易燃性氣體質量（M）、爆炸係數（η）與三硝化甲苯的燃燒熱（$E_{cTNT} = 4,700$ kJ/kg）

來計算：$W = \eta M E_c / E_{cTNT}$

某工廠發生環己烷（C_6H_{12}、分子量 84）蒸氣外洩 1,000kg，與空氣混合後被引燃產生蒸氣雲爆炸，環己烷燃燒熱為 3,948 kJ/mol，爆炸係數為 0.1，試求：

（一）該蒸氣雲爆炸的三硝化甲苯當量。（10 分）

（二）距離爆炸中心 100m 的爆炸過壓為何？（15 分）　【107】

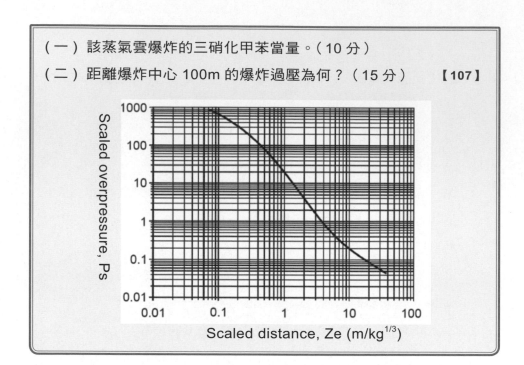

（一）　$W = \eta\ MEc\ /\ E_{cTNT}$

　　　　$W = 0.1 \times 1,000 \times 3,948\ /\ 4,700$

　　　　$W = 394,800\ /\ 4,700$

　　　　$W = 84\ (kg)$

（二）　$Ze = r\ /\ W^{1/3}$

　　　　$Ze = 100\ /\ 84^{1/3}$

　　　　$Ze = 100\ /\ 4.38$

　　　　$Ze = 22.831$

（一）火焰絕熱溫度是指可燃物燃燒後的定壓絕熱反應溫度。

（二）燃燒界限係指可燃性氣體與易燃性液體蒸氣與空氣混合達可燃燒之比例，其可分為燃燒上限及燃燒下限。

（三）假設火焰絕熱溫度為定值，燃燒上限和燃燒下限隨著初始溫度的上升如何變化說明如下：

在燃燒時，火焰不會傳遞熱量予外界，因此當初始溫度升高時，燃燒上限及下限亦會隨之變化，而燃燒下限主要會隨著初始溫度上升而下降，反之燃燒上限亦然，繪圖如下：

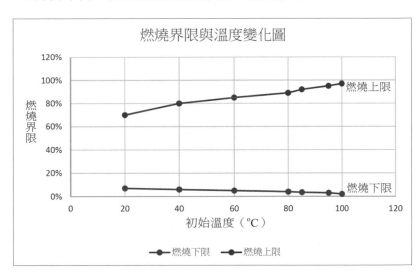

當初始溫度上升時，可能會使可燃性氣體或易燃性液體蒸氣之分子移動速率加快，並使其碰撞頻率提高進而改變動能。接著使反應速率提升，可使用阿瑞尼斯方程式來證明，初始溫度升高將對於反應速率有所提升，因此縱使燃燒下限低於或高於平常標準，亦可能達成燃燒，故才有燃燒界線下移及上移之現象。

雇主對於作業場所有易燃液體之蒸氣、可燃性氣體或爆燃性粉塵以外之可燃性粉塵滯留，而有爆炸、火災之虞者，使用之電氣機械、器具或設備，應具有適合於其設置場所危險區域劃分使用之防爆性能構造。若你是一位工業安全技師，請說明危險區域種類如何定義？並說明電氣機械、器具或設備如何選用適合其危險區域之防爆性能構造？（25分）　　　　　　　　　　　　　　　　　　　　　【109】

（一）參考國內之「CNS 3376-10 爆炸性氣體環境用電機設備 - 第 10 部危險區域劃分」及「CNS 3376-10-2 爆炸性環境 - 第 10-2 部區域劃分 - 可燃性粉塵環境」，將危險區域分成三個等級。

項次	危險區域	描述	考量因子
1	Zone 0（氣體） Zone 20（粉塵）	爆炸性環境連續、長時間或經常存在。（大於 1,000 小時 / 年）	(1) 可燃性物質。 (2) 物質之蒸氣密度。 (3) 物質之溫度。
2	Zone 1（氣體） Zone 21（粉塵）	在正常操作下，爆炸性環境可能存在。（10 - 1,000 小時 / 年）	(4) 物質之爆炸下限。 (5) 製程或儲存之壓力。 (6) 洩漏大小。
3	Zone 2（氣體） Zone 22（粉塵）	在正常操作下，爆炸性環境不太可能存在，若存在僅為極短暫的時間。（0.1 - 10 小時 / 年）	(7) 通風。

（二）1. 電氣機械、器具或設備選用適合其危險區域之防爆性能構造，依據不同危險區域等級，採用不同之防爆構造如下表所示：

種類	項次	代號	名稱	使用危險區域	
				氣體	粉塵
特殊構造	1	D（氣體） tD（粉塵）	耐壓防爆	1、2	21、22
	2	m（氣體及粉塵）	模鑄耐壓防爆	1、2	20、21、22
	3	e（氣體）	安全增加防爆	1（接線箱）、2	不得使用
	4	n（氣體）	無火花構造	2	不得使用
	5	p（氣體） pD（粉塵）	正壓防爆	1、2	21、22
	6	q（氣體）	填充（砂）防爆	1、2	不得使用
	7	o（氣體）	油入防爆	1、2	不得使用
	8	s（氣體）	特殊防爆構造	0、1、2	不得使用
特殊電路	1	ia/ib（氣體）	本質安全防爆	0（ia） 1、2（ia/ib）	不得使用

2. 除了防爆構造與危險場所區域等級之外，防爆電氣機具的使用還要考慮溫度等級。防爆電氣設備的溫度等級（最高表面溫度）如下表所示。其所標定之特定最高表面溫度不可以超過該使用場所爆炸性氣體或蒸氣之著火溫度。實際選用時應有10℃之寬限值。

防爆電氣設備之最高表面溫度與溫度等級（單位：℃）

溫度等級	最高表面溫度的範圍
T1	超過 300，450 以下
T2	超過 200，300 以下
T3	超過 135，200 以下
T4	超過 100，135 以下
T5	超過 85，100 以下
T6	85 以下

疫情期間，濃度 75%（體積百分比）的醫療藥用酒精成為重要的防疫工具。乙醇的密度為 0.8 g/cm³（水的密度為 1.0 g/cm³），75%（體積百分比）乙醇於其閃火點下的活性係數 (γ_i) 為 1.25（純乙醇的活性係數則為 1），若純乙醇的閃火點為 13°C，求 75% 藥用酒精的閃火點？室溫下能否被點燃？乙醇的飽和蒸汽壓 P^{sat}(kPa) 與溫度 T(K) 的關係如下：

$$\log P^{sat} = 7.24222 - \frac{1595.811}{T - 46.702}$$

氣相莫耳組成 yi 與液相莫耳組成 xi 間的關係可利用以下氣液平衡關係式求得：

$$y_i P = x_i \gamma_i P_i^{sat}$$

其中，P 和 P_i^{sat} 分別為氣相壓力（大氣壓）與飽和蒸汽壓。
（25 分）   【110】

（一）純乙醇的閃火點為 13°C，由關係式

$$\log P^{sat} = 7.24222 - \frac{1595.811}{T - 46.702}$$

T = 273.15 + 13 = 286.15 K 代入關係式，可得

$$\log P^{sat} = 7.24222 - \frac{1595.811}{286.15 - 46.702} = 0.66454$$

則可得 P^{sat} = 3.7816 kpa

（二）乙醇的密度為 0.8 g/cm³（水的密度為 1.0 g/cm³），75%（體積百分比）乙醇（分子式 C_2H_5OH，分子量 46），假設醫療藥用酒精體積有 100 cm³，乙醇體積為 100×75% = 75 cm³，因乙醇的密度為 0.8 g/cm³，所以乙醇重量為 75 cm³×0.8g/ cm³ = 60g，而水為 25 cm³ 密度為 1.0 g/cm³，則水有 25g。

則乙醇的莫耳分率 (x) 為

$$X = \frac{\dfrac{75}{46}}{\dfrac{75}{46}+\dfrac{25}{18}} = 0.54$$，由氣液平衡關係式 $y_i P = x_i y_i p_i^{sat}$，則可得

$3.7816 = y_i P = x_i\ \gamma_i P_i^{sat} = 0.54 \times 1.25 \times P_i^{sat}$，則可算出 $P_i^{sat} = 5.602$ kpa（75% 乙醇要達閃火點的飽和蒸汽壓）

由 $\log 5.602 = 7.24222 - \dfrac{1595.811}{T\text{-}46.702}$，則可算出 T = 292.441 K = 19.291°C

因室溫 25°C > 19.291°C，所以有可能起火。

用火去點雙氧水 (H$_2$O$_2$)，會不會點燃？雙氧水有沒有爆炸的危害？針對雙氧水會不會爆炸，請申論之。（25 分）　　　　【110】

（一）雙氧水（H$_2$O$_2$）的學名為過氧化氫，水溶液為無色透明液體，有微弱的特殊氣味。純過氧化氫是淡藍色的油狀液體。

雙氧水是一種爆炸性強氧化劑，但其本身屬不可燃，基本上用火是無法點燃。

（二）雙氧水本身雖屬不可燃，但雙氧水能與可燃物反應放出大量熱量和氧氣而引起著火爆炸。它與許多有機物如糖、澱粉、醇類、石油產品等形成爆炸性混合物，在撞擊、受熱或電火花作用下能發生爆炸。過氧化氫與許多無機化合物或雜質接觸後會迅速分解而導致爆炸，放出大量的熱量、氧和水蒸氣。

（三）過氧化氫不會燃燒，但是過氧化氫濃度 35% 以上會使可燃物成為易燃物，且可能會加速可燃物燃燒。濃度超過 74% 的過氧化氫，在具有適當的點火源或溫度的密閉容器中，能迅速分解產生大量氧氣，造成容器內壓力過大而發生物理性爆炸，而使密閉容器分裂或炸開。

氨在淨零轉型碳中和議題非常具有潛力，例如提升廢硫酸及氨氮廢水轉製硫酸銨結晶的再利用比例，同時亦提出氨氣後壓縮，以蒸餾的方式純化成電子級氨氣，如以 47.4 公升的無縫鋼管製鋼瓶盛裝液氨，在攝氏 20 度及 35 度密度分別為每立方公尺 609 與 585 公斤，請問在攝氏 20 度及 35 度時最大之允許灌氣重量為幾公斤？其灌充率分別為每公升多少公斤？另請說明液氨之過量灌裝可能危害及如何預防。又以碳鋼盛裝液氨有可能形成氨應力腐蝕開裂（Ammonia stress corrosion cracking）破壞，其肇因為何？（25 分）　　　　　　　　　　　　　　　　　　　　　　　　　　【111】

（一）依據「高壓氣體勞工安全規則」第 71 條規定，從事高壓氣體製造中之灌裝作業，將液化氣體灌注於儲槽時，應控制該液化氣體之容量不得超過在常用溫度下該槽內容積之百分之九十。

∴ $47.4L \times 90\% = 42.66L = 0.04266m^3$

1. 在攝氏 20 度時最大之允許灌氣重量為

$$609 \frac{kg}{m^3} \times 0.04266m^3 \cong 25.98kg$$

2. 在攝氏 35 度時最大之允許灌氣重量為

$$585 \frac{kg}{m^3} \times 0.04266m^3 \cong 24.96kg$$

（二）灌充率 (kg/L)：

1. 在攝氏 20 度時灌裝率為

$$\frac{25.98kg}{47.4L} \cong 0.55(kg / L)$$

2. 在攝氏 35 度時灌裝率為

$$\frac{24.96kg}{47.4L} \cong 0.53(kg / L)$$

（三）液氨之過量灌裝可能危害及預防：

1. 可能危害：液氨鋼瓶過量灌裝會造成鋼瓶頂部空間變小，如果液氨被環境室溫加熱而體積膨脹時，會造成鋼瓶壓力上升，可能導致過壓破裂、液氨外洩，有發生中毒、火災爆炸之虞。

2. 預防措施：

   (1) 鋼瓶設置可自動探測液化氣體之容量及超過最大之允許灌氣重量時可發出警報之設施。

   (2) 使用符合現行法令規定之合格之容器。

   (3) 採取除卻鋼瓶可能產生靜電之措施。

（四）碳鋼氨應力腐蝕開裂（Ammonia stress corrosion cracking）破壞之肇因：

1. 應力腐蝕是指金屬材料持續存在拉應力，並處於特定的腐蝕環境中，隨著時間變久，將會從應力腐蝕裂紋開始，裂紋緩慢成長再結合，最後產生非常嚴重的腐蝕開裂，如果只有應力存在或處於腐蝕環境之單一條件，不足以導致二者綜合條件的嚴重後果。

2. 氨應力腐蝕開裂即是指腐蝕作用由氨造成之，當碳鋼、銅或銅合金壓力容器中存在氨與雜質時，就會發生該情況。

一個玻璃內襯儲槽連接軟管輸送甲苯後，所產生靜電 6000 伏特的電壓，該儲槽電容為 20 pF，甲苯的導電度為 10 pS/m，試計算其蓄積之能量？是否放電時將可能形成發火源而點燃其蒸氣？（25 分） 【111】

（一）依最小著火能量公式

$$E = \frac{1}{2}CV^2 = \frac{1}{2} \times (20 \times 10^{-12}) \times (6000)^2 = 0.00036J = 0.36mJ$$

（二）經查甲苯最小著火能量為 0.24mJ

∵ 0.36mJ 大於 0.24mJ；則放電時將可能點燃甲苯蒸氣。

某石化公司以採樣鋼瓶採集製程氣體，製程氣體體積組成為 0.8% 己烷（hexane）及 2.0% 甲烷（methane）與 0.5% 乙烯（ethylene）其他為空氣之混合物，該等採樣鋼瓶要送到室內實驗室分析，工安人員欲評估其安全考量，請問該製程氣體燃燒上下限為何？（20 分）該製程氣體是否具可燃性？（5 分）（可採取 Le Chatelier 方程式） 【112】

氣體	燃燒下限（體積 %）	燃燒上限（體積 %）
己烷	1.1	7.5
甲烷	5.0	15
乙烯	2.7	36

（一）依題意某可燃性的混合氣體中含有己烷 0.8%、甲烷 2.0%、乙烯 0.5%、其他為空氣，該可燃性氣體之組成百分比計算如下：

$$己烷 = \frac{0.8}{0.8 + 2.0 + 0.5} \cong 0.24$$

$$甲烷 = \frac{2.0}{0.8 + 2.0 + 0.5} \cong 0.61$$

$$乙烯 = \frac{0.5}{0.8 + 2.0 + 0.5} \cong 0.15$$

依勒沙特列（Le Chatelier）定律此可燃性氣體在空氣中的燃燒上限（UFL）及燃燒下限（LFL）計算如下：

$$UFL = \frac{100}{\frac{V_{己烷}}{U_{己烷}} + \frac{V_{甲烷}}{U_{甲烷}} + \frac{V_{乙烯}}{U_{乙烯}}} = \frac{100}{\frac{24}{7.5} + \frac{61}{15} + \frac{15}{36}} = \frac{100}{3.2 + 4.07 + 0.42} = \frac{100}{7.69} \cong 13.00\%$$

$$LFL = \frac{100}{\dfrac{V_{已烷}}{L_{已烷}} + \dfrac{V_{甲烷}}{L_{甲烷}} + \dfrac{V_{乙烯}}{L_{乙烯}}} = \frac{100}{\dfrac{24}{1.1} + \dfrac{61}{5.0} + \dfrac{15}{2.7}} = \frac{100}{21.82 + 12.2 + 5.56} = \frac{100}{39.58} \cong 2.53\%$$

經計算後得知該製程氣體燃燒上限（UFL）為 13.00%、燃燒下限
（LFL）為 2.53%

（二）1. 方法一（原始勒沙特列方程式）：

$$燃燒下限的易燃指標 = \frac{0.8}{1.1} + \frac{2.0}{5.0} + \frac{0.5}{2.7} \cong 1.31$$

$$燃燒上限的易燃指標 = \frac{0.8}{7.5} + \frac{2.0}{15} + \frac{0.5}{36} \cong 0.25$$

因燃燒下限的易燃指標大於 1 且燃燒上限的易燃指標小於 1，
故該製程氣體濃度位於燃燒範圍之內，具有可燃性。

2. 方法二：該製程氣體濃度 = 0.8 + 2.0 + 0.5 = 3.3(%)，介於
2.53 至 13 之間，故該製程氣體具可燃性。

4-3 製程安全

2014 年 7 月 31 日半夜，發生震驚國內外的高雄氣爆事件，大量
的丙烯外洩後爆炸，至目前為止，造成 32 人死亡，超過 300 人受
傷。試根據事故發生前後的相關過程及發現的相關證據，由製程安
全管理（Process Safety Management）的角度詳細申論說明：
若採取了那些措施可避免該事故發生或降低事故的嚴重性及其原
因。（25 分） 【103】

本案之遠因是丙烯管線因人為因素被設置在地下箱涵，以致日久管線因
暴露於水氣而發生腐蝕。近因則是丙烯運送對管線產生壓力，時日一久
造成管線洩漏，加以流量異常，操作人員不夠警覺及專業不足，未能及

時停止運送並通報相關單位做緊急應變處理。若能事前及事後採取下列措施就能避免憾事發生。

（一）丙烯管線埋設時要裝設遮斷閥，以因應漏洩時予以緊急切斷來源。

（二）運送丙烯的管線埋完於地下後，應確實定期檢查並予記錄。

（三）流量、壓力異常是警訊，操作人員應及時停止運送丙烯，並通報相關單位做緊急應變處理。

（四）加強流量、壓力異常勞工處理教育訓練。

（五）訂定緊急應變 SOP 計畫並定期演練。

半導體光電製程設備及相關系統所使用的管件材料包括那幾種？依其特性，申論說明個別的使用時機，並說明適用的化學品或物質。（25 分） 【103】

半導體製程設備及相關系統所使用的管件材料、個別的使用時機及適用的化學品或物質說明如下列：

（一）氣體管路：主要考量為氣體滲透性、出氣速率、吸附性、表面粗糙度和耐磨性、抗腐蝕性。不鏽鋼製（Stainless Steel）材質擁有眾多優點，一般均採用 316L 材質不鏽鋼管道。

（二）酸鹼化學品管路：主要須考慮其腐蝕性與不相容性等問題，除此之外，為避免化學品洩漏造成傷害，建議採用雙套管（Double Contained）輸送，其中供應酸鹼化學品之內管採用 PFA 材質，外管則建議採用透明的 Clear PVC 材質以便監測；而對於供應有機化學品者，因其閃火點較低，需考慮防火之要求，故內管建議使用 SUS 304 材質。該化學品若亦具腐蝕性時，外管則建議採 PFA 材質；若不具腐蝕性時，則建議採 SUS 316 材質。

（三）鐵氟龍管（Teflon）：良好的抗化學性質，以及柔軟可彎曲的特性，非常適合使用於空間有限的機台或場所，半導體產業及精密儀器製程中，常會利用軟管做為化學冷卻液、清潔液或 HF（氫氟酸）蝕刻液等化學藥劑的導管，但剛性不足，不適合受到高壓與碰撞。

（四）PVC 塑膠管：適用耐酸、耐鹼、耐腐蝕性的化學品或物質，例如清洗液或蝕刻液，如較常見的為丙酮、異丙醇、氫氟酸、硫酸與雙氧水混合液、以及其他各種強弱酸鹼等。

（五）黃銅（Brass）管：銅材對水吸附性極強，使用這些材料輸送高純氣體易被污染，除了輸送 ppm 級以下的氧氣會使用銅管。

（六）其他針對特殊情形，考量腐蝕性、毒性、可燃性、助燃性、惰性等設計之管路。

請問如何在設計和操作上提昇系統的可靠度？（25 分）　　【104】

（一）增大安全邊際（Safety Margin）。

（二）降級法（De-rating）：採用可靠度等級較高之零組件。

（三）採複聯式設計（Redundancy）。

（四）採預燒方式（Burn-in）。

（五）採預防保養（Preventive maintenance, PM）。

（六）改善組件設計技術（DFX）。

（七）改善生產及組裝技術。

（八）改善測試技術。

（九）教育及訓練使用人員。

（一） 某工廠鍋爐運轉中自動給水設備故障而水位過低時，低水位警報應動作，通知鍋爐工加水並排除故障；若低水位警報故障，或鍋爐工疏忽無法及時供給加水，使鍋爐水位持續降低，高溫將觸發燃料遮斷裝置動作，此時可藉由熄火保全鍋爐設備；但是若燃料遮斷裝置也故障，最終將導致鍋爐爆炸。下表列出各種裝置故障與人為失誤之機率。請繪出此鍋爐因自動給水設備故障，而導致各種後果之事件樹。
（10 分）

（二） 並計算本鍋爐爆炸之機率。（10 分） 【105】

	自動給水設備故障 a	低水位警報故障 b	鍋爐工人為失誤 c	燃料遮斷裝置故障 d
機率	0.00025	0.00039	0.00004	0.0003

（一） 鍋爐因自動給水設備故障，而導致各種後果之事件樹如下：

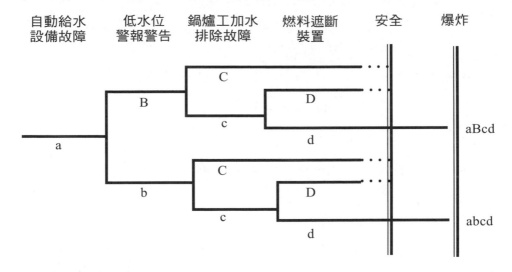

（二） 鍋爐失控反應（Runaway reaction）的機率

$= a \times B \times c \times d + a \times b \times c \times d \implies (a \times c \times d) \times (B + b)$

$\because (B + b) = 1 \therefore = (a \times c \times d) \times (1)$

$= (2.5 \times 10^{-4}) \times (4 \times 10^{-5}) \times (3 \times 10^{-4}) \times (1) = 3 \times 10^{-12} \times (1)$

$= 3 \times 10^{-12}$

氯乙烯是高壓液化氣體，分子式 C_2H_3Cl，沸點是 $-13.4°C$，燃燒界限約為 3.6~33%，某氯乙烯工廠於槽車灌裝時發生洩漏、引發火災，經調查後發現是灌裝人員於接管尚未完成時，誤碰觸灌裝管線上的手動閥桿，導致氯乙烯洩漏。請由安全工程設計角度說明此種灌裝作業應有何安全防護設施，以避免類似事故發生。

（25 分）   【107】

（一）存放在陰涼乾燥、通風良好的地方避免陽光直射。

（二）限量儲存，管制非操作人員進入。

（三）安裝洩漏偵測和警報系統。

（四）存放區張貼嚴禁煙火等各危害標示。

（五）移開或遠離引火源。

（六）裝置冷卻和消防灑水設備。

（七）設備應定期檢查有無缺陷。

（八）遵循法規貯存與處理此物。

（九）儲存區要與員工密集之工作區域分開。高壓氣體之灌裝，應使用符合現行法令規定之合格容器或儲槽。

將製程上某一反應物質於實驗室以絕熱卡計（adiabatic calorimeter）量測其熱危害，量測得到的熱危害數據（溫度／壓力對時間的數據）、起始溫度（onset temperature）、絕熱上升溫度（adiabatic temperature rise）能否代表該反應性物質於製程絕熱條件下的熱危害？申論之。（25分）　　　　　【108】

Hint：可由實驗級測試與實際製程大小的相似性及差異性著手

答

化工反應過程中，溫度與壓力經常伴隨著反應時間而變化，為了探討製程中產生的熱危害，必須進行許多不一樣條件的實驗，但是受限於場地、經費、時間等因素，無法實施原規模的實際測試，而必須採取縮小製程規模的實驗。

理論上實驗室實驗應該就相當於實際運轉狀況，然而卻會因製程上微小的變化而與實際有所差異，如反應物混合均勻度、溫度傳遞速率、催化劑添加量與速度⋯等，些微的變化就會產生與理論值極大的差異。

就微觀的角度而言，每次於實驗室產生出來的結果皆不盡相同，故實驗室所量測到的熱危害數據（溫度／壓力對時間的數據、起始溫度、絕熱上升溫度等等），不能完全代表該反應物質於製程絕熱條件下的熱危害。

半導體光電產業中，針對使用量較小的特殊氣體一般採用鋼瓶供應，裝有危險性特殊氣體的鋼瓶會置於氣瓶櫃內進行保護。為了避免或降低自燃性特殊氣體（如：矽乙烷、磷化氫）外洩造成危害，氣瓶櫃常見的保護設計為何？（25分）　　　　　【110】

（一）氣瓶櫃防護設計，包括氣瓶櫃外罩的防火與防爆設計、抽排氣系統裝置、UV/IR火焰偵測器、消防撒水頭、氣體洩漏偵測器、密閉隔離裝置、自動旋轉式鋼瓶手動閥關斷器、過流量關閉裝置、

管路高壓洩漏測試設計、Vent 限流孔、現場與遠端的手動緊急關斷開關等。

（二）一旦自燃性特殊氣體洩漏後，UV/IR 火焰偵測器偵測到火焰燃燒，緊急關斷閥作動降低洩漏量，抽排氣的設計則將阻絕火焰蔓延至氣櫃外，消防撒水頭在氣瓶櫃內的溫度超過一定溫度時，開始作動撒水；需特別注意的是，特殊氣體會因與水起劇烈反應，則不可安裝撒水頭。在氣體室則需加裝偵煙感知器與撒水頭，以防止氣瓶櫃外的管路洩漏或起火。

（三）這些相關的防護儀器或設備在規劃時，需謹慎考量其放置位置與實用性，如緊急手動停氣按鈕（EMO, Emergency Off）除氣瓶櫃上需必備外，在氣體室外或遠端的中央監控室亦需架設，避免氣體室洩漏時無法進入關閉源頭的鋼瓶；此外警報的燈示，除現場附近的閥箱（VMB, Valve Manifold Box）盤、氣瓶櫃上皆建議安裝，方便附近的人員示覺外，亦需在氣體室門外裝置明顯的警示燈與警報聲響，以利人員緊急處理時的識別。

工業安全工程

4-4 營造施工安全

（一）依「營造安全衛生設施標準」之規定，雇主對於高度二公尺以上之工作場所，勞工作業有墜落之虞者，應依規定訂定墜落災害防止計畫，採取那些適當墜落災害防止設施？（8分）

（二）高度五公尺以上施工架之組配及拆除作業，應指定施工架組配作業主管於作業現場辦理那些事項？（5分）

（三）高度920公分及寬70公分的獨立式施工架，請問短邊單邊之翼支撐應延伸多少公分？（7分）　　　　　　【105】

（一）依「營造安全衛生設施標準」第17條之規定，雇主對於高度2公尺以上之工作場所，勞工作業有墜落之虞者，應依下列規定訂定墜落災害防止計畫，採取適當墜落災害防止設施：

1. 經由設計或工法之選擇，盡量使勞工於地面完成作業以減少高處作業項目。

2. 經由施工程序之變更，優先施作永久構造物之上下設備或防墜設施。

3. 設置護欄、護蓋。

4. 張掛安全網。

5. 使勞工佩掛安全帶。

6. 設置警示線系統。

7. 限制作業人員進入管制區。

(二) 依「營造安全衛生設施標準」第 41 條之規定，雇主對於懸吊式施工架、懸臂式施工架及高度 5 公尺以上施工架之組配及拆除（以下簡稱施工架組配）作業，應指派施工架組配作業主管於作業現場辦理下列事項：

1. 決定作業方法，指揮勞工作業。

2. 實施檢點，檢查材料、工具、器具等，並汰換其不良品。

3. 監督勞工確實使用個人防護具。

4. 確認安全衛生設備及措施之有效狀況。

5. 前 2 款未確認前，應管制勞工或其他人員不得進入作業。

6. 其他為維持作業勞工安全衛生所必要之設備及措施。

(三) 工作台高度與輔助支撐長度之關係依下列公式計算：

$H \leq 7.7L - 5$

（H：腳輪下端至工作台之高度、L：輔助支撐之有效距離；單位：公尺）

L ＝輔助支撐（左）＋框架寬＋輔助支撐（右）

$= (X_R + W + X_L) = (2X + W)$

H：920cm = 9.2m　　　9.2m ≦ 7.7L − 5　　　14.2m ≦ 7.7×L

L = 14.2m / 7.7 = 1.84m　　　L = (2X + W)

1.84m = (2X ＋ 0.7m)　　　X = 0.57m = 57cm

經計算後得知該施工架短邊單邊之翼支撐應延伸至少為 57 公分。

> 墜落災害為我國重大職業災害之首，設置安全網，為防止勞工發生墜落災害的防護措施之一，試說明我國「營造安全衛生設施標準」對於設置安全網有那些規定？（20 分）　　　　　　　【106】

依據「營造安全衛生設施標準」第 22 條規定，雇主設置之安全網，應依下列規定辦理：

(一) 安全網之材料、強度、檢驗及張掛方式，應符合下列國家標準規定之一：

　　1. CNS 14252。

　　2. CNS 16079-1 及 CNS16079-2。

(二) 工作面至安全網架設平面之攔截高度，不得超過 7 公尺。但鋼構組配作業得依第 151 條之規定辦理。

(三) 為足以涵蓋勞工墜落時之拋物線預測路徑範圍，使用於結構物四周之安全網時，應依下列規定延伸適當之距離。但結構物外緣牆面設置垂直式安全網者，不在此限：

　　1. 攔截高度在 1.5 公尺以下者，至少應延伸 2.5 公尺。

　　2. 攔截高度超過 1.5 公尺且在 3 公尺以下者，至少應延伸 3 公尺。

　　3. 攔截高度超過 3 公尺者，至少應延伸 4 公尺。

(四) 工作面與安全網間不得有障礙物；安全網之下方應有足夠之淨空，以避免墜落人員撞擊下方平面或結構物。

（五）材料、垃圾、碎片、設備或工具等掉落於安全網上，應即清除。

（六）安全網於攔截勞工或重物後應即測試，其防墜性能不符第 1 款之
規定時，應即更換。

（七）張掛安全網之作業勞工應在適當防墜設施保護之下，始可進行作
業。

（八）安全網及其組件每週應檢查一次。有磨損、劣化或缺陷之安全
網，不得繼續使用。

試說明營造工地的高度二公尺以上之工作台，應設置何種安全防護
設備及其規範。（25 分）　　　　　　　　　　　　　　　【107】

依據「營造安全衛生設施標準」第 19 條規定，雇主對於高度 2 公尺以
上之屋頂、鋼樑、開口部分、階梯、樓梯、坡道、工作臺、擋土牆、擋
土支撐、施工構臺、橋梁墩柱及橋梁上部結構、橋臺等場所作業，勞工
有遭受墜落危險之虞者，應於該處設置護欄、護蓋或安全網等防護設
備。

（一）第 20 條　雇主依規定設置之護欄，應依下列規定辦理：

　　1. 具有高度 90 公分以上之上欄杆、中間欄杆或等效設備（以下
簡稱中欄杆）、腳趾板及杆柱等構材；其上欄杆、中欄杆及地
盤面與樓板面間之上下開口距離，應不大於 55 公分。

　　2. 以木材構成者，其規格如下：

　　　（1）上欄杆應平整，且其斷面應在 30 平方公分以上。

　　　（2）中間欄杆斷面應在 25 平方公分以上。

　　　（3）腳趾板高度應在 10 公分以上，厚度在 1 公分以上，並密
接於地盤面或樓板面舖設。

　　　（4）杆柱斷面應在 30 平方公分以上，相鄰間距不得超過 2 公
尺。

3. 以鋼管構成者，其上欄杆、中間欄杆及杆柱之直徑均不得小於 3.8 公分，杆柱相鄰間距不得超過 2.5 公尺。

4. 採用前 2 款以外之其他材料或型式構築者，應具同等以上之強度。

5. 任何型式之護欄，其杆柱、杆件之強度及錨錠，應使整個護欄具有抵抗於上欄杆之任何一點，於任何方向加以 75 公斤之荷重，而無顯著變形之強度。

6. 除必須之進出口外，護欄應圍繞所有危險之開口部分。

7. 護欄前方 2 公尺內之樓板、地板，不得堆放任何物料、設備，並不得使用梯子、合梯、踏凳作業及停放車輛機械供勞工使用。但護欄高度超過堆放之物料、設備、梯、凳及車輛機械之最高部達 90 公分以上，或已採取適當安全設施足以防止墜落者，不在此限。

8. 以金屬網、塑膠網遮覆上欄杆、中欄杆與樓板或地板間之空隙者，依下列規定辦理：

   (1) 得不設腳趾板。但網應密接於樓板或地板，且杆柱之間距不得超過 1.5 公尺。

   (2) 網應確實固定於上欄杆、中欄杆及杆柱。

   (3) 網目大小不得超過 15 平方公分。

   (4) 固定網時，應有防止網之反彈設施。

（二）第 21 條　雇主設置之護蓋，應依下列規定辦理：

1. 應具有能使人員及車輛安全通過之強度。

2. 應以有效方法防止滑溜、掉落、掀出或移動。

3. 供車輛通行者，得以車輛後軸載重之 2 倍設計之，並不得妨礙車輛之正常通行。

4. 為柵狀構造者，柵條間隔不得大於 3 公分。

5. 上面不得放置機動設備或超過其設計強度之重物。

6. 臨時性開口處使用之護蓋，表面漆以黃色並書以警告訊息。

（三）第 22 條　雇主設置之安全網，應依下列規定辦理：

1. 安全網之材料、強度、檢驗及張掛方式，應符合下列國家標準規定之一：

    (1) CNS 14252。

    (2) CNS 16079-1 及 CNS16079-2。

2. 工作面至安全網架設平面之攔截高度，不得超過 7 公尺。但鋼構組配作業得依第 151 條之規定辦理。

3. 為足以涵蓋勞工墜落時之拋物線預測路徑範圍，使用於結構物四周之安全網時，應依下列規定延伸適當之距離。但結構物外緣牆面設置垂直式安全網者，不在此限：

    (1) 攔截高度在 1.5 公尺以下者，至少應延伸 2.5 公尺。

    (2) 攔截高度超過 1.5 公尺且在 3 公尺以下者，至少應延伸 3 公尺。

    (3) 攔截高度超過 3 公尺者，至少應延伸 4 公尺。

4. 工作面與安全網間不得有障礙物；安全網之下方應有足夠之淨空，以避免墜落人員撞擊下方平面或結構物。

5. 材料、垃圾、碎片、設備或工具等掉落於安全網上，應即清除。

6. 安全網於攔截勞工或重物後應即測試，其防墜性能不符第 1 款之規定時，應即更換。

7. 張掛安全網之作業勞工應在適當防墜設施保護之下，始可進行作業。

8. 安全網及其組件每週應檢查一次。有磨損、劣化或缺陷之安全網，不得繼續使用。

依照營造安全衛生設施標準規定，雇主對於鋼管施工架之設置，應依那些規定辦理？雇主使勞工於高度兩公尺以上之施工架從事作業時，應注意那些事項？請詳細說明。（25 分）　　　　【109】

（一）依照「營造安全衛生設施標準」第 59 條規定，雇主對於鋼管施工架之設置，應依下列規定辦理：

1. 使用國家標準 CNS 4750 型式之施工架，應符合國家標準同等以上之規定；其他型式之施工架，其構材之材料抗拉強度、試驗強度及製造，應符合國家標準 CNS 4750 同等以上之規定。

2. 前款設置之施工架，於提供使用前應確認符合規定，並於明顯易見之處明確標示。

3. 裝有腳輪之移動式施工架，勞工作業時，其腳部應以有效方法固定之；勞工於其上作業時，不得移動施工架。

4. 構件之連接部分或交叉部分，應以適當之金屬附屬配件確實連接固定，並以適當之斜撐材補強。

5. 屬於直柱式施工架或懸臂式施工架者，應依下列規定設置與建築物連接之壁連座連接：

　　(1) 間距應小於下表所列之值為原則。

鋼管施工架之種類	間距（單位：公尺）	
	垂直方向	水平方向
單管施工架	5	5.5
框式施工架（高度未滿 5 公尺者除外）	9	8

　　(2) 應以鋼管或原木等使該施工架構築堅固。

　　(3) 以抗拉材料與抗壓材料合構者，抗壓材與抗拉材之間距應在 1 公尺以下。

6. 接近高架線路設置施工架，應先移設高架線路或裝設絕緣用防護裝備或警告標示等措施，以防止高架線路與施工架接觸。

7. 使用伸縮桿件及調整桿時，應將其埋入原桿件足夠深度，以維持穩固，並將插銷鎖固。

（二）依照「營造安全衛生設施標準」第 48 條規定，雇主使勞工於高度 2 公尺以上施工架上從事作業時，應依下列規定辦理：

1. 應供給足夠強度之工作臺。

2. 工作臺寬度應在 40 公分以上並舖滿密接之踏板，其支撐點應有二處以上，並應綁結固定，使其無脫落或位移之虞，踏板間縫隙不得大於 3 公分。

3. 活動式踏板使用木板時，其寬度應在 20 公分以上，厚度應在 3.5 公分以上，長度應在 3.6 公尺以上；寬度大於 30 公分時，厚度應在 6 公分以上，長度應在 4 公尺以上，其支撐點應有 3 處以上，且板端突出支撐點之長度應在 10 公分以上，但不得大於板長 1/18，踏板於板長方向重疊時，應於支撐點處重疊，重疊部分之長度不得小於 20 公分。

4. 工作臺應低於施工架立柱頂點 1 公尺以上。

前項第 3 款之板長，於狹小空間場所得不受限制。

都市更新中建築工程大樓可能緊鄰老舊社區，大樓建築又須開挖地下室，應採取那些預防措施來防止開挖時接近之構造物損壞變形或倒塌？（10 分）另外如需構築擋土支撐，在安全上須辦理那些事項？（15 分）　　　　　　　　　　　　　　　　　　　　　　【112】

（一）依據「營造安全衛生設施標準」第 67 條規定，雇主於接近磚壁或水泥隔牆等構造物之場所從事開挖作業前，為防止構造物損壞、變形或倒塌致危害勞工，應採取地盤改良及構造物保護等有效之預防設施。

（二）依據「營造安全衛生設施標準」第 73 條第 1 項規定，雇主對於擋土支撐之構築，應依下列規定辦理：

1. 依擋土支撐構築處所之地質鑽探資料，研判土壤性質、地下水位、埋設物及地面荷載現況，妥為設計，且繪製詳細構築圖樣及擬訂施工計畫，並據以構築之。

2. 構築圖樣及施工計畫應包括樁或擋土壁體及其他襯板、橫檔、支撐及支柱等構材之材質、尺寸配置、安裝時期、順序、降低水位之方法及土壓觀測系統等。

3. 擋土支撐之設置，應於未開挖前，依照計畫之設計位置先行打樁，或於擋土壁體達預定之擋土深度後，再行開挖。

4. 為防止支撐、橫檔及牽條等之脫落，應確實安裝固定於樁或擋土壁體上。

5. 壓力構材之接頭應採對接，並應加設護材。

6. 支撐之接頭部分或支撐與支撐之交叉部分應墊以承鈑，並以螺栓緊接或採用焊接等方式固定之。

7. 備有中間柱之擋土支撐者，應將支撐確實妥置於中間直柱上。

8. 支撐非以構造物之柱支持者，該支持物應能承受該支撐之荷重。

9. 不得以支撐及橫檔作為施工架或承載重物。但設計時已預作考慮及另行設置支柱或加強時，不在此限。

10. 開挖過程中，應隨時注意開挖區及鄰近地質及地下水位之變化，並採必要之安全措施。

11. 擋土支撐之構築，其橫檔背土回填應緊密、螺栓應栓緊，並應施加預力。

4-5 其他安全工程設計

> （一）安全係數的定義為何？（10 分）
>
> （二）有個吊車使用鋼索吊提物品，鋼索每條可抗力 5,000 kg；今天要吊起 2 公噸的物品，如果安全係數為 15，請問要用多少條鋼索紮起來的鋼纜？（10 分）　　　　【105】

（一）所謂安全係數（Safety Factor）係指設計上使用的比值，即設備、結構、物料或組成部品的最大抗拉強度，與實際工作應力或正常作業之安全容許負荷的數字比。

（二）安全係數＝最大抗拉強度 ÷ 容許負荷

15＝最大抗拉強度／2（公噸）

最大抗拉強度＝15×2（公噸）＝30（公噸）

最大抗拉強度＝鋼索抗拉強度 × 鋼索條數

30（公噸）＝5,000（kg）×0.001（公噸／kg）× 鋼索條數

鋼索條數＝30（公噸）÷ 5（公噸）＝6

經計算後得知該鋼纜要用 6 條鋼索捆紮。

> 請問設施規劃與安置的目標為何？（25 分）　　　　【104】

（一）使製造程序便捷流暢（可行性及經濟性）。

（二）使物料搬運工作減至最少（經濟性）。

（三）維持空間配置及機具使用之彈性（調整性）。

（四）維持在製品之高週轉率（經濟性）。

（五）對機器設備作有效的投資（經濟性）。

（六）充分利用空間（經濟性）。

（七）提升人力運用之效率（經濟性）。

（八）提供安全、舒適的工作環境（安全性）。

> **對於高壓氣體的貯存，應注意那些事項？（25 分）** 　　　【105】

依據「職業安全衛生設施規則」第 108 條規定，雇主對於高壓氣體之貯存，應依下列規定辦理：

（一）貯存場所應有適當之警戒標示，禁止煙火接近。

（二）貯存周圍 2 公尺內不得放置有煙火及著火性、引火性物品。

（三）盛裝容器和空容器應分區放置。

（四）可燃性氣體、有毒性氣體及氧氣之鋼瓶，應分開貯存。

（五）應安穩置放並加固定及裝妥護蓋。

（六）容器應保持在攝氏 40 度以下。

（七）貯存處應考慮於緊急時便於搬出。

（八）通路面積以確保貯存處面積 20% 以上為原則。

（九）貯存處附近，不得任意放置其他物品。

（十）貯存比空氣重之氣體，應注意低窪處之通風。

保護層分析（Layer of Protection Analysis, LOPA）可應用於製程安全工程設計，以判斷相關防護措施是否足夠。LOPA 中的獨立保護層（Independent Protection Layer, IPL）和危害與可操作分析（Hazard and Operability Study, HAZOP）中的防護措施有何不同？針對保護層中三道儀控系統（基本程序控制系統（Basic Process Control System, BPCS）、警報系統（Alarm）和安全儀表系統（Safety Instrument System, SIS）的 BPCS 和 SIS，怎樣的設計 BPCS 和 SIS 才會都屬於獨立保護層？申論之（25 分）

【108】

（一）LOPA 之獨立保護層（IPL）是一種設備系統或行動，能避免系統狀況演變成獨立於初因事項、或與情景相關的任何其他保護層的不良結果。

IPL 包括：

1. 設計的特點。

2. 實體的保護裝置。

3. 連鎖與停機系統。

4. 臨界報警與人工干預狀況。

5. 事件發生後實物保護。

6. 應急反應的系統（程式與檢查不是 IPL）。

HAZOP 之防護措施主要係運用於事前建廠設計階段，目的在建構本質安全化的設備及措施，以避免製程發生偏離的情況時，災害事態擴大，最終造成災變，而在設備上安裝的硬體防護裝置。

（二）基本程序控制系統及安全儀表系統都可以作為保護層，但不一定是獨立保護層，因為符合 IPL 的原則是要能同時滿足專屬性、可靠性、獨特性、可查核性（Auditability）等四個特性要求，即設計 BPCS 和 SIS 在系統安全方面具有不可取代性，才會都屬於獨立保護層。

（一）正己烷之飽和蒸氣壓遵循安東尼方程式：ln(P^sat)=15.8366 − 2,697.55 / (T − 48.78)，其中 P^sat 的單位為 mmHg，T 的單位為 K。請計算在攝氏 30 度時，正己烷之飽和蒸氣壓為多少大氣壓？（5 分）

（二）若溶液為水溶液，且含 60% 之正己烷，請問飽和蒸氣壓為多少大氣壓？（假設為理想溶液）（5 分）

（三）若儲存於直徑 60 公分之容器，請求出其蒸發量為每秒多少公克？質量擴散係數為：km = 0.83(18/M)^{1/3} (cm/s)，M 為正己烷分子量（86）。（5 分）

（四）若正己烷之時量平均容許濃度（TWA）為 50 ppm，請問應設計多大之通風換氣量才會符合法令？（5 分）　　　　【105】

（一）$\ln(P^{sat}) = 15.8366 - 2{,}697.55 / [(273 + 30) - 48.78]$

$P^{sat} = e^{5.2255} = 185.96\,mmHg = 185.96 / 760(mmHg) = 0.245$ 大氣壓

（二）若溶液為水溶液，且含 60% 之正己烷（重量百分比）

$$x_i = \frac{\dfrac{60}{86}}{\dfrac{60}{86} + \dfrac{40}{18}} = \frac{0.6976}{0.6976 + 2.2222} = 0.2389 \text{ ，則}$$

$$\bar{P} = 0.2389 \times 185.96 = 44.43\,mmHg = 0.0585\,atm$$

（三）由 $PV = nRT \rightarrow P = CRT \rightarrow$ 0.0585atm ＝ C(mol/l)×0.082(atm・l/mol・K)×303K，則 C = 0.00236mol/l

蒸發量 $\dot{n} = k_m AC$

$$\dot{n}\left(\frac{mol}{s}\right) = \frac{0.83\left(\dfrac{18}{86}\right)^{\frac{1}{3}} cm}{s} \times \frac{\pi \times 60^2}{4}cm^2 \times \frac{0.00236mol}{l} \times \left(\frac{1l}{10^3 cm^3}\right)$$

$$= \frac{0.00329mol}{s}$$

則蒸發量 G = 0.00329×86 = 0.283 g/s

（四）T = 30℃，則由理想氣體方程式 PV = nRT → 1×V = 1×0.082×(273+30)

可得 V = 24.85 l/mol

由題目正己烷 TWA 為 50ppm，經由公式轉換

$$C\left(\frac{mg}{m^3}\right) = 50 \times 86 \times \left(\frac{1}{24.85}\right) = 173mg/m^3$$

由 QC = G，則 $Q\left(\frac{m^3}{s}\right) = \frac{0.283g/s}{173mg/m^3} = \frac{1.6358m^3}{s} = 98.15m^3/s$

對於壓力容器之安全閥及其他附屬品，應如何管理？（25 分）

【110】

依據「鍋爐及壓力容器安全規則」第 30 條規定，雇主對於壓力容器之安全閥及其他附屬品，應依下列規定管理：

（一）安全閥應調整於最高使用壓力以下吹洩。但設有二具以上安全閥者，其中至少一具應調整於最高使用壓力以下吹洩，其他安全閥可調整於超過最高使用壓力至最高使用壓力之 1.03 倍以下吹洩。經檢查後，應予固定設定壓力，不得變動。

（二）壓力表應避免在使用中發生有礙機能之振動，且應採取防止其內部凍結或溫度超過攝氏 80 度之措施。

（三）壓力表之刻度板上，應明顯標示最高使用壓力之位置。

長度 L 直立細長均勻柱於軸向或稱垂直壓縮性負荷 P 於其上，其有楊氏係數 E 及慣性矩 I 適用下式。其兩端固定，如挫曲產生，負荷與長度之關係為何？（15 分）如將此概念用於一般鋼管或可調鋼管模擬支撐，於安全上有何重要須採取之措施？（10 分）

$EI(d^2y/dx^2) + Py = 0$　　　　　　　　　　　　　　　【111】

（一）依題意長度 L，楊式係數 E，慣性矩 I 代入所給方程式 $EI(d^2y/dx^2) + Py = 0$

則微分方程式 $\dfrac{d^2y}{dx^2} + \dfrac{P}{EI}y = 0$

令 $\lambda^2 = \dfrac{P}{EI}$，則原式改寫為 $\dfrac{d^2y}{dx^2} + \lambda^2 y = 0$

可求解得 $y(x) = A\cos(\lambda x) + B\sin(\lambda x)$，又 $y(0) = 0$，$\cos(\lambda \times 0) = 1$

$\therefore A = 0$

$y(l) = 0$，當 $B = 0$，$y(l) = 0$ 得通式解，$\therefore \sin(\lambda \times l) = 0$

可得 $\lambda_n l = n\pi$，$n = 0,1,2\cdots$

又 $\lambda^2 = \dfrac{P}{EI}$ for all n

則 $\dfrac{P_n}{EI} = \left(\dfrac{n\pi}{l}\right)^2$ 可得 $P_n = \dfrac{\pi^2 EI}{l^2} \cdot n^2$，當 $l = L$ 時 n 為 $0,1,2\cdots$，$n = 0$

非挫曲態尤拉臨界負載發生在 $n = 1$

$P_{cr} = \dfrac{\pi^2 EI}{L^2}$

所以，P 與 L 平方成反比關係。

（二）依據「營造安全衛生設施標準」第 131 條規定，雇主對於模板支撐，應依下列規定辦理：

1. 為防止模板倒塌危害勞工，高度在 7 公尺以上，且面積達 330 平方公尺以上之模板支撐，其構築及拆除，應依下列規定辦理：

   (1) 事先依模板形狀、預期之荷重及混凝土澆置方法等，應由所僱之專任工程人員或委由相關執業技師，依結構力學原理妥為設計，置備施工圖說及強度計算書，經簽章確認後，據以執行。

   (2) 訂定混凝土澆置計畫及建立按施工圖說施作之查驗機制。

   (3) 設計、施工圖說、簽章確認紀錄、混凝土澆置計畫及查驗等相關資料，於未完成拆除前，應妥存備查。

   (4) 有變更設計時，其強度計算書及施工圖說應重新製作，並依本款規定辦理。

2. 前款以外之模板支撐，除前款第一目規定得指派專人妥為設計，簽章確認強度計算書及施工圖說外，應依前款各目規定辦理。

3. 支柱應視土質狀況，襯以墊板、座板或敷設水泥等方式，以防止支柱之沉陷。

4. 支柱之腳部應予以固定，以防止移動。

5. 支柱之接頭，應以對接或搭接之方式妥為連結。

6. 鋼材與鋼材之接觸部分及搭接重疊部分，應以螺栓或鉚釘等金屬零件固定之。

7. 對曲面模板，應以繫桿控制模板之上移。

8. 橋梁上構模板支撐，其模板支撐架應設置側向支撐及水平支撐，並於上、下端連結牢固穩定，支柱（架）腳部之地面應夯實整平，排水良好，不得積水。

9. 橋梁上構模板支撐，其模板支撐架頂層構臺應舖設踏板，並於構臺下方設置強度足夠之安全網，以防止人員墜落、物料飛落。

依壓力容器，內面承受壓力之圓筒胴體或球形胴體之板，其最小厚度應取於承受最高使用壓力時，發生於該板之應力與該板之容許抗拉應力相等時之板厚加腐蝕裕度之厚度。胴體或其他承受壓力部分所使用之板之腐蝕裕度，應在 1 毫米以上。如結構鋼板材料抗拉強度 480 MPa，構築半徑 600 mm，最高使用壓力 1800 KPa 之壓力容器，依薄層分析不考慮其他修正，請問最小板厚為多少？
（25 分）
【112】

(一) 依據薄層分析，圓筒胴體壓力容器之最小板厚計算如下列：

t = 板厚（mm）、P = 最高使用壓力（Pa）、D = 圓筒胴體直徑（mm）、σ = 抗拉強度（Pa）、α = 腐蝕裕度（mm）

1. 考慮周向應力：

$$t = \frac{P \times D}{2 \times \sigma} + \alpha = \frac{1,800 \times 10^3 \times 600 \times 2}{2 \times 480 \times 10^6} + 1 = 2.25 + 1 = 3.25 \, (\text{mm})$$

2. 考慮縱向應力：

$$t = \frac{P \times D}{4 \times \sigma} + \alpha = \frac{1,800 \times 10^3 \times 600 \times 2}{4 \times 480 \times 10^6} + 1 = 1.125 + 1 = 2.125 \, (\text{mm})$$

3. 二種最小厚度取最大值作為容器板厚，故圓筒胴體壓力容器之最小板厚為 3.25 毫米。

（二）依據薄層分析，球形胴體壓力容器之最小板厚計算如下列：

t＝板厚（mm）、P＝最高使用壓力（Pa）、D＝圓筒胴體直徑（mm）、σ＝抗拉強度（Pa）、α＝腐蝕裕度（mm）

$$t = \frac{P \times D}{4 \times \sigma} + \alpha = \frac{1{,}800 \times 10^3 \times 600 \times 2}{4 \times 480 \times 10^6} + 1 = 1.125 + 1 = 2.125(\text{mm})$$

球形胴體壓力容器之最小板厚為 2.125 毫米。

儲存能力在 1200 公噸液化石油氣儲槽所設置可防止液化氣體漏洩時流竄至他處之防液堤，其防液堤內側得設置那些設備及儲槽之附屬設備？（25 分）　　　　　　　　　　　　　　　　【112】

依據「高壓氣體勞工安全規則」第 37-1 條第 1 項第 1 款規定，依前條規定設置防液堤者，其防液堤內側及堤外 10 公尺範圍內，防液堤內側得設置下列設備及儲槽之附屬設備：

（一）與該儲槽有關之低溫儲槽之輸液設備。

（二）惰性氣體儲槽。

（三）水噴霧裝置。

（四）撒水裝置及儲槽外面至防液堤間超過 20 公尺者，可自防液堤外側操作之滅火設備。

（五）氣體漏洩檢知警報設備之感應部。

（六）除毒設備之吸收洩漏氣體之部分。

（七）照明設備。

（八）計測設備。

（九）排水設備。

（十）配管及配管架臺。

（十一）其他不妨礙安全之設備。

4-6 參考資料

說明 / 網址	QR CODE
現代安全管理，蔡永銘著 *https://www.books.com.tw/products/0010676463*	
製程安全管理，張一岑著 *https://www.books.com.tw/products/0010551872*	
工安警訊，勞動部勞動及職業安全衛生研究所 *https://www.ilosh.gov.tw/menu/1169/1172/*	
研究新訊，勞動部勞動及職業安全衛生研究所 *https://www.ilosh.gov.tw/menu/1169/1319/*	
工業安全衛生月刊，中華民國工業安全衛生協會 *http://www.isha.org.tw/monthly/books.html*	

工業安全管理

5-0 重點分析

　　有關專技高考工業安全技師考試類科,「工業安全管理」這科可以算是讓人又愛又恨的一科,題目簡單無奇,但招招威力無窮,簡明而勁力精深。精要之處全在考生統整文章分析的能力,答案要有排山倒海之力才行。

　　既然本科名為「工業安全管理」,當然「管理」是不可或缺的一環,無論是管理人、管理作業方法、管理材料、管理製程等,需要管理的人事物實在太多,但其主要的架構是不會改變的。一般答題的技巧是確認您的大方向,先確認題目問的是什麼,文不對題是大多數落榜考生的症狀,考試當中寧可花個 3 ～ 5 分鐘將題目說文解字地拆解確認,逐項命中命題者內心深處要的核心內容。將答題架構的「骨幹」訂定下來,再加上平日廣泛閱讀的資料於心中彙整逐一放入「骨幹」內,也就是將「有肉」的部分放置於正確的「骨幹」,成形完美的答題體態。「骨幹」是一般管理學最精要的部分,無非是簡單 PDCA 四個字來形容,也就是 P(規劃)、D(執行)、C(查核)及 A(行動)成為一個連續循環。這將可以當作您答題的主要「骨幹」,題目只要提到「管理」二字,或是類似提到「管理」的方法,那就依照這個四字訣去執行答題。另外損失控制八大工具及職業安全衛生管理計畫的 16 大項(職業安全衛生法施行細則第 31 條)也是不錯的次標題;至於「有肉」的部分,

這仰賴各位考生的多多訓練，念書不要堅持背起來，或是一本念完再一本，因為職業安全衛生管理橫跨各領域，如：營造、機械、電機、半導體、造紙、鋼鐵、物流管理等，每個行業別都是不同系所的專業領域，永遠沒有讀完、背完的一天。書盡量快速看過就好，甚至可以多去圖書館借閱，多方閱讀讓您可以得到最多的「肉」，且不要只吝惜看職業安全衛生的書，其他領域的專業知識，懂皮毛也是很重要的，幫助您在考試當下畫「老虎」與「蘭花」的能力啊。

再來，本考科有一個特色，幾乎必考統計學 1 題，如果有唸過統計學的考生，一定直呼「賺到了」，因為考題難度不高。考場中題目發下來一翻兩瞪眼，會寫就是滿分，不會寫該題直接吃鴨蛋，總分數將被拉低。所以，建議如果數理能力還行的考生，統計學不要放棄，一樣去圖書館多翻幾本書，總有幾本武林秘笈淺顯易懂。

以上除了考試技巧外，勤看歷屆試題也很重要，讓您在讀書的時候比較有「感覺」，看到書裡內容就想到某年的考試題目，畢竟國內的出題大老就那幾位，習慣的題型大都相似，當您累積到一定功力，說不定都可以猜得出是哪位老師出題的，最後，預祝各位考生金榜題名，事事順利。

5-1 安全政策

> 有效能的安全管理系統應具備的特性或效標為何？請詳述之。
> （20 分）　　　　　　　　　　　　　　　　　　　　　　【104】

有效能的安全管理系統應具備的特性或效標，可參照「ISO 31000:2018 風險管理」，說明如下：

（一）整合融入的：風險管理是所有組織活動的一部分。

（二）結構化及全面性的：風險管理結構化及全面性的做法有助於獲得一致及可比較的結果。

（三）客製化的：風險管理的架構及程序是客製化的，且與其目標相關的外部和內部處境成正比。

（四）包羅廣泛的：利害相關者的適當與適時地參與，可促使他們關注的課題、提出的建議及看法得以被考慮，這將改善認知及明智的風險管理。

（五）動態的：風險可能會隨著組織內部及外部處境的變化而出現、變化或消失，風險管理會以適當及適時的方法預測、偵測、確認及回應這些變化及事件。

（六）最佳的資訊：風險管理的輸入是基於過去及當前的資訊，以及未來的期望。風險管理明確地考量與這些資訊及期望相關的任何限制與不確定性，資訊須是及時、清晰地提供給利害相關者。

（七）人員及文化因素：人員的行為及文化顯著影響各階層及階段之風險管理的所有面向。

（八）持續改善：經由學習及經驗持續改善風險管理。

> 依照我國職業安全衛生管理系統（TOSHMS）驗證規範的內容，對於危害鑑別結果採取控制措施，或是考慮變更現有控制措施時，應考慮那些控制措施？（請依照考慮之優先順序回答）（25 分）
>
> 【105】

（一）依「CNS 45001:2018（TOSHMS 驗證標準）」組織應依下列管制層級，建立、實施並維持消除危害及降低職業安全衛生風險之過程：

1. 消除危害。

2. 以較低危害的過程、運作、材料或設備取代。

3. 使用工程管制及工作重組。

4. 使用行政管制，包括訓練。

5. 使用適當且足夠的個人防護具。

（二）許多國家的法規要求事項及其他要求事項規定，應免費提供工作者個人防護具（PPE）。

未來三年 ISO 45001:2018 職業安全衛生管理系統將取代 OHSAS 18001:2007。請詳述 ISO 45001 實施內容與推動重點為何？
（20 分）   【107】

（一）ISO 45001 實施內容簡要描述如下：

1. 規劃：決定及評鑑職業安全衛生風險、職業安全衛生機會、其他風險與其他機會，建立必要的職業安全衛生目標與過程，依據組織職業安全衛生政策交付結果。

2. 執行：依規劃實施此等過程。

3. 檢核：監督及衡量職業安全衛生政策與職業安全衛生目標相關的活動及過程，並報告其結果。

4. 行動：採取措施以持續改進職業安全衛生績效，並達成預期的結果。

（二）實施及維持 ISO 45001，其有效性與達成預期結果之能力，推動重點如下：

1. 最高管理階層的領導、承諾、責任及當責。

2. 最高管理階層發展、領導及促進組織內部支持職業安全衛生管理系統預期結果的文化。

3. 溝通。

4. 工作者及其代表（若有）之諮詢及參與。

5. 配置維持管理系統必要的資源。

6. 與組織整體策略性目標及發展方向一致之職業安全衛生政策。

7. 可有效鑑別危害、控制職業安全衛生風險及充分利用職業安全衛生機會之過程。

8. 持續績效評估及監督職業安全衛生管理系統，以改進職業安全衛生績效。

9. 將職業安全衛生管理系統整合納入組織之業務過程。

10. 使職業安全衛生目標與職業安全衛生政策一致，組織的危害、職業安全衛生風險及職業安全衛生機會納入考量。

11. 符合相關法規要求事項及其他要求事項。

（一）全方位的安全管理要求主管人員平時應實施行為安全觀察，導正不安全行為，公司更應透過員工協助計畫，強化心理安全工作，才能確保職場安全。請問：全方位的安全管理要素為何？請詳述之。（15分）

（二）蓋樂（Geller）的安全管理新原則有那些？（10分）

【108】

（一）全方位的安全管理三要素詳述如下：

1. 人：包含智慧、人格、知識、技術、能力、動機、信念及態度。具有足夠及正確的安全知識及素養的人才有可能安全工作，有賴於不斷的安全衛生教育訓練中學習及強化。

2. 行為：包含遵守法規、教導、溝通及主動關懷等。透過安全教導主動關懷他人安全，觀察不安全行為，探討可能造成不良的結果，並讓員工確實明瞭。

3. 環境：包含設備、工具、機械、物理性或化學性物質及能量所造成的影響。操作人員的不安全知能及態度，恐造成不安全的環境，在不安全行為與環境交互作用之後將造成事故。

（二）蓋樂（Geller）的安全管理新原則說明如下：

1. 人因工程：研究環境與行為相對關係，防止環境與行為交互作用可能發生的傷害。

2. 授權：讓作業主管或員工獲得一定權力，參與並承擔自主管理之責。

3. 評鑑：監督與量測主動式與被動式績效，作為持續改善指標。

（一）何謂安全管理系統？（請從 5W1H 的角度，詳加說明之）
（10 分）

（二）又安全管理系統的特色為何？（請從「管理」、「風險管理」、「計畫執行」、「ISO 45001」等原則詳加說明之）
（15 分）　　　　　　　　　　　　　　　　　　　　　　　【108】

註 「管理」PDCA 原則為規劃、執行、查核、改進；「風險管理」IEDIM 原則為鑑別、評估、計畫、執行、監控；「計畫執行」ISMEC 原則為辨認項目、執行標準、量測進度、績效評量、改進；「ISO 45001」為國際職安管理系統，步驟為政策→目標→方案→執行→稽核→改進。

（一）安全管理系統從 5W1H 的角度來看，要從原因（何因，Why）、對象（何事，What）、地點（何地，Where）、時間（何時，When）、人員（何人，Who）、方法（何法，How）等六個方面提出問題進行思考，簡要說明如下：

1. Why：為什麼要有安全管理系統？為確保在作業與活動，均能達到最高之安全水準。

2. What：安全管理系統對象為何？安全政策與目標、安全風險管理、安全保證及提升。

3. Where：何地執行？組織決定的邊界內。

4. When：何時執行？主動辨識作業危害及發生事故後檢討。

5. Who：誰來執行？組織內各階層全員參與。

6. How：如何執行？透過危害辨識、風險評估以及降低風險控制措施等，持續改善系統的安全狀態。

（二）1. 依管理原則說明：安全管理系統提供了「系統目標的設定 (P)」、「計畫的研擬 (P)」、「執行與評估 (D & C)」以及「持續的改善提升 (A)」之架構。

2. 依機會與風險管理原則說明：依據計畫，進行危害辨識與評估，優先對於應處理機會與風險之事件執行檢查，檢視安全績效指標表現，藉以評估及監測系統缺陷並即時進行矯正措施。

3. 依計畫執行原則說明：組織處境分析、利害相關者需求與期望、界定管理系統範圍、危害辨識、安全機會與風險評估、安全風險控制及緩解。

4. 依 ISO 45001:2018 原則說明：ISO 45001 係架構於 OHSAS 18001:2007 與 ILO（國際勞工組織）規範及 Annex SL（高階管理架構）彙整成 ISO 45001:2018 的內容，其中強化外包、承攬、採購及變更管理與工作者諮詢及參與的機制。

雇主對於下列勞工應採取何種措施？（20 分）

（一）連續站立作業。

（二）食品外送作業。　　　　　　　　　　　　　　　　【109】

（一）1. 依據「職業安全衛生設施規則」第 324-5 條規定：

雇主對於連續站立作業之勞工，應設置適當之坐具，以供休息時使用。

2. 考量人因工程一般將站姿工作類型分成三種，各工作類型之工作檯高度設計，必須考慮站姿時手肘高度，分別說明如下：

(1) 精密作業眼睛負荷較高，工作檯高度設定在高於手肘高度約 5 ～ 10 公分。

(2) 輕度作業，工作檯高度低於手肘 10 ～ 15 公分。

(3) 粗重作業需要較大的施力，工作檯高度低於手肘高度約 15 ～ 20 公分。

3. 腰部過度負擔勞工給予座椅。

4. 提供有需要的勞工腰背護帶或彈性襪（如有靜脈曲張時）。

(二) 依據「職業安全衛生設施規則」規定，雇主對於勞工從事食品外送作業，應採取下列措施：

1. 第 286-3 條規定：

雇主對於使用機車、自行車等交通工具從事食品外送作業，應置備安全帽、反光標示、高低氣溫危害預防、緊急用連絡通訊設備等合理及必要之安全衛生防護設施，並使勞工確實使用。

事業單位從事食品外送作業勞工人數在 30 人以上，雇主應依中央主管機關發布之相關指引，訂定外送作業危害防止計畫，並據以執行；於勞工人數未滿 30 人者，得以執行紀錄或文件代替。

前項所定執行紀錄或文件，應留存 3 年。

2. 第 324-7 條規定：

雇主使勞工從事食品外送作業，應評估交通、天候狀況、送達件數、時間及地點等因素，並採取適當措施，合理分派工作，避免造成勞工身心健康危害。

3. 第 325-1 條規定：

事業單位交付無僱傭關係之個人親自履行食品外送作業者，外送作業危害預防及身心健康保護措施準用第 286-3 條及第 324-7 之規定。

5-2 安全組織

如何使職業安全衛生委員會有效運作？請詳述之。（20 分）【104】

要使職業安全衛生委員會有效運作，需依管理的基本原理 PDCA 來執行，摘要如下：

（一）訂定目標（P）：依「職業安全衛生法」第 23 條暨「職業安全衛生法施行細則」第 32 條規定，職業安全衛生委員會為事業單位內審議、協調及建議職業安全衛生有關業務之組織。另依「職業安全衛生管理辦法」規定，職業安全衛生委員會之職責，為對雇主擬訂之安全衛生政策提出建議，並審議、協調及建議安全衛生相關事項。

（二）執行運作（D）：

1. 時間：至少每 3 個月開會 1 次，必要時得召開臨時會議。

2. 人員：

　　(1) 委員會議由主任委員擔任主席。

　　(2) 委員會置委員 7 人以上，除雇主為當然委員及勞工代表外，由雇主視該事業單位之實際需要指定人員組成：

　　　　甲、職業安全衛生人員。

　　　　乙、事業內各部門之主管、監督、指揮人員。

　　　　丙、與職業安全衛生有關之工程技術人員。

　　　　丁、從事勞工健康服務之醫護人員。

　　(3) 委員任期為 2 年，並以雇主為主任委員，綜理會務。

　　(4) 委員會由主任委員指定 1 人為秘書，輔助其綜理會務。

(5) 勞工代表，應佔委員人數三分之一以上。

3. 辦理事項：

(1) 對雇主擬訂之職業安全衛生政策提出建議。

(2) 協調、建議職業安全衛生管理計畫。

(3) 審議安全、衛生教育訓練實施計畫。

(4) 審議作業環境監測計畫、監測結果及採行措施。

(5) 審議健康管理、職業病預防及健康促進事項。

(6) 審議各項安全衛生提案。

(7) 審議事業單位自動檢查及安全衛生稽核事項。

(8) 審議機械、設備或原料、材料危害之預防措施。

(9) 審議職業災害調查報告。

(10) 考核現場安全衛生管理績效。

(11) 審議承攬業務安全衛生管理事項。

(12) 其他有關職業安全衛生管理事項。

前項委員會審議、協調及建議安全衛生相關事項，應作成紀錄，並保存 3 年。

（三）績效考核（C）：依職業安全衛生委員會做出的決策執行後，需要檢討改善狀況。

（四）持續改善（A）：依前項檢討，尚未完成的部分納入下次委員會議題，持續精進。

依「臺灣職業安全衛生管理系統指引」中組織設計的責任義務包含：

（一）雇主應負保護員工安全衛生的最終責任，而所有管理階層皆應提供建立、實施及改善職業安全衛生管理系統所需的資源，並展現其對職業安全衛生績效持續改善的承諾。

（二）雇主及高階管理階層應規定各有關部門和人員的責任、義務與權限，以確保職業安全衛生管理系統的建立、實施與執行績效，並達到組織的職業安全衛生目標。

（三）雇主應指派一名以上高階主管擔任管理代表，負責職業安全衛生管理系統之建立、實施、定期審查及評估，並推動組織內全體員工的參與。

有效杜絕職業災害事故發生，可參照「職業安全衛生法施行細則」第31條職業安全衛生管理計畫之事項，配合管理系統的 PDCA 的架構，簡述如下：

（一）規劃（P）：制定公司年度降災及防止職業災害的政策及目標。

（二）執行（D）：依「職業安全衛生法施行細則」第31條，應執行16大項之活動。

（三）檢核（C）：訂定主動式及被動式績效，監督及衡量相關的活動及過程，並報告其結果。

（四）行動（A）：持續改進職業安全衛生績效，並達成預期的結果。

5-3 工業規劃

> 如果你從系統工程的角度來作安全管理規劃，你會考慮那些步驟？
> （20 分）　　　　　　　　　　　　　　　　　　　　　　【103】

安全管理規劃能參考「CNS 45001:2018」，將利害相關者之需求與期望納入考量。考慮規劃步驟如下：

（一）危害鑑別、風險及機會之評鑑：

    1. 組織應建立、實施並維持主動積極的方式執行危害鑑別之過程。

    2. 職業安全衛生風險與職業安全衛生管理系統其他風險之評鑑。

    3. 職業安全衛生機會與職業安全衛生管理系統其他機會之評鑑。

    4. 當組織、過程或職業安全衛生管理系統變更時，組織應依其所規劃的過程，決定及評鑑上述變更對職業安全衛生管理系統預期結果相關的風險與機會。

（二）決定法規要求事項及其他要求事項：

    1. 決定適用於其危害、職業安全衛生風險及職業安全衛生管理系統有關的最新法規要求事項及其他要求事項，並有管道取得。

    2. 決定此等法規要求事項及其他要求事項如何應用於組織，以及何者需要溝通。

    3. 在建立、實施、維持及持續改進其職業安全衛生管理系統時，將此等法規要求事項及其他要求事項納入考量。

（三）規劃措施：

1. 採取對應風險與機會、法規要求事項及其他要求事項與緊急應變之措施。

2. 將此等措施整合至職業安全衛生管理系統過程及其他業務過程中實施，並評估有效性。

（四）職業安全衛生目標：

目標應與政策一致，並具有可量測、可監督、可溝通及可適時更新之特性。

（五）達成職業安全衛生目標之規劃應決定：

1. 應作何事？

2. 需何種資源？

3. 由何人負責？

4. 何時完成？

5. 如何作包括監督指標在內之結果評估？

6. 如何將達成職業安全衛生目標之措施，整合於組織業務中？

在規劃石化廠時，從安全角度考量，應包括那些原則？（20 分）
【103】

運用本質較安全設計（Inherently Safer Design, ISD），於製程發展與規劃階段或是既有製程進行改善時，考量下列組成有助於降低災害發生的可能性，避免衍生緊急應變及災後補救的困擾：

（一）環境：

設計安全、健康的作業環境，如溫度、濕度、通風換氣等，避免對環境中之人、事、物造成影響。

（二）設備：

1. 採取製程所需的最小使用量。

2. 選擇反應低溫度、低壓力、低耗電等方式。

3. 零組件能承受製程運作產生之能量，並保證有足夠的安全係數。

4. 即使發生異常也不致產生連鎖的骨牌效應。

5. 利用顏色管理，各種按鈕、按鍵、標示燈號、標識符號等，能讓工作者可以輕易操作及看出製程異常發生。

6. 設置各種監測裝置，於發生異常事件時，能自動發出警報與指示燈號，並適時互鎖停止。

（三）機械：

1. 採取製程所需的最小使用量，機械數量減少相對所投入的原物料、能源將減少。

2. 機械操作簡單化，避免造成失誤或故障。

3. 即使發生異常也不致產生連鎖的骨牌效應，如光電感應安全裝置，安全護罩等。

4. 各種按鈕、按鍵、標示燈號、標識符號等，能讓工作者在舒適及安全狀態下操控。

5. 安裝各種探測裝置，於發生異常事件時，能自動發出警報與指示燈號，並適時互鎖停止。

（四）手工器具：

1. 保持手腕正直，避免手指反覆動作。

2. 避免對手部產生壓迫。

3. 消除夾傷、刺傷或切割傷等危害因素，維持操作安全。

（五）工作者：

1. 採自動化生產，減少人為因素造成異常事件之可能性。

2. 提升人員教育訓練。

3. 選擇適當人員從事危險性作業。

（六）方法：

簡化作業方法、避免單獨作業或協同作業、減少作業步驟等。

依據職業安全衛生法第五條內容，請詳述如何於設計、製造、輸入或施工規劃階段實施風險評估，使勞工免於職業災害發生。
（20 分）　　　　　　　　　　　　　　　　　　　　　　　【107】

依勞動部職業安全衛生署「風險評估技術指引」所述的「風險評估」，係為「職業安全衛生法」第 5 條第 2 項及「職業安全衛生法施行細則」第 31 條所述「危害之辨識、評估及控制」，為辨識、分析及評量風險之程序。

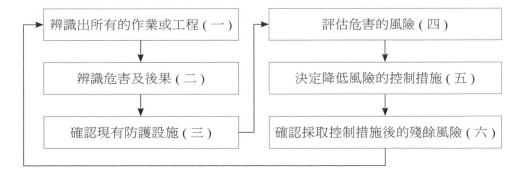

（一）辨識出所有的作業或工程。

（二）辨識危害及後果。

（三）確認現有防護設施。

（四）評估危害的風險。

（五）採取降低風險的控制措施。

（六）確認採取控制措施後的殘餘風險。

（七）其他相關事項。

> 近年來，因管線缺失造成勞工於儲槽作業、汙水槽作業、下水道作業等工安事故頻傳，請試述局限空間作業安全規定為何？
> （20分）　　　　　　　　　　　　　　　　　　　【107】

局限空間作業安全規定，簡述如下：

（一）局限空間作業場所，應依法訂定危害防止計畫，並將注意事項公告於作業場所入口顯而易見之處所，使作業勞工周知。

（二）入口顯而易見處所公告禁止與作業無關人員進入之規定。

（三）作業前檢點：

　　1. 主辦單位、現場人員及監測人員各相關單位確認安全無虞後才可進入作業。

　　2. 所有勞工離開作業場所後再次開始作業前，應確認該作業場所空氣中氧氣濃度及其他危害物質濃度。

　　3. 換氣裝置之進氣端清淨空氣來源或排氣端環境安全衛生之確認。

　　4. 監測儀器、通風換氣、防護與救援設備之檢點。

（四）作業中應注意事項：

　　1. 監視人員隨時掌握進出局限空間之人員。

　　2. 作業監視人員不得離開現場。

　　3. 勞工佩戴安全帶、捲揚式防墜器或救命繩及呼吸防護具，並設置偵測人員活動情形之裝置。

4. 隨時監測作業區內之氧氣及其他危害物質濃度並記錄。

5. 維持換氣裝置連續有效運轉。

6. 勞工身體或換氣裝置等有異常時，應確認該作業場所空氣中氧氣及其他危害物質濃度。

（五）緊急應變處理：

1. 吹哨呼救。

2. 將空氣吹入量再加大。

3. 聯絡急救人員前來急救。

4. 依緊急應變管制程序處理。

（六）完工後檢點：

1. 本項由主辦人員會同施工人員確實做檢點。

2. 採取上鎖或阻隔人員進入等管制措施。

作業場所事故所造成的損失除了可用金錢衡量外，也可以使用產能與生產時間描述。一生產線，所生產的商品利潤為售價的 4.00%，每一商品售價為 50,000 元。今發生一事故，總共造成 2,000,000 元的損失（直接損失與間接損失）？（20 分）

（一）每售出一個產品，事業單位利潤為多少元？

（二）需要多售出多少產品才能彌補此一事件造成的損失？

（三）若此生產線每天產能為 100 件產品，且每個產品均能售出，此事故所造成的損失需要多少天的產能才能彌補？　【109】

（一）商品售價（元）× 商品利潤（%）＝每售出一個產品利潤（元）

50,000（元）×4.00（%）＝ 2,000（元）

（二）事故造成 2,000,000（元）的損失，每售出一個產品利潤 2,000（元），經計算得知需售出 1,000 件產品才能彌補此一事件造成的損失。

$$\frac{2,000,000（元）}{2,000（元／件）} = 1,000（件）$$

（三）生產線每天產能為 100 件產品需要 1,000（件），經計算得知需售
出 10 天才能彌補此一事件造成的損失。

$$\frac{1,000（件）}{100（件／天）} = 10（天）$$

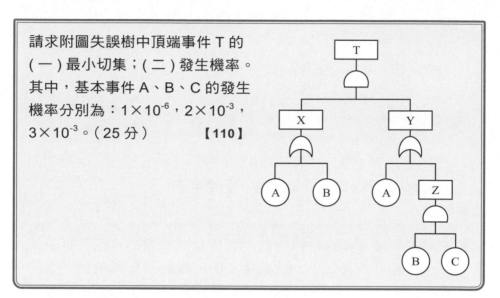

請求附圖失誤樹中頂端事件 T 的
（一）最小切集；（二）發生機率。
其中，基本事件 A、B、C 的發生
機率分別為：$1×10^{-6}$，$2×10^{-3}$，
$3×10^{-3}$。（25 分） 【110】

（一）失誤樹頂端事件 T 之最小切集合使用布林代數法化簡如下：

$T = XY = (A + B)(A + Z) = (A + B)(A + BC)$

$= AA + ABC + AB + BBC = A + ABC + AB + BC$

$= A + BC$

（二）失誤樹頂端事件 T 之發生機率為：

$P(T) = P(A + BC) = 1 - \{[1 - P(A)] \times [1 - P(B) \times P(C)]\}$

$= 1 - \{ [(1 - 1×10^{-6})] \times (1 - [(2×10^{-3}) \times (3×10^{-3})]) \}$

$= 6.9×10^{-6}$

保護層分析（Layer of protection analysis, LOPA）為近年廣泛用於重大危害後果的風險評估方法，獨立保護層（independent protection layer, IPL）是 LOPA 分析的核心概念，請說明何謂 IPL 並舉例說明 IPL 所必須滿足的條件。（25 分）　　　　【110】

（一）LOPA 之獨立保護層（IPL）是一種設備系統或行動，能避免系統狀況演變成獨立於初因事項、或與情景相關的任何其他保護層的不良結果。

（二）IPL 所必須滿足的條件及舉例說明如下：

1. 設計的特點。例如：正壓防爆電氣的設計。

2. 實體的保護裝置。例如：切割捲夾點的護圍、護罩。

3. 連鎖與停機系統。例如：CNC 機台的連鎖安全門。

4. 臨界報警與人工干預狀況。例如：機械設備故障警報通知工作者故障排除。

5. 事件發生後實物保護。例如：動力衝剪機械之緊急停止開關。

6. 應急反應的系統。例如：壓力容器之自動灑水裝置、防爆牆等。

把電線接到大地的動作稱為接地，接地可分系統接地與設備接地兩種，試繪圖並說明兩種接地的作法與目的。（25 分）　　　　【110】

（一）系統接地：

電力系統的其中一點與大地（設定為 0V）相接，造成該點與大地同為 0V，稱為系統接地，用來接地的那條線稱為地線。一般最常見的就是把中性線接地，因此中性線在變壓器二次側的電位會是 0V，任何站在大地上的人觸摸到中性線都是安全的。

（二）設備接地：

設備接地是把金屬機殼用導線與大地相接，其目的是當用電設備因絕緣劣化、損壞而引起漏電或因感應現象而導致設備非帶電金屬部分之電位升高或電荷之積聚時，可提供一低阻抗回路供漏電電流或感應電荷疏導至大地，使非帶電金屬之電位與大地接近，藉以防止感電及保障人員設備之安全。

（三）繪圖如下：

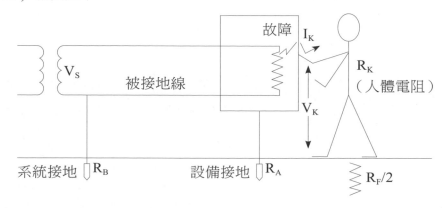

有機金屬化學氣相沉積法（MOCVD）為高科技廠製備化合物半導體薄膜之重要製程，由於會使用到有機金屬（如三甲基鋁等）。由於其危害標示有火焰之圖式，因此常被要求須進行火災爆炸危險區域劃分，並據此設置合宜之防爆電氣。請說明有火焰圖式之化學品有那些？是否有火焰標示之化學品作業區，皆須進行火災爆炸危險區域劃分和防爆電氣之設置？從工業安全技師的專業角度，三甲基鋁作業場所是否需設置防爆電氣？（25 分）

（三甲基鋁：發火性液體第 1 級，禁水性物質第 1 級。安定性及反應性：暴露於空氣中會自燃，常溫常壓下與水激烈反應）【111】

（一）火焰圖式之化學品包含有易燃氣體、易燃氣膠、易燃液體、易燃固體、自反應物質 B 型、自反應物質 C 型和 D 型、自反應物質 E 型和 F 型、發火性液體、發火性固體、自熱物質、禁水性物質、

有機過氧化物 B 型、有機過氧化物 C 型和 D 型、有機過氧化物 E 型和 F 型。

（二）否；原因如下：

1. 防爆電氣設備依「職業安全衛生設施規則」第 109 條、第 177 條、第 177-1 條規定，僅規範於高壓可燃性氣體貯存、存有爆燃性粉塵環境或作業場所有易燃液體之蒸氣、可燃性氣體或爆燃性粉塵以外之可燃性粉塵滯留，而致有爆炸、火災之虞者，才需於其設置場所進行危險區域劃分，使用具有防爆性能構造之電氣機械、器具或設備。

2. 防爆電氣的危險區域劃分要依「機械設備器具安全標準」第 110 條及第 111 條規定去進行劃分，所以是否有達到劃分防爆區及設置防爆電氣要依相關標準去認定，並非有火焰標示就要劃分。

   （1）第 110 條：用於氣體類之防爆電氣設備，其性能、構造、試驗、標示及危險區域劃分等，應符合國家標準 CNS 3376 系列、國際標準 IEC 60079 系列或與其同等之標準規定。前項國家標準 CNS 3376 系列與國際標準 IEC 60079 系列有不一致者，以國際標準 IEC 60079 系列規定為準。

   （2）第 111 條：用於粉塵類之防爆電氣設備，其性能、構造、試驗、標示及塵爆場所區域劃分等，應符合國家標準 CNS 3376、CNS 15591 系列、國際標準 IEC 60079、IEC 61241 系列或與其同等之標準相關規定。前項國家標準 CNS 3376、CNS 15591 系列與國際標準 IEC 60079、IEC 61241 系列有不一致者，以國際標準 IEC 60079、IEC 61241 系列規定為準。

（三）否，因考量三甲基鋁屬於發火性液體（自燃液體），其定義為即使量小也能在與空氣接觸後短時間內引燃的液體。依照 IEC 60079-10-1 之條文，自燃性物質為防爆區域劃分不適用的範圍之

一，故不用劃分防爆區及設置防爆電氣；防爆電氣設備設置的目的是避免電氣設備成為火源去引燃現場所蓄積的可燃性氣體或粉塵，而 IEC 的分類及設備標準是無法滿足防範自燃性物質，因為自燃性物質一洩漏就引燃了，花了經費去設了防爆設備但針對該物質沒有防護效果。所以針對此自燃性物質，建議應再透過製程安全分析探討實際有效的防護方式並非劃分防爆區設置防爆電氣設備。

有一自助加油站供應汽油（92 無鉛、95 無鉛、98 無鉛）與柴油等油品，欲加油者選擇一個泵浦，打開開關，將油槍插入油箱或容器中進行加油，當油加滿後再將油槍掛回泵浦開關（即關掉泵浦），然後付錢給收費員。如果在加油中，加油管破裂導致油品噴濺出來，請分析噴濺出之油品會導致那些危害？加油過程中可能產生之潛在火源為何？應設置那些措施來避免火災爆炸之發生？（25 分） 【111】

汽油之基本資料如下表

沸點	30°C~120°C	蒸氣壓	45~65kPa@ 25°C
閃火點	-43°C~-38°C	蒸氣密度（Air=1）	3~5
爆炸界限	1.2%~7.6%	密度	0.7573@15°C
自燃溫度	280°C~456°C	溶解度	水溶解度：<0.1%

備註：

1. 吸入：濃度 2000 ppm 下 30 分鐘，會引起輕微的麻醉。
2. 眼睛接觸：濃度在 270~900 ppm 間，通常在症狀如明顯的結膜充血之前會引起刺激感覺。

（一）噴濺油品可能造成中毒及火災爆炸的危害，包括：

1. 可能會從皮膚、眼睛、吸入的暴露途徑進入人體，造成皮膚發炎、刺激眼睛和喉嚨，嚴重時會抑制中樞神經系統，造成頭痛、缺乏食慾、眩覺、肌肉失調等。

2. 汽油為高易燃液體，且容易揮發比空氣重之蒸氣，故不慎洩漏會快速於附近區域蓄積易燃蒸氣，若達到爆炸界限且附近有火源（靜電、摩擦、火花、明火、熱）極有可能會引起火災爆炸。

（二）可能產生的火源：

1. 打火機及香菸等明火。

2. 非防爆設備之電氣火花、汽車發動機、手機火花等。

3. 人員穿著衣物摩擦產生靜電火花。

4. 其他金屬磨擦火花。

（三）避免火災爆炸的措施：

1. 設置靜電消除棒（板），並於操作步驟中導引人員於加油前觸摸。

2. 加油站內嚴禁吸菸，嚴禁從事可能產生火花的作業，如金屬敲擊等。

3. 嚴禁攜帶一切危險物品進入加油站，裝有煙火爆竹等危險品的車輛嚴禁進入加油站。

4. 車輛進站加油時需熄火，嚴禁使用手機等通訊設備。

5. 定期設備檢查及維修接地措施，訂定合適之管理辦法。

6. 建立標準操作流程並運用易懂之圖示或標示，張貼操作者顯明易見之處。

7. 維修人員、勞工及主管應針對靜電危害與預防作教育訓練。

8. 適當位置設置緊急停止按鈕，即使正在加油，也會立即停止出油。

9. 設置的防爆電氣設備，其性能、構造、試驗、標示及危險區域劃分等，應符合國家標準 CNS 3376 系列、國際標準 IEC 60079 系列或與其同等之標準規定。

> 組織應依何優先順序（即控制階層，hierarchy of control），進行預防與控制職業危害及風險？（25分）　　　　【112】

組織應依下列控制階層（hierarchy of control），建立、實施並維持消除危害及降低職業安全衛生風險之優先順序簡述如下：

（一）消除：消除所有危害或風險之潛在根源，如：使用無毒性化學品、本質安全設計之機械設備等。

（二）取代：以較低危害的過程、作業、材料或設備取代，如：使用低電壓電氣設備、較低危害化學品等。

（三）工程改善：以工程控制硬體面方式降低危害事件發生可能性或減輕後果嚴重度，如：連鎖系統、釋壓裝置、隔音裝置、警報系統、護欄及護蓋等。

（四）行政管理：行政管理控制方式降低危害事件發生可能性或減輕後果嚴重度，如：機械設備自動檢查、教育訓練、訂定標準作業程序、健康管理、緊急應變計畫及其他相關作業管制程序等。

（五）個人防護具：使用個人防護具為保護勞工的最後一道防線，因此最後才考量個人防護具來降低危害所造成衝擊的嚴重度。

5-4 安全稽核

安全稽核（safety audit）與安全檢查（safety inspection）的差異簡要如下：

（一）安全稽核：

稽核是針對事業單位與各部門內職業安全衛生管理績效的評估，並非只針對機器、設備、器具、工作環境、人員資格及工作方法的檢查；是以輔導改進為目的，而非檢查懲罰的用意。又可分為第一者稽核為內部稽核，係由組織本身或其代表為內部績效管理所執行，並可作為事業單位的自我符合宣告之基礎；第二者稽核係由與組織有利害關係的團體所執行，例如客戶；第三者稽核係由獨立第三方的稽核組織所執行，諸如主管機關或提供驗證者。

（二）安全檢查：

檢查則是針對機器、設備、器具、工作環境、人員資格及工作方法等要求項目（如：溫度錶的溫度有沒有符合規定），改善不符合，並進行必要的矯正措施。

（一）依「職業安全衛生管理辦法」第31條規定，雇主對於低壓電氣設備，應每年依下列規定項目定期實施檢查一次，檢查紀錄保存 3 年。

1. 低壓受電盤及分電盤（含各種電驛、儀表及其切換開關等）之動作試驗。

2. 低壓用電設備絕緣情形，接地電阻及其他安全設備狀況。

3. 自備屋外低壓配電線路情況。

（二）依「職業安全衛生管理辦法」第 80 條規定，設計之低壓電氣設備自動檢查表應就下列事項記錄：

1. 檢查年月日。　　　　　4. 檢查結果。

2. 檢查方法。　　　　　　5. 實施檢查者之姓名。

3. 檢查部分。　　　　　　6. 依檢查結果應採取改善措施之內容。

低壓電氣設備定期檢查表

檢查日期：___年___月___日　單位名稱：_____

項目	設備名稱	自備屋外低壓配電線路外觀檢查是否良好		低壓受電盤及分電盤之動作試驗及外觀檢查										絕緣情形、接地電阻儀器檢測						依檢查結果應採取改善措施之內容
				電氣箱外觀有無破損		無熔絲開關功能是否良好		安全裝置功能是否良好		電路及電路接點有無劣化		變壓器電橋頭外部絕緣是否良好		絕緣情形是否良好		電源插座極性是否正確		接地電阻是否良好		
		是	否	有	無	是	否	是	否	有	無	是	否	是	否	是	否	是	否	
1																				
2																				
3																				
4																				
5																				
6																				
7																				
8																				

備註

實施檢查者姓名：_____　　　　　　　工作場所負責人簽章：_____

確認改善措施合宜性：□合宜　□不合宜

我國職業安全衛生管理系統指引中「主動式監督（或主動績效量測）」與「被動式監督（或被動績效量測）」的意義各為何？（20 分）

【106】

（一）依據「臺灣職業安全衛生管理系統指引」之規定，所謂「主動式監督（或主動績效量測）」的意義如下：

檢查危害和風險的預防與控制措施，以及實施職業安全衛生管理系統的作法，符合其所定準則的持續性活動。例如監督或量測職業安全衛生檢查的頻率與功效、職業安全衛生政策與目標達成狀況、風險控制執行程序和效果等等。

（二）依據「臺灣職業安全衛生管理系統指引」之規定，所謂「被動式監督（或被動績效量測）」的意義如下：

對因危害和風險的預防與控制措施、職業安全衛生管理系統的失誤而引起的傷病、不健康和事故進行檢查、辨識的過程。例如監督或量測包括意外事故、虛驚、職業疾病與財物損失案例等等。

5-5 安全教育訓練

> 請就投資報酬（return on investment）評鑑安全訓練成本，並請詳述之。（20 分） 【104】

投資報酬（return on investment, ROI）又稱投資報酬率，是指一定期間產生的淨利潤占投資總額的百分比，用在評鑑安全訓練成本，將訓練成本及訓練效益數值化。此 ROI 評估模式是一套強調邏輯性、系統性、漸進性的評估流程，ROI 的焦點是以結果為導向，相關內涵包含下列：

（一）評鑑目的：

影響範圍（安全訓練包含內部及外部訓練）、工具（訪談、調查、觀察或測驗等方式）及收集資料等活動。

（二）訓練成本：

1. 直接成本：印刷費、餐飲費、差旅費、講師費及工作人員費用等。

2. 間接成本：設備折舊攤提、辦公文具等。

（三）訓練效益：

    1. 顯在效益：工作者對於安全觀念的提升、依循安全作業標準操作等。

    2. 潛在效益：防止職業災害或設備損毀的損失。

（四）資料轉換貨幣：

計算安全訓練成本及效益為組織所帶來的貨幣價值，使其數值化。

（五）估算投資報酬率：

將訓練成本與訓練效益比較得到百分比（ROI＝訓練效益／訓練成本 ×100%），得到越高的數值，代表訓練成效越佳。

根據「職業安全衛生教育訓練規則」，安全衛生教育訓練的類別有那些？（20 分）　　　　　　　　　　　　　　【106】

依據「職業安全衛生教育訓練規則」第 2 條規定，安全衛生教育訓練分類如下：

（一）職業安全衛生業務主管之安全衛生教育訓練。

（二）職業安全衛生管理人員之安全衛生教育訓練。

（三）勞工作業環境監測人員之安全衛生教育訓練。

（四）施工安全評估人員及製程安全評估人員之安全衛生教育訓練。

（五）高壓氣體作業主管、營造作業主管及有害作業主管之安全衛生教育訓練。

（六）具有危險性之機械或設備操作人員之安全衛生教育訓練。

（七）特殊作業人員之安全衛生教育訓練。

（八）勞工健康服務護理人員及勞工健康服務相關人員之安全衛生教育訓練。

（九）急救人員之安全衛生教育訓練。

（十）一般安全衛生教育訓練。

（十一）前 10 款之安全衛生在職教育訓練。

（十二）其他經中央主管機關指定之安全衛生教育訓練。

5-6 安全應用統計

> 請寫出統計假設檢定（hypothesis testing）的步驟？（20 分）
>
> 【103】

假設檢定係指尚未收集抽樣資料進行推論前，先就母體的某種特性合理的假設敘述，再利用隨機抽出的樣本及適當抽樣分配理論，配合機率判斷假設是否為真。統計假設檢定的步驟說明如下：

（一）決定檢定參數：確認想檢定的未知參數。如 μ、p、σ^2、$\mu_1 - \mu_2$ 等。

（二）定義顯著水準 α：檢定時所有統計量的推論都是以虛無假設 H_0 為基準，由於 H_0 通常是檢定者認為錯誤的那方，所以必須事先定義 H_0 發生錯誤的機率 α，以採取決策，α 越小越難拒絕虛無假設 H_0。

（三）建立虛無假設 H_0 及對立假設 H_1：建立互斥且互補的假設情況。一種是希望被否定、拒絕的假設，稱之為虛無假設 H_0。另一種是 H_0 以外的可能情況，即希望成立的假設，稱之為對立假設 H_1。

（四）依學理選定抽樣分配：參數的點估計量決定抽樣分配，如 z、t、x^2 或 F 等分配。

（五）判定檢定法則、建立拒絕域：依定義顯著水準 α 及抽樣分配，查出臨界值，並根據對立假設 H_1 中不等式方向，瞭解拒絕虛無假設 H_0 區域。

（六）選擇檢定方法：包含臨界值法、統計量檢定法、信賴區間法或 P 值法等。

（七）計算抽樣統計值：計算 Z_0、T_0、X_0^2 或 F_0 等。

（八）檢定結論：

    1. 若檢定統計量的值位於拒絕域之內，則拒絕虛無假設 H_0，即接受對立假設 H_1。

    2. 若檢定統計量的值不在拒絕域之內，則接受虛無假設 H_0，即拒絕對立假設 H_1。

某公司作業環境中的某毒化物濃度被懷疑可能與下列六個因素有關：X1 為機台的轉速、X2 為機台的怠速時間、X3 為原料流速、X4 為操作壓力、X5 為排放氣體之溫度、X6 為環境溫度。今進行 40 組試驗，進行迴歸模式分析，相關結果整理於表 1、2 與 3：

【105】

表 1　迴歸性能

迴歸統計	
R 的倍數	0.998832
R 平方	0.997665
調整的 R 平方	0.99724
標準誤	26.51124
觀察值個數	40

表 2　ANOVA 表

ANOVA

	自由度	SS	MS	F	顯著值
迴歸	6	9908842	1651474	2349.695	6.09E-42
殘差	33	23193.92	702.846		
總和	39	9932036			

表 3　個別參數的迴歸性能

	係數	標準誤	t 統計	P 值	下限 95%	上限 95%
截距	-4726.381	2445.448	-1.933	0.062	-9701.682	248.920
X1	1.119	0.280	3.994	0.000	0.549	1.688
X2	-0.031	0.038	-0.815	0.421	-0.109	0.047
X3	0.231	0.118	1.955	0.059	-0.009	0.471
X4	3.884	2.638	1.472	0.150	-1.484	9.251
X5	0.827	0.351	2.353	0.025	0.112	1.541
X6	-17.028	2.598	-6.553	0.000	-22.314	-11.741

請依序回答下列問題：

（一）表 1 中的 R 平方與調整的 R 平方之意義為何？（8 分）

（二）表 2 中的 SS 與 MS 之意義為何？（6 分）

（三）在顯著水準 α = 0.05 時，包含迴歸截距在內的 7 個迴歸變項中，有那些是不顯著的？請說明判斷的依據。（11 分）

（一）1. 判定係數 R 平方的意義說明如下：

係用來解釋依變數 (Y) 與自變數 (X) 是否具線性關係。當 R^2 = 0 時，代表依變數 (Y) 與自變數 (X) 沒有線性關係；若 $R^2 \neq$ 0 時，代表依變數 (Y) 可被自變數 (X) 所解釋的比率。

2. 調整的 R 平方的意義說明如下：

在迴歸模型中，R^2 會受到樣本大小的影響，若樣本過小，容易出現高估問題。因此，為了降低上述影響，採用調整後的 R^2，將誤差變異量和依變數 (Y) 的總變異量除以自由度。

（二）1. SS 的意義說明如下：

SS 代表離均差平方和，用以計算不同資料組間、相同資料組內或總和資料中任一數值與平均數之差距。

2. MS 的意義說明如下：

MS 代表變異數之不偏估計值，用以計算檢定統計量。

F = MSC（組間）/ MSE（組內）

若屬於拒絕域，則拒絕虛無假設 H_0。

（三）依據假設檢定方法中「P 值法」，當 P 值＜α 時，表示 P 值小於拒絕域（顯著水準 α = 0.05），檢定結論為不顯著。依據題目表 3 提供資訊顯示，包含迴歸截距的 7 個迴歸變項中，因 P 值＜α 認定為不顯著者如下列：

1. X1 為機台的轉速。

2. X5 為排放氣體之溫度。

3. X6 為環境溫度。

某作業場所使用 1-2 環氧丙烷（容許濃度為 20.0ppm），某次監測得到四筆濃度數據：7.0 ppm、9.0 ppm、10.0 ppm 與 11.0 ppm。假設濃度大小成常態分布。（每小題 4 分，共 20 分）　　【106】

（一）濃度平均值為何？

（二）濃度樣本標準差為何？

（三）若要計算濃度的 95% 單側信賴區間上限，根據下表，關鍵 t 值應取何值？

（四）濃度的 95% 單側信賴區間上限為何？

（五）根據「危害性化學品評估及分級管理辦法」，此次量測結果屬第幾級管理區分？應多久評估危害一次？

關鍵 t 值：

自由度	顯著性 α			
	0.10	0.05	0.025	0.01
1	3.078	6.314	12.706	31.821
2	1.886	2.92	4.303	6.965
3	1.638	2.353	3.182	4.541
4	1.533	2.132	2.776	3.747

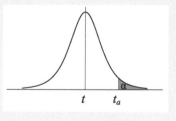

（一）濃度平均值計算如下：

$$\bar{x} = \frac{1}{N}\sum_{i-1}^{N} x_i = \frac{1}{4}(7 + 9 + 10 + 11) = 9.25 (ppm)$$

（二）濃度樣本標準差 S 計算如下：

$(x_i - \bar{x})^2 \Rightarrow (7 - 9.25)^2 = 5.0625$、$(9 - 9.25)^2 = 0.0625$、

$(10 - 9.25)^2 = 0.5625$、$(11 - 9.25)^2 = 3.0625$

$$s = \sqrt{\frac{1}{N-1}\sum_{i-1}^{n}(x_i - \bar{x})^2} = \sqrt{\frac{5.0625 + 0.0625 + 0.5625 + 3.0625}{4-1}}$$

$$= \sqrt{\frac{8.75}{3}} = \sqrt{2.9167} = 1.71$$

（三）若要計算濃度的 95% 單側信賴區間上限，根據上表，關鍵 t 值選取如下：

自由度 (v) = N – 1 = 4 – 1 = 3

顯著性 (α) = 1 – 信賴係數 = 1 – 0.95 = 0.05

關鍵 t 值 = $t_{\alpha,v} = t_{0.05,3} = 2.353$

（四）濃度的 95% 單側信賴區間上限計算如下：

$$UCL_{1,95\%} = \bar{X} + t_{0.05,3}\left(\frac{S}{\sqrt{n}}\right) = 9.25 + 2.353\left(\frac{1.71}{\sqrt{4}}\right)$$

$$= 9.25 + 2.353(0.855) = 9.25 + 2.01 = 11.26$$

（五）$X_{95} = \bar{X} + 1.645 \times S$

$= 9.25 + 1.645 \times 1.71$

$= 12.06$

$$\frac{X_{95}}{PEL} = \frac{12.06}{20} = 0.603$$

1. 根據「危害性化學品評估及分級管理辦法」規定，1-2 環氧丙烷之 $0.5PEL \leq X_{95} < PEL$，故屬第二級管理區分。

2. 根據「危害性化學品評估及分級管理辦法」第 8 條第 2 項第 2 款規定，此暴露濃度低於容許暴露標準但高於其二分之一，故至少每年評估危害一次。

從常態母體取樣 15 筆，得 $\Sigma xi=120$，$\Sigma xi^2=1250$： 【107】

（一）求 μ 的 95% 信賴區間值為何？（10 分）

（二）在顯著水準 $\alpha = 0.05$ 下，試檢定虛無假設 $H_0：\mu = 6$ 與對立假設 $H_1：\mu > 6$ 的判定如何？（10 分）

註 作答時請參閱附表「t 分配表」

$$P(t_k \geq t_{k,\alpha}) = \alpha$$

自由度	單尾顯著水準						
	0.1	0.05	0.025	0.01	0.005	0.0025	0.001
1	3.0777	6.3138	12.7062	31.8205	63.6567	127.3213	318.3088
2	1.8856	2.9200	4.3027	6.9646	9.9248	14.0890	22.3271
3	1.6377	2.3534	3.1824	4.5407	5.8409	7.4533	10.2145
4	1.5332	2.1318	2.7764	3.7469	4.6041	5.5976	7.1732
5	1.4759	2.0150	2.5706	3.3649	4.0321	4.7733	5.8934
6	1.4398	1.9432	2.4469	3.1427	3.7074	4.3168	5.2076
7	1.4149	1.8946	2.3646	2.9980	3.4995	4.0293	4.7853
8	1.3968	1.8595	2.3060	2.8965	3.3554	3.8325	4.5008
9	1.3830	1.8331	2.2622	2.8214	3.2498	3.6897	4.2968
10	1.3722	1.8125	2.2281	2.7638	3.1693	3.5814	4.1437
11	1.3634	1.7929	2.2010	2.7181	3.1058	3.4966	4.0247
12	1.3562	1.7823	2.1788	2.6810	3.0545	3.4284	3.9296
13	1.3502	1.7709	2.1604	2.6503	3.0123	3.3725	3.8520
14	1.3450	1.7613	2.1448	2.6245	2.9768	3.3257	3.7874
15	1.3406	1.7531	2.1314	2.6025	2.9467	3.2860	2.7328
16	1.3368	1.7459	2.1199	2.5835	2.9208	3.2520	3.6862
17	1.3334	1.7396	2.1098	2.5669	2.8982	3.2224	3.6458
18	1.3304	1.7341	2.1009	2.5524	2.8784	3.1966	3.6105
19	1.3277	1.7291	2.0930	2.5395	2.8609	3.1737	3.5794
20	1.3253	1.7247	2.0860	2.5280	2.8453	3.1534	3.5518
21	1.3232	1.7207	2.0796	2.5176	2.8314	3.1352	3.5272
22	1.3212	1.7171	2.0739	2.5083	2.8188	3.1188	3.5050
23	1.3195	1.7139	2.0687	2.4999	2.8023	3.1040	3.4850
24	1.3178	1.7109	2.0639	2.4922	2.7969	3.0905	3.4668
25	1.3163	1.7081	2.0595	2.4851	2.7874	3.0782	3.4502
26	1.3150	1.7056	2.0555	2.4786	2.7787	3.0669	3.4350
27	1.3137	1.7033	2.0518	2.4727	2.7707	3.0565	3.4210
28	1.3125	1.7011	2.0484	2.4671	2.7633	3.0469	3.4082
29	1.3114	1.6991	2.0452	2.4620	2.7564	3.0380	3.3962
30	1.3104	1.6973	2.0423	2.4573	2.7500	3.0298	3.3852
35	1.3062	1.6896	2.0301	2.4377	2.7238	2.9960	3.3400
40	1.3031	1.6839	2.0211	2.4233	2.7045	2.9712	3.3069
45	1.3006	1.6794	2.0141	2.4120	2.6896	2.9521	3.2815
50	1.2987	1.6759	2.0086	2.4033	2.6778	2.9370	3.2614
60	1.2958	1.6706	2.0003	2.3901	2.6603	2.9146	3.2317
70	1.2938	1.6669	1.9944	2.3808	2.6479	2.8987	3.2108
80	1.2922	1.6641	1.9901	2.3739	2.6387	2.8870	3.1953
90	1.2910	1.6620	1.9867	2.3685	2.6316	2.8779	3.1833
100	1.2901	1.6602	1.9840	2.3642	2.6259	2.8707	3.1737
200	1.2858	1.6525	1.9719	2.3451	2.6006	2.8385	3.1315
300	1.2844	1.6499	1.9679	2.3388	2.5923	2.8279	3.1176
400	1.2837	1.6487	1.9659	2.3357	2.5882	2.8227	3.1107
500	1.2832	1.6479	1.9647	2.3338	2.5857	2.8195	3.1066
600	1.2830	1.6474	1.9639	2.3326	2.5840	2.8175	3.1039
700	1.2828	1.6470	1.9634	2.3317	2.5829	2.8160	3.1019
800	1.2826	1.6468	1.9629	2.3310	2.5820	2.8148	3.1005
900	1.2825	1.6465	1.9626	2.3305	2.5813	2.8140	3.0993
1000	1.2824	1.6464	1.9623	2.3301	205808	2.8133	3.0984

（一）依題意，本題採 t 分配，右邊檢定，μ 的 95% 信賴區間值計算如下：

1. 樣本平均數 $\overline{X}$

$$\overline{X} = \frac{120}{15} = 8$$

2. 樣本變異數 s^2，其中 xi 為各樣本、n 為樣本數

$$s^2 = \frac{\sum_{i=1}^{n} xi^2 - n \times \overline{X}^2}{n-1} = \frac{1250 - 15 \times 8^2}{14} = 20.71$$

3. μ 的 95% 信賴區間值，即顯著水準為 $\alpha = 1 - 0.95 = 0.05$，

自由度 $n - 1 = 15 - 1 = 14$

$$-\infty \le \mu \le \overline{X} + t_{n-1,\alpha}\sqrt{\frac{S^2}{n}} = -\infty \le \mu \le 8 + t_{14,0.05}\sqrt{\frac{20.71}{15}}$$

（其中 $t_{14,0.05}$ 查表可得 1.7613）

$$= -\infty \le \mu \le 8 + 1.7613\sqrt{\frac{20.71}{15}}$$
$$= -\infty \le \mu \le 10.07$$

經計算得知 μ 的 95% 信賴區間值為 $= -\infty \le \mu \le 10.07$

（二）在顯著水準 $\alpha = 0.05$ 下，其中虛無假設 $H_0 : \mu = 6$ 與對立假設 $H_1 : \mu > 6$

檢定結果在 95% 信賴區間值內，故無法拒絕虛無假設 H_0。

> （一）採樣的目的為何？（5分）
>
> （二）何謂樣本代表性？（5分）
>
> （三）隨機採樣的隨機是什麼意思？（5分）
>
> （四）樣本數增加的目的為何？（5分）請舉一例詳加說明之。
>
> 　　　（5分）　　　　　　　　　　　　　　　　　　　【108】

（一）採樣目的概分為下列四種：

1. 為確認勞工作業環境實態之區域採樣監測。

2. 為瞭解勞工實際暴露狀態之個人採樣監測。

3. 為確保局部排氣裝置等控制設備的有效性，於氣罩外之濃度監測。

4. 為進入儲槽等局限空間作業前氧氣、有害物質濃度監測。

5. 本題以噪音為例：為評估勞工作業時噪音造成的影響，大部分的噪音作業活動，非長時間待在噪音超過 85 分貝處所，故以個人採樣監測 8 小時日時量平均音壓級。

（二）樣本代表性：事業單位礙於成本考量，無法對每一位噪音作業勞工進行採樣，因此，根據勞工作業內容、製程、控制設施等找出相似暴露族群（SEG），再從高風險的 SEG 進行噪音監測。

（三）隨機採樣的意義：作業場所若無法評估相對高暴露量之勞工時，先決定需採樣人數並編碼，再依亂數表抽取採樣對象，盡量讓採樣工作客觀，不加入自我主觀看法。

（四）樣本數增加的目的：採樣的理論基礎建立在統計學常態分配上，每個採樣抽樣目標希望成為一連續曲線，當樣本數愈多曲線愈連續，且能更加精確評估勞工母體真正的暴露狀況。

一作業場所共有 103 名作業人員。其中有 n_1=42 名作業人員參與一安全教育訓練課程。在後續的一年當中，參與此安全教育訓練課程的作業人員於作業場所事故所造成損失相當於 322 人時，每人平均造成損失標準差相當於 s_1=3.84 小時；而剩下的 n_2=61 名作業人員，事故造成相當於 548 人時損失，每人平均造成損失標準差相當於 s_2=3.75 小時。假設在這一年中，作業人員均無變動，有無受過教育訓練課程每人所造成損失成常態分佈。下列所有答案以三位有效數字表示。（20 分）　　　　　　　　　　【109】

（一）參加教育訓練的作業人員在此一年內，每人平均造成的損失 $\overline{X_1}$ 相當於多少小時？

（二）未參加教育訓練的作業人員在此一年內，每人平均造成的損失 $\overline{X_2}$ 相當於多少小時？

（三）以 α=0.95 做為顯著水準（significance level），試評估此教育訓練課程是否具顯著效果：

　　1. 建立虛無假設 (null hypothesis)。

　　2. 計算 Z 值。

　　3. 根據上述計算結果，比對虛無假設與下表，評估此教育訓練課程使否顯著達到降低每人虛驚事故損失的效果。

　　常態分佈關鍵值

α	0.25	0.10	0.05	0.025	0.01	
面積（機率）	0.674	1.282	1.645	1.960	2.326	

（一）參加教育訓練的作業人員在此一年內，每人平均造成的損失

$$\overline{X_1} = \frac{322}{42} = 7.66(Hr)$$

（二）未參加教育訓練的作業人員在此一年內，每人平均造成的損失

$$\overline{X_2} = \frac{548}{61} = 8.984(Hr)$$

（三）1. 依題意為獨立性檢定，建立統計假設：

$$\begin{cases} 虛無假設\ H_0：參加教育訓練與降低每人虛驚事故損失無關 \\ 對立假設\ H_1：參加教育訓練與降低每人虛驚事故損失有關 \end{cases}$$

2. 檢定量

$$Z = \frac{\overline{X_1} - \overline{X_2}}{\sqrt{\dfrac{s_1^2}{n_1} + \dfrac{s_2^2}{n_2}}}$$

$$= \frac{7.667 - 8.984}{\sqrt{\dfrac{3.84^2}{42} + \dfrac{3.75^2}{61}}}$$

$$= -1.727$$

3. 採左尾檢定，因 $Z < Z_{0.05} = -1.645$，故檢定結果拒絕虛無假設 H_0，即該教育訓練課程顯著降低每人虛驚事故損失的效果。

有一研究探討年邁駕駛，特別是具有健康問題者，是否較年輕駕駛更常發生意外。在一特定期間內所收集到的數據如下表所列：

年齡與健康狀況	人數	發生意外次數
年齡 30~59，健康	267	22
年齡 ≧ 60，健康	83	7
年齡 ≧ 60，健康不佳（不含心血管病變）	82	8
年齡 ≧ 60，心血管病變（無其他健康問題）	80	6
年齡 ≧ 60，健康不佳且心血管病變	199	34
總和	711	77

以 $\alpha=0.95$ 為顯著水準，若無指定，答案請以三位有效數字描述。
（20 分）

【109】

（一）整體而言，每位駕駛的意外發生機率為何？

（二）若每位駕駛意外發生機率都相同，計算各年齡與健康狀況的預期意外次數（四捨五入到整數）。

（三）建立虛無假設。

（四）計算 X^2 值。

（五）結論為何？

移除年齡與健康狀況最後一項，將第二至第四項年齡 ≧ 60 者合併為一項：

（六）重新計算合併後的數據，製成表格。

（七）整體而言，每位駕駛的意外發生機率為何？

（八）若每位駕駛意外發生機率都相同，計算各年齡與健康狀況的預期意外次數（四捨五入到整數）。

（九）計算 X^2 值及所得結論。

（十）根據前述兩次評估，可以得到什麼結論？關鍵值：

自由度	1	2	3	4	5
$X_\alpha^2=0.95$	3.84	5.99	7.81	9.49	11.1

5

工業安全管理

（一）整體而言，每位駕駛的意外發生機率為 77/711 = 0.1083

（二）括號內為預期次數（期望值）未意外發生機率為 634/711 = 0.8917

年齡與健康狀況	人數	發生意外 次數 $O_i(E_i)$	未發生意外 次數 $O_i(E_i)$
年齡 30~59，健康	267	22(29)	245(238)
年齡 ≧ 60，健康	83	7(9)	76(74)
年齡 ≧ 60，健康不佳 （不含心血管病變）	82	8(9)	74(73)
年齡 ≧ 60，心血管病變 （無其他健康問題）	80	6(9)	74(71)
年齡 ≧ 60，健康不佳且心血管病變	199	34(22)	165(177)
總和	711	77	634

（三）依題意為獨立性檢定，建立統計假設：

$$\begin{cases} 虛無假設 H_0：年齡與健康狀況、發生意外次數相互獨立 \\ 對立假設 H_1：年齡與健康狀況、發生意外次數不獨立 \end{cases}$$

（四）檢定量計算如下：

$$X^2 = \sum \frac{(O_i - E_i)^2}{E_i}$$

$$= \frac{(22-29)^2}{29} + ... + \frac{(34-22)^2}{22} + \frac{(245-238)^2}{238} + ... + \frac{(165-177)^2}{177} = 11.005$$

（五）自由度 (υ) = (2−1)(5−1) = 4

經查表，關鍵值 $X^2_{\alpha=0.95}$=9.49

$X^2 > X^2_{\alpha=0.95}$

故拒絕虛無假設，即年齡與健康狀況、發生意外次數不獨立，存在相關關係。

（六）依題意，經整理後的表格如下：

年齡與健康狀況	人數	發生意外次數 $O_i(E_i)$	未發生意外次數 $O_i(E_i)$
年齡 30~59，健康	267	22	245
年齡 ≧ 60 （不包含健康不佳且心血管病變）	245	21	224
總和	512	43	469

（七）整體而言，每位駕駛的意外發生機率為 43/512 = 0.084

（八）

年齡與健康狀況	人數	預期發生意外次數 E_i	預期未發生意外次數 E_i
年齡 30~59，健康	267	22	245
年齡 ≧ 60 （不包含健康不佳且心血管病變）	245	21	224
總和	512	43	469

（九）檢定量

$$X^2 = \sum \frac{(O_i - E_i)^2}{E_i} = 0$$

自由度（υ）= (2−1)(2−1) = 1

經查表，關鍵值 $X^2_{\alpha=0.95}$ = 3.84

$X^2 < X^2_{\alpha=0.95}$

故無法拒絕虛無假設，即年齡與健康狀況、發生意外次數獨立。

（十）根據前述兩次評估，可以得到以下結論：

1. 年齡大且具健康問題者，較年輕駕駛常發生意外，具有相當關係。

2. 除去健康不佳且心血管病變，駕駛者年齡與發生意外無顯著相關。

> 請詳細說明以下統計學中假設檢定相關名詞的意義：
>
> （一）統計量（statistics）
>
> （二）不偏估算子（unbiased estimator）
>
> （三）雙邊假說（two-sided hypothesis）
>
> （四）第二類誤差（type II error）
>
> （五）強結論（strong conclusion）。（25 分） 【110】

（一）統計量（statistics）：

是用來描述樣本特性的特徵數，例如：樣本平均數（$\bar{x}$）、標準差（S）或變異數（S^2）等。

（二）不偏估算子（unbiased estimator）：

若統計量（$\hat{\theta}$）的期望值與母體未知參數（θ）相等，即 $E(\hat{\theta}) = \theta$，可視為此統計量（$\hat{\theta}$）為未知參數（θ）的不偏估算子。

統計量（$\hat{\theta}$）為計算公式，例如：樣本平均數（$\bar{x}$）或變異數（S^2）等。

（三）雙邊假說（two-sided hypothesis）：

檢定考慮這組假設

$H_0：\mu_1 = \mu_2$（虛無假設）

$H_1：\mu_1 \neq \mu_2$（對立假設）

若統計量大於或小於顯著水準 $\dfrac{\alpha}{2}$，我們可以說拒絕虛無假設並接受對立假設；此時拒絕域在虛無分配的左右雙尾。

（四）第二類誤差（type II error）：

係指虛無假設 H_0 實際上為假，但是檢定結果卻接受虛無假設 H_0。

（五）強結論（strong conclusion）：

統計量落入拒絕域時，則表示有足夠的統計證據來拒絕 H_0。

有一製程因有人誤關閉緊急排放措施而導致製程異常時，因無法排放，造成毒性外洩而導致附近居民一人中毒死亡。依據現場監視資訊，該製程現場運作有 50 位員工，且在事後調查時都否認有關閉緊急排放措施。經公司報警後，警方決定動用測謊器，並且只問員工一個問題：「你有沒有關閉緊急排放措施？」。已知若某人說謊，則測謊器顯示他說謊的機率為 99%；若某人未說謊，則測謊器顯示他誠實的機率為 90%。試回答下列問題？（25 分）　　【111】

（一）假設只有一人犯錯，當員工受測時，測謊器顯示員工說謊的機率為何？測謊器顯示員工沒說謊的機率為何？當測謊器顯示員工說謊時，該員工正是犯錯者的的機率為何？當測謊器顯示員工未說謊時，該員工卻是犯錯者的的機率為何？

（二）當測謊器顯示員工說謊時，該員工是誤關者（犯錯者）的機率，是與犯錯員工人數之關係為何？

（三）當犯錯員工之人數超過多少人時，測謊器顯示員工說謊時，該員工是誤關者（犯錯者）的機率會大於 50%。

（一）1. 假設只有一人犯錯，當員工受測時，測謊器顯示員工說謊的機率：

機率為抽到誤關員工（$1/50 = 0.02$）被測說謊（$99\% = 0.99$）的機率加上抽到沒誤關員工（$49/50 = 0.98$）被誤測為說謊的機率（$10\% = 0.1$）

$0.02 \times 0.99 + 0.98 \times 0.1 = 0.1178 = 11.78\%$

2. 測謊器顯示員工沒說謊的機率：

機率為抽到沒誤關員工（$49/50 = 0.98$）被測誠實（$90\% = 0.9$）的機率加上抽到誤關員工（$1/50 = 0.02$）被誤測誠實的機率（$1\% = 0.01$）

$0.98 \times 0.9 + 0.02 \times 0.01 = 0.8822 = 88.22\%$

3. 此小題要運用貝式定理：

$P(A|B)=P(A \cap B)/P(B)$

$P(A \cap B)= P(B) \times P(A|B)$ 亦等於 $P(A) \times P(B|A)$

誤關者以「誤」字代表，說謊機測出說謊的機率以「謊」字代表，沒有誤關者以「沒」字代表，所以在已知說謊的條件下，剛好是誤關者的機率計算如下：

$$P(誤|謊) = \frac{P(誤) \times P(謊|誤)}{P(謊)} = \frac{P(誤) \times P(謊|誤)}{P(誤) \times P(謊|誤) + P(沒) \times P(謊|沒)}$$

$$= \frac{0.02 \times 0.99}{0.02 \times 0.99 + 0.98 \times 0.1} = 0.168 = 16.8\%$$

4. 當測謊器顯示員工未說謊時，該員工卻是犯錯者的的機率為何？

說謊機測出為說謊的機率以「未」字代表

$$P(誤|未) = \frac{P(誤) \times P(未|誤)}{P(未)} = \frac{P(誤) \times P(未|誤)}{P(誤) \times P(未|誤) + P(沒) \times P(未|沒)}$$

$$= \frac{0.02 \times 0.01}{0.02 \times 0.01 + 0.98 \times 0.9} = 0.0002267 = 0.023\%$$

（二）當誤關者（犯錯員工人數）如果增加時，當測謊器顯示員工說謊時，該員工是誤關者（犯錯者）的機率就會增加。

（三）假設犯錯員工人數為 n，計算如下：

$$P(誤|謊) = \frac{P(誤) \times P(謊|誤)}{P(謊)} = \frac{P(誤) \times P(謊|誤)}{P(誤) \times P(謊|誤) + P(沒) \times P(謊|沒)}$$

$$= \frac{\dfrac{n}{50} \times 0.99}{\dfrac{n}{50} \times 0.99 + \dfrac{(50-n)}{50} \times 0.1} = 0.5$$

$$\frac{n}{50} \times 0.99 = 0.5(\frac{n}{50} \times 0.99 + \frac{(50-n)}{50} \times 0.1)$$

$$\frac{n}{50} \times 0.99 = \frac{n}{50} \times 0.495 + \frac{(50-n)}{50} \times 0.05$$

$$n \times 0.99 = n \times 0.495 + (50-n) \times 0.05$$

$0.99n = 0.495n + 2.5 - 0.05n$

$0.545n = 2.5$

$n \fallingdotseq 4.59$

故取整數 = 5 人

某作業場所 1 個月（以 30 日計）內平均有 6 日發生事故（虛驚、輕傷害、或死亡等，1 日可能數件），假設作業場所仍維持原樣運作，問： 【112】

（一）未來每月（以 30 日計）有 8 日或 8 日以上事故的機率為何？（答案不用寫出數字，但要使用所附提示函數符號）。（6 分）

（二）承上（一），每月發生事故日數標準差是多少？（3 分）

（三）若想用標準常態分布近似題（一），則結果為何？（答案不用寫出數字，但要使用所附提示函數符號）。（6 分）

（四）若該作業場所平均 1 個月（以 30 日計）內有 6 件事故（虛驚、輕傷害、或死亡等，有些事故可能同日發生），未來每月有 8 件或 8 件以上事故的機率為何？（答案不用寫出數字，但要使用所附提示函數符號）。（6 分）

（五）承上（四），在 1 日之內發生 2 件或 2 件以上事故的機率為何？（答案不用寫出數字，但要使用所附提示函數符號）（4 分）

提示：

● 卜瓦松（Poisson）分布函數 = p（發生次數：n，發生次數期望值：λ）= $\dfrac{e^{-\lambda} \lambda^n}{n!}$

● 卜瓦松累積分布函數 = Po（發生次數：n，發生次數期望值：λ）= $\displaystyle\sum_{k=0}^{n} \dfrac{e^{-\lambda} \lambda^k}{k!}$

● 指數（exponential）分布函數 = e（變數：x，1/ 期望值：λ）
$= \lambda e^{-\lambda}$

● 指數（exponential）累積分布函數 = E（變數：x，1/ 期望值：λ）$= 1 - \lambda e^{-\lambda}$

● 二項（binomial）分布函數 b（發生次數：n，觀察次數：N，發生機率：p）$= \dfrac{N!}{n!(N-n)!} p^n (1-p)^{N-n}$

● 二項累積分布函數 B（發生次數：n，觀察次數：N，發生機率：p）$= \sum_{x=0}^{n} b(N, x, p)$

● 標準常態（normal）分布函數 n(z) $= \dfrac{1}{\sqrt{2\pi}} e^{-z^2/2}$

● 標準常態累積分布函數 N(z) $= \int_{-\infty}^{z} n(s)\,ds$

（一）本題採卜瓦松累積分布函數，公式為 Po $= \dfrac{e^{-\lambda}\lambda^n}{k!}$

30 日發生 6 次，以 30 日為單位時間的話，$\lambda = 6$

P(n ≦ 7) = P(0) + P(1) + P(2) + P(3) + P(4) + P(5) + P(6) + P(7)

$= \dfrac{e^{-6}6^0}{0!} + \dfrac{e^{-6}6^1}{1!} + \dfrac{e^{-6}6^2}{2!} + \dfrac{e^{-6}6^3}{3!} + \dfrac{e^{-6}6^4}{4!} + \dfrac{e^{-6}6^5}{5!} + \dfrac{e^{-6}6^6}{6!} + \dfrac{e^{-6}6^7}{7!}$

$= 2.499 \times 10^{-3} + 0.0149 + 0.045 + 0.089 + 0.134 + 0.161 + 0.161 + 0.138 = 0.745$

P(n ≧ 8) = 1 − P(n ≦ 7) = 1 − 0.745 = 0.255

（二）Poisson 分布的期望值變異數計算方式如下：

期望值：E(x) = λ × t

變異數 Var(x) = λ × t

t = 經過的時間（30 日）

$$\text{Var(x)} = \lambda \times t$$

$$= 6 （每 30 日發生 6 次） \times \frac{30}{30} （30 日為一個單位時間） = 6$$

標準差為：$= \sqrt{\text{Var}(x)} = \sqrt{6} = 2.45$

(三) 二項機率分配形似「鐘形曲線」，期望值變異數計算方式如下：

期望值（平均值）：$E(x) = n \times p$

變異數 $\text{Var(x)} = n \times p \times (1 - p)$

Z 值求得方式為 $\dfrac{X - u}{\sigma}$，$\sigma =$ 標準差，$u =$ 平均值

p = 6/30 = 0.2（每日發生事故的機率），n = 30（一個月 30 日）

平均值：$n \times p = 30 \times 0.2 = 6$

變異數 $= n \times p \times (1 - p) = 30 \times 0.2 \times 0.8 = 4.8$

$$P(n \leq 7) = P(\frac{n-6}{\sqrt{4.8}} \leq \frac{7-6}{\sqrt{4.8}}) = P(z \leq 0.456)$$

標準常態累積分布函數

$$N(z) = \int_{-\infty}^{z} n(s)\,dz = \int_{-\infty}^{z} \frac{1}{\sqrt{2\pi}} e^{-z^2/2}\,dz = \frac{1}{\sqrt{2\pi}} e^{-0.456^2/2} - 0 \fallingdotseq 0.36$$

$P(n \geq 8) = 1 - P(\leq 7) = 1 - 0.36 = 0.64$

(四) 此題解法跟 (一) 一樣，因為 poisson 分布具獨立性（independent），在某一時間、空間單位發生某現象的次數與在另一時間，空間單位發生同一現象的次數無關，亦即互不影響。

30 日發生 6 次，以 30 日為單位時間的話，$\lambda = 6$

$P(n \leq 7) = P(0) + P(1) + P(2) + P(3) + P(4) + P(5) + P(6) + P(7)$

$$= \frac{e^{-6}6^0}{0!} + \frac{e^{-6}6^1}{1!} + \frac{e^{-6}6^2}{2!} + \frac{e^{-6}6^3}{3!} + \frac{e^{-6}6^4}{4!} + \frac{e^{-6}6^5}{5!} + \frac{e^{-6}6^6}{6!} + \frac{e^{-6}6^7}{7!}$$

$$= 2.499 \times 10^{-3} + 0.0149 + 0.045 + 0.089 + 0.134 + 0.161$$
$$+ 0.161 + 0.138 = 0.745$$

$$P(n \geq 8) = 1 - P(n \leq 7) = 1 - 0.745 = 0.255$$

（五）30 日發生 6 次，以 1 日為單位時間的話，$\lambda = 6/30 = 0.2$（每日發生事故的機率），時間為 1 日，所以 t = 1，由於 $P = \dfrac{(\lambda t)n e_{-}\lambda t}{n!}$

$$P(n \leq 1) = P(0) + P(1) = \frac{(0.2 \times 1)^0 e^{-0.2 \times 1}}{0!} + \frac{(0.2 \times 1)^1 e^{-0.2 \times 1}}{1!}$$
$$= 0.819 + 0.164 = 0.983$$
$$P(n \geq 2) = 1 - P(n \leq 1) = 1 - 0.983 = 0.017$$

5-7 其他

事故調查（accident investigation）應辨識的事項包括那些？請詳述之。（20 分）　　　　　　　　　　　　　　　　　　【104】

事故調查是提供組織學習的最佳機會，組織可利用事故調查深入瞭解既有的風險控制措施為什麼失效？為什麼不當？同時根據所學到的教訓，優化既有的控制措施或增加額外的系統來輔助。事故調查應辨識的事項如下說明：

（一）人員：事故見證人、當事人、受害人證詞等。通常透過事故見證人描述或晤談流程獲得資訊，經由人員的描述，調查人員可迅速建構事故發生初步情境。

（二）物理性：機械零件、設備、油漬、化學品、原物料、成品、零件分析結果、化學採樣等。

（三）電子化資料：分散式控制系統相關資料、邏輯控制系統相關資料、內部 e-mail 資料。

（四）位置：描述人員和物理性資料所在位置的資料。

為協助調查人員還原事故現場情境，利用繪圖、照相或攝影記錄事故現場中各個物件的相對位置。移動任何物件前應予以拍照。但物件位置可能因改變、拍攝或繪圖技巧不良、拍攝設備失效等原因造成誤差，故不能作為單獨判斷依據。

（五）文件：與事故相關的管理政策方針與作業標準、危害分析與決策、物件的配置、採購標準、保養維修作業與儀控紀錄、訓練與健康檢查相關紀錄。

> ### 說明損失控制五大功能。（25 分）　　　　　　　　　　　【105】

損失控制指事業單位為了預防或降低社會、環境及經濟等議題之不期待水準或負面影響，所執行有時間計畫的循環式管理行動，其五大功能常用英文字母縮寫成「ISMEC」，簡敘如下：

（一）辨認（identification）：

　　1. 工作安全分析、損失分析、安全觀察及自動檢查。

　　2. 工程控制、行政管理、作業程序、處理程序、承攬及採購管理。

　　3. 勞工的選工配工、教育訓練，主管人員的訓練。

　　4. 急救、搶救、緊急應變及防護具使用等。

（二）行動成效標準（standard）：建立每一計畫行動中預期的成效標準。

（三）量測（measurement）：適當方法量測所建立的行動成效標準。

（四）評估（evaluation）：透過量測得知結果與成效標準的落差。

（五）改正（correction）：不期待水準或負面影響發生前加以改善。

> **試說明損失控制管理制度的八大工具。（25 分）** 【105】

（一）安全規定：遵循國家訂定職業安全衛生法令政策，事業單位依法設定自己的職業安全衛生管理計畫、規章及工作守則等，使勞工切實遵行。

（二）安全檢查：事業單位訂定自動檢查計畫，實施定期、重點檢查及例行性檢點，若檢查有異常應立即通報上級主管排定檢修保養。

（三）事故調查：損失事件發生後，應調查鑑別直接原因、間接原因及基本原因，作成調查報告及採取再發防止措施。

（四）工作安全分析：將每項工作分解成步驟，一步一步發掘潛在危害因素、採取預防措施及後續緊急應變方式，據以作為訂定作業程序之參考。

（五）安全訓練：新進員工施以從事工作及預防災變之安全衛生教育訓練，對於比較危險的工作，應由具有法定資格者擔任。在職員工依法辦理複訓及每日作業前危害預知活動。

（六）安全觀察：各級主管走動管理時，要注意員工是否安全的工作，且對無工作經驗的、曾遭事故的、有事故傾向的、身心有異常癥候的員工需特別關注，若發現不安全行為、不安全的狀況應事實記錄並討論解決的辦法。

（七）安全溝通：各級主管以暢通管道進行員工溝通，討論並引導安全作業方式。

（八）安全激勵：適當激勵行動，可以振奮員工士氣，增強其安全行為的專注力。

引發一製程某個事故（TOP）之失誤樹如圖所示，各原因發生的機率列於各符號下方。根據往年經驗，整個製程停止運作會造成相當於 5,000,000 元的損失（財產、工時、醫療等）。要完全解決造成事故 TOP 的原因 A_1 與 A_2 分別需要經費 15,000 元與 10,000 元。（每小題 5 分，共 20 分）

（一）在解決事故原因 A_1 與 A_2 前，此事故（TOP）發生的機率為何？所造成的損失期望值為何？

（二）若解決事故原因 A_1 可使事故 TOP 發生的機率降到多少？預期可降低多少損失？

（三）若解決事故原因 A_2 可使事故 TOP 發生的機率降到多少？預期可降低多少損失？

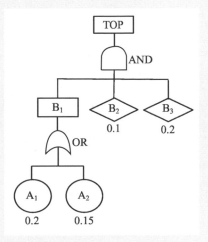

（四）以投資報酬比率（減少損失／投資金額）的觀點，推估分別解決事故原因 A_1 與 A_2 的經濟效益。　　　　　　　　【106】

製程事故（TOP）失誤樹之布林代數式表示：

$$T = B_1 \times B_2 \times B_3 = (A_1 + A_2) \times B_2 \times B_3 = (A_1 \times B_2 \times B_3) + (A_2 \times B_2 \times B_3)$$

假設 $P(M_1) = A_1 \times B_2 \times B_3$

$\qquad P(M_2) = A_2 \times B_2 \times B_3$

（一）製程事故 $P(T)$ 之發生機率 $= P(M_1 + M_2) = 1 - [1 - P(M_1)] \times [1 - P(M_2)]$

$\qquad P(M_1) = P(A_1) \times P(B_2) \times P(B_3) = 0.2 \times 0.1 \times 0.2 = 0.004 = 4 \times 10^{-3}$

$\qquad P(M_2) = P(A_2) \times P(B_2) \times P(B_3) = 0.15 \times 0.1 \times 0.2 = 0.003 = 3 \times 10^{-3}$

$$P(T) = 1 - [(1 - 4 \times 10^{-3}) \times (1 - 3 \times 10^{-3})]$$

$$= 1 - [(0.996) \times (0.997)] = 1 - 0.993012 = 0.006988$$

$$= 6.988 \times 10^{-3}$$

製程事故 P(T) 所造成的損失期望值

= 500 萬 × P(T) = 500 萬元 × 6.988 × 10⁻³ = 34,940 元

（二）**方案一**：每年花費 15,000 元，將 A_1 之故障率降低為 $P(A_1) = 0$

製程事故 P(T1) 之發生機率 = $P(M_1 + M_2) = 1 - [1 - P(M_1)] \times [1 - P(M_2)]$

$P(M_1) = P(A_1) \times P(B_2) \times P(B_3) = 0 \times 0.1 \times 0.2 = 0$

$P(M_2) = P(A_2) \times P(B_2) \times P(B_3) = 0.15 \times 0.1 \times 0.2 = 0.003 = 3 \times 10^{-3}$

$P(T1) = 1 - [(1 - 0) \times (1 - 3 \times 10^{-3})]$

$$= 1 - [(1) \times (0.997)] = 1 - 0.997 = 0.003 = 3 \times 10^{-3}$$

製程事故 P(T1) 所造成的損失期望值

= 500 萬 × P(T1) = 500 萬元 × 3 × 10⁻³ = 15,000 元

方案一每年花費 15,000 元，預期可降低損失金額

= 34,940 − 15,000 = 19,940 元

（三）**方案二**：每年花費 10,000 元，將 A_2 之故障率降低為 $P(A_2) = 0$

製程事故 P(T2) 之發生機率 = $P(M_1 + M_2) = 1 - [1 - P(M_1)] \times [1 - P(M_2)]$

$P(M_1) = P(A_1) \times P(B_2) \times P(B_3) = 0.2 \times 0.1 \times 0.2 = 0.004 = 4 \times 10^{-3}$

$P(M_2) = P(A_2) \times P(B_2) \times P(B_3) = 0 \times 0.1 \times 0.2 = 0$

$P(T2) = 1 - [(1 - 4 \times 10^{-3}) \times (1 - 0)]$

$$= 1 - [(0.996) \times (1)] = 1 - 0.996 = 0.004 = 4 \times 10^{-3}$$

製程事故 P(T2) 所造成的損失期望值

= 500 萬 × P(T2) = 500 萬元 × 4 × 10⁻³ = 20,000 元

方案二每年花費 10,000 元，預期可降低損失金額
= 34,940 – 20,000 = 14,940 元

（四）以投資報酬比率（減少損失／投資金額）的觀點：

改善方案一之減少損失／投資金額 = 19,940 / 15,000 = 1.3293

改善方案二之減少損失／投資金額 = 14,940 / 10,000 = 1.4940

因改善方案二之投資報酬比率大於改善方案一，故改善方案二之經濟效益較優。

（一）職業安全衛生法有那六章，各章重點為何？（10 分）
（二）職業安全衛生管理計畫應包括那些事項？（10 分）
（三）安全衛生工作守則之內容應依那些事項定之？（5 分）

【108】

（一）「職業安全衛生法」各章重點說明如下：

1. 第 1 章「總則」：包含立法目的、名詞定義、主管機關、適用範圍及雇主預防職災責任。

2. 第 2 章「安全衛生設施」及第 3 章「安全衛生管理」：針對安全衛生設施及管理，除少數規範製造者、輸入者及供應者等外，均屬雇主責任。

3. 第 4 章「監督與檢查」：檢查不合規定之處理、職業災害調查、處理與報告及工作者申訴權保護。

4. 第 5 章「罰則」：行政及刑事責任。

5. 第 6 章「附則」：促進安全文化發展、機關推動安衛評核、自營作業者準用條款及工作場所負責人指揮或監督從事勞動之人員比照適用條款。

（二）依「職業安全衛生法施行細則」第 31 條，職業安全衛生管理計畫包括下列：

1. 工作環境或作業危害之辨識、評估及控制。

2. 機械、設備或器具之管理。

3. 危害性化學品之分類、標示、通識及管理。

4. 有害作業環境之採樣策略規劃及監測。

5. 危險性工作場所之製程或施工安全評估。

6. 採購管理、承攬管理及變更管理。

7. 安全衛生作業標準。

8. 定期檢查、重點檢查、作業檢點及現場巡視。

9. 安全衛生教育訓練。

10. 個人防護具之管理。

11. 健康檢查、管理及促進。

12. 安全衛生資訊之蒐集、分享及運用。

13. 緊急應變措施。

14. 職業災害、虛驚事件、影響身心健康事件之調查處理及統計分析。

15. 安全衛生管理紀錄及績效評估措施。

16. 其他安全衛生管理措施。

（三）依「職業安全衛生法施行細則」第 41 條，安全衛生工作守則包括下列：

1. 事業之安全衛生管理及各級之權責。

2. 機械、設備或器具之維護及檢查。

3. 工作安全及衛生標準。

4. 教育及訓練。

5. 健康指導及管理措施。

6. 急救及搶救。

7. 防護設備之準備、維持及使用。

8. 事故通報及報告。

9. 其他有關安全衛生事項。

當發生事故時，除了事故本身所引起的財物損失、傷害醫療損失等可計的直接成本或直接損失（direct cost）外，尚有事故所衍生的間接成本或間接損失（indirect cost），若無事故發生，就不會造成此類成本或損失。試列舉職業災害對事業單位的間接損失有那些？（20分） 【109】

職業災害對事業單位會產生間接損失，其間接成本分類如下：

（一）支付停工損失的工資。

（二）代理人工資額外增加。

（三）毀損物件之汰舊換新。

（四）延長工時的額外津貼。

（五）處理傷患的工資損失。

（六）新進員工的學習成本。

（七）復工生產力降低成本。

（八）負擔未保險醫療支出。

（九）專人辦理調查或補償的時間成本。

（十）雜項不尋常成本。

雇主使勞工於局限空間從事作業前，（一）應先確認該局限空間內可能引起勞工那些危害？（二）若有危害之虞者，應訂定危害防止計畫，其內容應包含之事項為何？（三）那些人應依循危害防止計畫辦理？（四）若雇主未提供符合規定之必要安全衛生設備及措施而導致工作者缺氧死亡，其相關罰則為何？（25分）　　【111】

（一）應先確認該局限空間內有無可能引起勞工缺氧、中毒、感電、塌陷、被夾、被捲及火災、爆炸等危害。

（二）危害防止計畫內容如下：

1. 局限空間內危害之確認。

2. 局限空間內氧氣、危險物、有害物濃度之測定。

3. 通風換氣實施方式。

4. 電能、高溫、低溫與危害物質之隔離措施及缺氧、中毒、感電、塌陷、被夾、被捲等危害防止措施。

5. 作業方法及安全管制作法。

6. 進入作業許可程序。

7. 提供之測定儀器、通風換氣、防護與救援設備之檢點及維護方法。

8. 作業控制設施及作業安全檢點方法。

9. 緊急應變處置措施。

（三）作業主管、監視人員、作業勞工及相關承攬人依循辦理。

（四）依「職業安全衛生法」第 40 條之規定，違反第 6 條第 1 項之規定，致發生第 37 條第 2 項第 1 款（死亡職災）之災害者，處 3 年以下有期徒刑、拘役或科或併科新臺幣 30 萬元以下罰金。

法人犯前項之罪者，除處罰其負責人外，對該法人亦科以前項之罰金。

> 職業安全衛生於採購管理可以介入之處為何？（25 分）　　【112】

事業單位之採購程序一般包括請購、詢價、比價、議價、訂購、交貨驗收與報支等，需考慮安全衛生事項之作業階段有：

（一）請購階段：訂定工程、財物或勞務之安全衛生規格，且應考量供應商提供所有可能潛在危害。

（二）議價前或業務承攬之備標選商：將工程、財物或勞務之安全衛生規格納為投標必要資格或議比價評選標準中的重要因素，以避免因競價而降低安全衛生標準。

（三）交貨驗收階段：依據契約相關規定及量測程序，確認供應商所提供的工程、財物或勞務符合相關安全衛生規格。

> 在實務上，我們無法將風險降低為零，但可以制定一「可接受風險」（acceptable risk）。可接受風險應根據那些觀點制定，各有何缺點？（25 分）　　【112】

（一）可接受風險觀點制定：

1. 可接受風險的判定基準並非持續固定不變，事業單位應依實際風險狀況及可用資源等因素，適時調整不可接受風險判定基準值，以達持續改善的承諾。

2. 有效之控制應能降低風險發生之可能性或其影響程度，使其殘餘風險降低到組織可接受之程度，控制設計之有效性評估即在評估殘餘風險是否已降低至組織風險容忍度以下。

3. 凡與人員生命相關之衝擊所產生之風險一律不得接受。

（二）可接受風險缺點：因無法達到「零風險」，所以人員還是有一定的機率會受到危害；「零風險」是不存在的，如果凡事都想要求「零風險」，不但會造成生活上的多種窒礙，社會也將付出不符合效益比，甚至無法負擔的龐大成本。

5-8 參考資料

說明／網址	QR CODE
現代安全管理，蔡永銘著 *https://www.books.com.tw/products/0010676463*	
製程安全管理，張一岑著 *https://www.books.com.tw/products/0010551872*	
人因工程－人機境介面工適學設計（第七版），許勝雄、彭游、吳水丕著 *https://eshop.tsanghai.com.tw/products/IE0274*	
統計學，郭信霖著 *https://www.jolihi.com.tw/jolihi_new_web/bookshelf.asp*	
職業安全衛生管理員教材，中華民國工業安全衛生協會 *https://book.isha.org.tw/*	
工安警訊，勞動部勞動及職業安全衛生研究所 *https://www.ilosh.gov.tw/menu/1169/1172/*	
研究新訊，勞動部勞動及職業安全衛生研究所 *https://www.ilosh.gov.tw/menu/1169/1319/*	
勞動及職業安全衛生簡訊，勞動部勞動及職業安全衛生研究所 *https://www.cdway.com.tw/gov/iosh5/*	
主管安全領導指引手冊，勞動部勞動及職業安全衛生研究所 *https://www.books.com.tw/products/0010652387*	

說明 / 網址	QR CODE
工業安全衛生月刊，中華民國工業安全衛生協會 *http://www.isha.org.tw/monthly/books.html*	
統計分析方法與應用，行政院公共工程委員會 *https://www.pcc.gov.tw/cp.aspx?n=BDB00AA0DDA4EE72*	
ISO 31000:2018 風險管理指導綱要 *https://www.iso.org/standard/65694.html*	
ISO 19011:2011/CNS 14809 管理系統稽核指導綱要 *https://www.cnsonline.com.tw/?node=search&locale=zh_TW*	
CNS 45001：2018 Z2158 *https://www.cnsonline.com.tw/?node=search&locale=zh_TW*	
臺灣職業安全衛生管理系統指引 *https://www.osha.gov.tw/1106/1251/28996/29216/*	
風險評估技術指引 *https://www.osha.gov.tw/1106/1251/28996/29207/*	
工業安全與管理，黃清賢著	
HSG 245 職業傷害事故調查，安全衛生技術中心	
106 年度防爆電氣設備選用與安裝技術實務研討會，工業技術研究院	
德懷術在研究上之應用，陳坤德著	
訓練成效評估在企業之實務應用－以 KIRKPATRICK 四階層評估模型為觀點，張藍云著	

工業衛生概論　6

6-0 重點分析

　　依據美國工業衛生協會（American Industrial Hygiene Association, AIHA）定義，所謂工業衛生係指致力於認知（recognition）、評估（evaluation）、管制（control）和確認（confirming）發生於工作場所的各種環境因素或危害因子的科學（science）和藝術（art），而這些環境因素或危害因子，係指會使勞工或社區內的民眾發生疾病、損害健康和福祉，或使之發生身體嚴重不適及減低工作效率。

　　專技高考工業安全技師的考試類科「工業衛生概論」可算是讓考生又愛又恨的科目，考試範圍相較其他科目具體但實際上卻千變萬化，因此常有學員或考生希望老師或上榜技師提供一些參考書目供其閱讀。於工業衛生之基礎建立上，可閱讀高立圖書出版、由莊侑哲等老師所著的「工業衛生」，華杏出版、由郭育良等老師所著的「職業病概論」或「職業與疾病」，及中華民國工業安全衛生協會所編撰的職業安全衛生管理員或職業衛生管理師訓練教材等，都是非常值得研讀的相關書籍與參考資料。

　　另外由於專技高考及格標準與勞動部技能檢定的及格制不同，除了要回答正確的內容外，針對所問的題目提出不同的見解或更完整深入面向的回答，將是脫穎而出的關鍵，而此部分的能力養成則有賴於多方閱讀，多方閱讀可以讓你得到不同的資訊、深度與見解。所以對於這個考

試科目的準備，除了扎實的工業衛生基礎外，還需要「廣泛閱讀」才能使答案深度有所提升，而閱讀來源建議以「勞動部勞動及職業安全衛生研究所」為主，尤其是其中的「熱線消息」與「研究成果」更是可常去追蹤閱讀的地方。但實際上場考試精要之處全在於考生統整解析考題的能力，理解出題老師想測驗的問題本質，對問題的答案要有破題並融會貫通才行，最後，預祝各位考生金榜題名，試試順利。

6-1 危害認知

> 某研究型大學多年來積極推動環保與安全衛生，並獲得 ISO14000、OHSAS18000、TOSHMS 等管理系統認證，但是第一線的實驗室學生與研究助理對於危害通識卻無足夠基本概念，甚至不知物質安全資料表為何物，請研析此落差造成的原因，並提供改善之道。（20 分）　　　　　　　　　　　　　　　　　　　　　　【103】

（一）此學校已獲得 ISO 14000、ISO 45001、TOSHMS 等管理系統認證，表示危害通識制度已執行且通過驗證稽核；但實驗室學生與研究助理對於危害通識卻無足夠基本概念，造成此落差之可能原因如下：

1. 職業安全衛生法中要求，雇主對勞工應施以從事工作與預防災變所必要之安全衛生教育及訓練，但實驗室學生與研究助理可能未被視作學校員工，故未對其進行危害通識教育訓練。

2. 承上，因實驗室學生與研究助理可能未被視作學校員工，職安衛管理系統建置執行時，於危害辨識風險評估之作業清冊中，未將實驗室學生與研究助理之工作列入，以致未能辨識出化學品接觸危害及思考其控制保護措施，而未執行危害通識制度。

3. 承 1.，另於法規符合度鑑別時，未將實驗室學生與研究助理等對象之適用性列入，故未於職業安全衛生教育訓練規則中鑑別其適用之教育訓練。

(二) 針對上述三項可能原因，改善之道如下：

1. 職安衛管理系統建置執行時，校方應盤點可能的工作者包含實驗室學生與研究助理，並將其視為學校員工，針對其作業性質應於作業前接受危害通識教育訓練。

2. 於危害辨識風險評估之作業清冊中，將實驗室學生與研究助理之工作列入，並思考其化學性作業危害之控制保護措施，並執行危害通識制度。

3. 於法規符合度鑑別時，應將實驗室學生與研究助理等對象列入職業安全衛生教育訓練規則鑑別之適用對象，以落實其作業前應接受之從事工作與預防災變所必要之安全衛生教育及訓練。

請以流程圖方式說明聽力保護計畫各子項目間之關係。（20 分）
【103】

聽力保護計畫要項	
勞工聽力保護計畫指引（第四版）	職業安全衛生設施規則 #300-1
一、 噪音作業場所調查與測定 二、 噪音工程控制 三、 勞工暴露時間管理 四、 噪音特別危害健康作業－特殊健康（體格）檢查 五、 防音防護具選用與佩戴 六、 勞工教育訓練 七、 資料建立與保存 八、 聽力保護計畫績效評估	一、 噪音監測及暴露評估 二、 噪音危害控制 三、 防音防護具之選用及配戴 四、 聽力保護教育訓練 五、 健康檢查及管理 六、 成效評估及改善

以勞工聽力保護計畫指引（第四版）之聽力保護計畫要項相互關係圖，說明整合上述兩者之聽力保護計畫要項關係，詳下列流程圖。

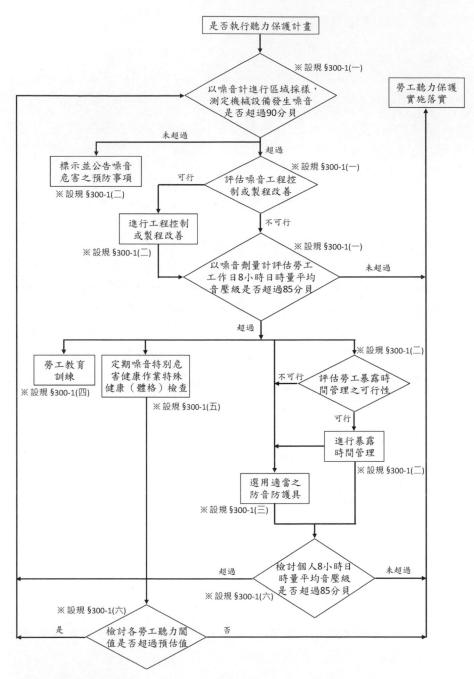

參考：勞工聽力保護計畫指引（第四版） 第 6 頁 聽力保護計畫要項相互關係圖。

> 建物裝修及裝潢業的勞工大部分屬於自營作業者，請說明此群工作者主要之作業環境暴露以及其健康危害。（20 分）　　【103】

（一）建物裝修及裝潢業勞工主要之作業環境暴露危害來源如下：

1. 物理性危害：

    (1) 噪音（來自電動、氣動工具操作與空壓機運轉）

    (2) 振動（來自手持電動、氣動工具操作）

    (3) 熱（來自高氣溫天氣）

2. 化學性危害：

    (1) 有機溶劑（來自作業用油漆及黏著劑）

    (2) 粉塵（來自裝潢材料切割、破碎所產生）

3. 人因性危害：

    (1) 重體力勞動危害（來自作業中搬運物料時可能發生）

    (2) 重複性骨骼肌肉危害（來自作業過程中使用手工具等所產生）

（二）其各別之健康危害分述如下：

1. 噪音：主要為聽力損失，另也有干擾內分泌、消化系統、心臟血管…等不良效應。

2. 振動：主要為操作手工具造成之手部白指症，或其他身體部位骨骼肌肉的麻痛症狀…等不良生理效應。

3. 熱：脫水、熱衰竭、熱痙攣、熱中暑…等。

4. 有機溶劑：麻醉暈昏、肝腎神經傷害…等。

5. 粉塵：塵肺症等肺部或支氣管疾病。

6

工業衛生概論

245

假設一半徑 2.5 m，長 100 m 的儲槽中有 1.2 公斤的 methylene chloride（PEL-TWA：50 ppm）殘留揮發。若有維修工人使用 HEPA 呼吸防護具於其內工作 2 小時 30 分。請問其 8-h TWAE 為多少？假設此工作者於該作業中不幸罹難，其可能原因為何？（20 分）　　　　　　　　　　　　　　　　　　　　　　　【104】

（一）methylene chloride 為二氯甲烷（CH_2Cl_2），其分子量為 85。

儲槽體積為 $100 \times 2.5 \times 2.5 \times \pi \fallingdotseq 1963.5$ m^3

假設環境中二氯甲烷完全揮發，則在 25°C 及一大氣壓力下環境中濃度（ppm）計算如下：

ppm $= 24.45 \times [(1.2 \times 10^6) / 1936.5] / 85 \fallingdotseq 178.25$ ppm

其相當八小時時量平均濃度 8-h TWAE

$= 178.25 \times 2.5 \div 8 \fallingdotseq 55.7$ ppm

已超過二氯甲烷（CH_2Cl_2）的 PEL-TWA：50 ppm

（二）此工作者於該作業中不幸罹難，其可能原因有以下二點：

1. HEPA 為 High-Efficiency Particulate Air，即高效率空氣微粒子過濾網，雖工作者使用 HEPA 呼吸防護具，但 HEPA 主要為過濾去除空氣中粒狀污染物，此案例中二氯甲烷（CH_2Cl_2）之空氣中狀態為有機蒸氣，故 HEPA 應無法對二氯甲烷（CH_2Cl_2）的蒸氣進行防護。若人員於此儲槽作業中無設置有效通風換氣設備連續運轉，使其排除或稀釋有機溶劑蒸氣濃度，且人員配戴無效之呼吸防護具，因於作業中持續吸入大量有機溶劑蒸氣而急性中毒，導致最後罹難。

2. 若人員於此儲槽作業中無設置有效通風換氣設備連續運轉，環境中二氯甲烷於作業中持續揮發而導致環境中氧氣濃度下降，使作業環境空氣中氧氣濃度未滿 18% 達缺氧狀態，故人員也有可能因缺氧罹難。

> 請試述工業化學毒物在作業環境中與皮膚接觸的方式。針對這些不同的接觸方式，請試述目前常用的測定方法，並請評論這些測定方法的優缺點。（20 分）　　　　　　　　　　　　　【105】

（一）人體暴露化學物質之途徑主要為吸入、食入與皮膚接觸；皮膚為人體防護化學物質直接接觸之屏障，除非皮膚有所損傷，否則一般情況下皮膚之表皮與角質層可有效阻擋化學物質進入體內，依化學物質之物理狀態（固體、液體、氣體）不同，與皮膚接觸時之作用也有所不同，說明如下：

1. 氣體接觸：化學物質以氣態散布於空氣中，若化學物質具腐蝕性與水溶性，則會溶於體表汗水，形成腐蝕性液體附著於皮膚表層進而對皮膚進行腐蝕刺激作用，若物質有毒性則會隨被腐蝕破壞之皮膚進入體內。若化學物質屬有機性，同樣與汗水接觸後溶於汗水中，有機溶劑類化學物質具脂溶性，會分解皮膚表層油脂經由皮膚吸收而進入體內循環，使人體出現不良健康反應。

2. 液體接觸：化學物質如以液態散布，人員遭噴濺於皮膚時則視其化學物質之危害特性（如腐蝕性等）產生不同的傷害結果，其後續作用與氣體接觸體表濕潤汗水類似或有更加嚴重之情形。

3. 固體接觸：皮膚與固態化學物質之接觸，若該固態物質可溶於體表濕潤汗水中，則後續作用與氣體接觸類似；若物質無水溶性，則僅附著於體表，進入體內必須藉由其他如吸入、食入途徑才會對人體造成不良反應。

（二）為了解經上述接觸途徑後人體的暴露情形，可經由一些測定方式得到相關數據結果。測定方式主要分為二種，一為環境監測（可得到體外暴露資訊），另一種為生物偵測（可得到體內暴露資訊），二者比較如下：

	環境監測	生物偵測
定義	作業環境監測為掌握工作者作業環境實態與評估工作者暴露狀況，所採取之規劃、採樣、測定及分析之行為。	生物偵測為測定或判斷作業環境中化學性物質或其代謝產物在體內組織、分泌物、排泄物、呼氣或以上組合物質的含量。
採樣方式	針對空氣中有害氣體或氣膠等的採樣，可區分為：區域採樣（了解環境實態）及個人採樣（了解工作者暴露狀況）	生物檢體（人體血液、尿液、毛髮、指甲、唾液、汗水、呼氣等）
優點	(1) 方便且可行性高。 (2) 採樣無侵入性，現場人員接受度較高。 (3) 可直接取得環境中有害物濃度數值高低。 (4) 可直接與法定容許濃度標準比較。 (5) 能作為工程改善之依據。	(1) 可以瞭解人體內有害物實際暴露情形。 (2) 與適當的參考標準（BEI）比較，可以評估勞工內在吸收暴露劑量或健康風險。
缺點	無法瞭解人體內真正暴露相關物質之實際情形。	(1) 勞工對侵入性採樣接受度較低。 (2) 可利用之生物偵測技術的化學物質仍屬有限，部分分析方法複雜昂貴，實務上難以大量應用。 (3) 對急毒性作用之短時間高濃度有害物暴露評估有限制。 (4) 不同污染物累積器官部位仍未知，不知該採何種檢體作為評估的介質。 (5) 生物檢體成分複雜，因基質效應而造成干擾的情況常見。 (6) 因不同化學物質之體內代謝及停留時間不同，造成採樣時間選擇較麻煩。 (7) 很難簡單的建立外在暴露與生物指標之相關性，因為作業環境暴露種類多樣且其他干擾因素甚常存在。

> 何謂游離輻射？（4分）試舉出三種游離輻射的種類。（6分）並說明「等效劑量」與「有效等效劑量」的意義。（10分）　【106】

（一）所謂游離輻射（ionizing radiation）是指直接或間接使物質產生電子游離作用之電磁輻射或粒子輻射，波長短、頻率高、能量高的射線（粒子或波的雙重形式），簡言之能使物質產生電子游離現象之輻射能稱為游離輻射，一般而言以輻射具有的能量大於 10 電子伏特（eV）以上就稱為游離輻射。

（二）游離輻射包含的種類：α 射線（α 粒子）、β 射線（β 粒子）、中子等高能粒子流與 γ 射線、X 射線等高能電磁波。

（三）等效劑量（dose equivalent），H：指人體組織或器官之吸收劑量與射質因數之乘積，其單位為西弗（Sv）。

（四）有效等效劑量（effective dose equivalent），H_E：把各組織器官的等效劑量（H），與其加權因數的乘積再加以總和，即成為有效等效劑量（H_E）。H_E 代表全身的輻射劑量，用來評估輻射可能造成我們健康效應的風險，單位也是西弗（Sv）。

> 試以有機溶劑暴露為例，說明有機溶劑蒸氣經勞工呼吸道進入身體後經歷毒物動力學的四個階段。（20分）　【106】

有機溶劑蒸氣經勞工呼吸道進入身體後經歷毒物動力學的四個階段分別為吸收、分佈、代謝及排泄。

（一）吸收（absorption）：是指有機溶劑蒸氣經勞工呼吸道進入到肺泡（alveolus），毒物經呼吸道吸收，以肺泡吸收為主。

（二）分佈（distribution）：毒物從吸收的肺泡進入體內後，會進入血液（bloodstream）然後分布到整個人體，包括細胞間隙、細胞液及組織液等。

（三）代謝（metabolism）：身體將毒物改變或轉換成新的化學物質或代謝物（metabolites）。一般來說，身體會嘗試將一個比較毒且親脂性的有機化學物質「轉變」成較不毒且親水性的化學物質，而能夠經由腎臟自尿液中排除，此代謝過程稱為生物轉化作用（biotransformation），而人體最重要的生物轉化器官為肝臟。

（四）排泄（elimination）：有機溶劑化學毒物或其代謝物主要係經由尿液離開身體，部分則直接由肺臟經過呼吸道排出。

（一）毒化物健康風險評估中，基於那些因素，可以獲致目標毒物的安全範圍？（10 分）

（二）針對毒化物管制，請詳述作業過程毒化物之有效管制方式與如何落實對勞工身體健康保護措施。（15 分）　　　【107】

（一）健康風險評估主要涵蓋四大步驟：

1.　危害鑑定：係一種定性之風險性評估，主要是針對污染物質之固有毒性作一確認。

2.　劑量效應評估：由數據評估物質多寡與健康效應間所存在的定量關係，以及某種物質量化數據可預測其受暴露後的效應。

3.　暴露量評估：指量測或估計人類暴露在某一存在於環境中化學物質之期間、頻率及強度之過程，或指估計某一新化學物質進入環境中而可能增加之假設暴露量。

4.　風險特徵描述：係針對危害確認、劑量效應評估及暴露量評估所得之結果，加以綜合計算，估計各種暴露狀況對人體健康可能產生之危害性，並提出預測數值。

目標毒物的安全範圍可藉由健康風險評估步驟中的「劑量效應評估」來取得資訊。

劑量效應評估的方式，可經由實驗數據或流行病學資料作為基礎，判別物質是否具有閾值效應；如具有閾值，則推估參考劑量

RfD（reference dose）或參考濃度 RfC（reference concentration）；如不具閾值，則需查詢斜率因子（slope factor），來作為非致癌性或致癌性風險計算的基礎。

為了解目標毒物的安全範圍，必須知道毒物之閾值，而閾值評估狀況如下：

未觀察到不良效應之劑量（No-observed-adverse effect level, NOAEL）

可觀察到不良效應之最低劑量（Lowest-observed-adverse effect level, LOAEL）

另外要考慮不確定因子（uncertainty factors, UFs）的存在。所謂 UFs 指的是在實際推估中利用不同種類生物（例如動物資料推估人類資料）進行所可能存在的差異性。

RfD 或 RfC 以下列公式計算：

RfD (mg/kg/day) or RfC (mg/m^3/day) = NOAEL (or LOAEL) / UFs

（二）為落實對勞工身體健康保護措施，對作業過程毒化物需進行有效管制，以風險管理方向考量，風險＝危害嚴重度 × 危害可能性，控制危害之嚴重度或可能性可有效降低風險。

為達成上述目的，可以工程控制與行政管理二方面使勞工減少毒化物之暴露量及暴露時間、頻率。

1. 工程控制

   (1) 消除：例，研發新製程將毒化物停用

   (2) 取代：例，以毒性低之物質取代毒性高的

   (3) 密閉：例，將毒化物發生源／逸散源封閉於設備中使之不致散出

   (4) 隔離：例，將毒化物發生源／逸散源與操作人員獨立區隔，使操作時不致接觸

   (5) 製程減量：例，研發新製程減少毒化物之使用量

(6) 局部排氣：例，將毒化物自散發處藉由動力吸引強制排除於作業環境以外，以減少人員呼吸空氣之暴露風險

2. 行政管理

(1) 選工、配工：避免生理高敏感族群接觸毒化物

(2) 縮短工時、輪班、輪調工作：減少人員接觸毒化物之時間

(3) 教育訓練：使人員了解物質危害性質，具有避免危害之內在安全意識

(4) 環境監測：了解環境中有害物存在的量，以便及時進行工程控制改善

(5) 健康管理：作業前（特殊）體格檢查、在職定期（特殊）健康檢查，了解勞工身體是否有異常出現，對生理異常能及早治療

(6) 個人防護具：此為最後之控制手段，工作者直接配戴防護具減少危害暴露情形

> **請說明職業衛生專業為何需要進行流行病學研究。（25 分）【109】**

職業衛生專業需要進行流行病學研究可由其定義、執行方式、兩者關係作說明：

（一）職業衛生與流行病學皆屬公共衛生科學之範圍，定義分述如下：

職業衛生的定義：「根據美國工業衛生學會（American Industrial Hygiene Association，簡稱 AIHA）的定義，工業衛生是一門致力於預期（anticipation）、認知（recognition）、評估（evaluation）、控制（control）和確認（confirming）就業場所中可能導致勞工或社區民眾生病、健康福祉受損或顯著不舒適的環境因子或壓力之科學及藝術。」

而流行病學的定義為：流行病學是一門研究族群的健康狀態、健康事件的分布情形和決定因素，並應用研究結果加以控制健康問題的學問。

由上所述，可知兩者的目的都是藉由科學的方法發現可能影響或危害健康問題並加以控制的相關專業領域。

（二）職業衛生之執行的主軸為認知所有可能的危害因子、客觀評估其相關危害因子的影響程度、最後控制危害較大或風險較高的相關危害因子，於早期工業衛生發展時，是藉由工作者生理上的不舒適或疾病，除了相關的治療外，再去研究發掘造成其發生的原因（危害因子），針對危害因子暴露進行預防以避免於工作中後續再發生疾病的狀況。

流行病學研究的執行則是對一具有相同不良健康狀態或健康事件之族群進行觀察，並藉由生物統計等科學的方式，依其分布狀況找出其可能發生的因素，再加以驗證其暴露危害因子與疾病的因果關係，後續針對危害因子的控制進行疾病的預防。

（三）工業（職業）衛生之定義與執行作法相較流行病學研究具有一定程度的相似性，而許多疾病的發生因子可能也是職場中所存在，故進行職業衛生專業時需要藉由流行病學的觀念與手法加以研究，以獲取得更多職場環境或作業中危害因子與疾病的相關資訊，在職業衛生危害因子的認知及後續造成不良健康效應上將更有幫助。

請說明金屬加工液常用添加劑的用途、成分與其健康危害。
（25 分）
【111】

金屬加工切削時需要加入金屬加工液（Metalworking Fluids, MWF）來使加工器械與物件之接觸面處形成良好的潤滑效果，以達成減少摩擦及物件貼著、冷卻及防銹等功效，另一面亦可達到沖除切削粉屑的功用，並且增進加工速度、延長刀具壽命，維持加工品質等優點。

（一）金屬加工液分為油性（直鏈油）及水溶性（可溶性、合成及半合成），如下分別說明：

　　1. 油性金屬加工液：油性金屬加工液主要由石油提煉而成，可能會含有多環芳香烴、氯化石蠟、磷酸三甲苯脂和硫化物等。

　　2. 水溶性金屬加工液的成分可能會含有鏈烷醇胺、硼化合物、乳化劑及油性金屬加工液中不會添加的離子和非離子表面活性劑。此外，為了控制微生物的生長，會另外添加抗菌劑。

（二）金屬加工液在使用過程時會因碰撞噴濺而產生液滴（droplets）或摩擦生熱致揮發再凝結而以油霧滴（oil mist）型態存在於作業環境中，導致作業人員吸入性暴露，而處理時亦可導致皮膚接觸暴露。循環使用之加工油可產生物理性、生物性及化學性危害，物理性物質如金屬切屑，生物性物質如細菌及內毒素，而化學性物質如多環芳香烴化合物（Polycyclic Aromatic Hydrocarbons, PAHs）及二乙醇 -N- 亞硝胺（N-nitrosodiethanolamine, NDELA）。目前流行病學及動物實驗發現，油霧滴經呼吸道造成的健康危害包括氣喘、喉癌、支氣管炎、氣喘、呼吸道症狀、肺炎及肺癌。

參考資料：金屬加工油霧滴採樣分析方法之研究；勞動及職業安全衛生研究季刊 - 111 年 3 月號。

請說明何謂職業病？職業病的構成條件有那些？（25 分）　【112】

（一）職業災害指因勞動場所之建築物、機械、設備、原料、材料、化學品、氣體、蒸氣、粉塵等或作業活動及其他職業上原因引起之工作者疾病、傷害、失能或死亡。

　　職業病則為執行職務時，因上述勞動場所相關因子與職業上原因，暴露於職業衛生相關危害（化學性、物理性、生物性、人因性及其他因子）導致身體產生疾病，而職業病認定需要透過職業醫學科醫師診斷，並判定該疾病是否符合職業病的定義及相關標準。

（二）職業病的構成條件依序說明如下：

1. 醫師診斷認定：勞工疑有職業疾病，應經醫師診斷

    對職業病之認定，醫師判定原則為：

    (1) 有客觀的生理證據以證實有病。

    (2) 要有暴露的證據；所暴露之物理性、化學性或生物性危害之證據及強度與時間。

    (3) 要合乎時序性：除了暴露因素必須在發病之前外，尚要有一段最低的暴露期或誘發期，及在最大潛伏期以前發生。

    (4) 要合乎一致性：要有流行病學文獻或個案報告，以及同廠工人發現類似症狀。

    (5) 要排除其他可導致症狀的原因（尤其是非屬自己健康原因）。

2. 直轄市、縣（市）主管機關認定

    勞工或雇主對於職業疾病診斷有異議時，得檢附有關資料，向直轄市、縣（市）主管機關申請認定。直轄市、縣（市）主管機關為認定職業疾病，確保罹患職業疾病勞工之權益，得設置職業疾病認定委員會。

3. 中央主管機關鑑定

    直轄市、縣（市）主管機關對於職業疾病認定有困難及勞工或雇主對於直轄市、縣（市）主管機關認定職業疾病之結果有異議，或勞工保險機構於審定職業疾病認有必要時，得檢附有關資料，向中央主管機關申請鑑定。

6-2 危害評估

> 作業環境測定進行粉塵採樣準備時，濾紙卡匣的組裝常見以熱縮帶
> （或類似保鮮膜之材質）在卡匣外部圍封，請說明此動作之目的，
> 並評論之。（20 分）　　　　　　　　　　　　　　　　　【103】

勞動部採樣分析建議方法中，對粉塵採樣前準備之濾紙卡匣組裝，一步驟為將濾紙放入濾紙匣中並加以蓋緊，用塞子將濾紙匣兩端小孔塞住，並以纖維素製的收縮帶包緊濾紙匣，收縮帶乾燥後標註辨識號碼。

當收縮帶乾燥收縮時，會封住濾紙匣上下的間隙，以預期可達到濾紙匣之氣密，以避免濾紙受濕氣及污染影響造成誤差。

收縮帶乾燥收縮之操作過程及其結果，可能會因操作人員不同而有差異，因不能完全確保完全氣密，故欲以此方式達成濾紙匣氣密以避免濕氣及污染濾紙尚有疑慮，但此方式能確保濾紙匣在受到意外撞擊時不致鬆脫造成採樣失敗。

若欲達到濾紙匣之氣密，以避免受濕氣及污染影響造成誤差，建議可將濾紙匣放入真空收縮袋中，可以確保其避免因前述之影響造成採樣誤差。

> 已知噪音作業場所之環境監測資料如下：(1) 95 dB(A)：2 小時；
> (2) 90 dB(A)：3 小時；(3) 85 dB(A)：1 小時。請計算：
> （一）均能音量。（15 分）
> （二）該作業場所勞工的可能噪音暴露劑量。（10 分）　　　【104】

（一）均能音量 $Leq = 10\log(2/6 \times 10^{95/10} + 3/6 \times 10^{90/10} + 1/6 \times 10^{85/10}) = 92.06$ dB(A)

(二) 噪音暴露劑量以百分率表示，稱為百分劑量，以 D 代表

D = 100×C/T = (2/4 + 3/8 + 1/16)×100 = 93.75

該作業場所勞工的可能噪音暴露劑量為 93.75%。

某場所之噪音量被有效控制於 80 dB(A)，但其作業中使用有機溶劑，其環境監測資料如下：toluene：25 ppm（PEL-TWA：100 ppm）；styrene：10 ppm（PEL-TWA：50 ppm）。請評論此場所中勞工可能之職業危害。（20 分）　　　　　　　　　　　　【104】

就題目所述，該場所之噪音量被有效控制於 80dB(A)，故非屬噪音作業場所。且作業中使用有機溶劑 toluene、styrene，環境監測資料也顯示未達容許暴露標準，另以相加效應計算（25/100 + 10/50）也未大於 1，故也無有機溶劑中毒之危害

但有機溶劑 toluene、styrene 屬耳毒性物質。

耳毒性物質係指環境毒物中，若特別對聽神經造成影響而引起聽力損失者均稱為耳毒性物質。這些環境毒物所導致的聽覺異常，通常是雙側性的感覺神經性聽力損失，除直接的聽覺毒性效應外，若人員同時暴露於噪音則會加重其聽力異常。

根據以上所述，此場所勞工可能之職業危害應為聽力損失。

對勞工於該場所作業之注意事項建議如下：

(一) 佩戴耳塞、耳罩等防音防護具，以盡量降低噪音暴露的情形。

(二) 加強製程改善、通風換氣以降低有機溶劑之環境濃度，使耳毒性物質及噪音同時暴露所帶來之不良效應可盡量有效降低。

(三) 可使該場所勞工進行噪音特別危害健康作業之定期健康檢查，以追蹤其是否有聽力異常情形發生，若有異常可及早進行工作調整及健康分級管理。

> 在進行工業化學物之健康危害評估時，常利用動物實驗獲得之標的毒害效應劑量−反應關係，辨識該效應之暴露閾值劑量。請試述暴露閾值劑量之定義，及說明其在工業化學毒物健康風險評估上之重要性。請以非致癌性毒害效應為例，說明常用於急性效應與慢性效應評估之閾值劑量。（20 分）　　　　　　　　　【105】

答

（一）健康風險評估之執行有 4 步驟：

1. 危害確認

2. 劑量效應評估

3. 暴露量評估

4. 風險特徵描述

對於劑量效應評估方式，可經由實驗數據或流行病學資料作為基礎，判別物質是否具有閾值效應；如具有閾值，則推估參考劑量 RfD（reference dose）或參考濃度 RfC（reference concentration）；如不具閾值，則需查詢斜率因子（slope factor），來作為非致癌性或致癌性風險計算的基礎。

劑量效應是以最低的劑量所可能產生的嚴重效應，或是導致嚴重效應開始發生的前驅效應作為風險評估依據；其潛在假設就是如果這樣的劑量不會產生上述的嚴重效應或是前驅效應，則其他的效應也應該就不會發生，而這樣的假設符合風險評估的想法與精神。

引起嚴重效應或是前驅效應的最低劑量，也就是「會發生顯著效應的劑量界限」，亦稱為閾值。閾值有以下幾種評估狀況：

未觀察到不良效應之劑量（No-observed-adverse effect level, NOAEL）

可觀察到不良效應之最低劑量（Lowest-observed-adverse effect level, LOAEL）

閾值的應用主要用於評估非致癌物質的健康危害風險。但致癌性物質雖然僅有微量的暴露，被暴露之生物仍可能會產生效應，且生物效應與劑量成正比，這樣的劑量則沒有前述之閾值，必須以致癌性物質的致癌性健康效應風險評估來進行。

非線性劑量效應評估通常用在，危害性化學物質對於健康效應具有閾值的情況下。在非線性劑量效應評估中，前述的未觀察到不良效應之劑量（NOAEL），指的是無論在統計上或是生物意義上，暴露組的健康效應均與對照組無明顯不同的最高劑量。但在實驗上 NOAEL 的觀察有一定的難度，因此以在暴露組可觀察到不良效應之最低劑量（LOAEL）替代 NOAEL。在非線性劑量效應評估中進行參考劑量（reference dose, RfD）或參考濃度（reference concentration, RfC）的推估中，另外要考慮不確定因子（uncertainty factors, UFs）的存在。UFs 指的是在實際推估中利用不同種類生物（例如動物資料推估人類資料）進行所可能存在的差異性。

RfD 或 RfC 可以下列公式計算：

RfD (mg/kg/day) or RfC (mg/m³/day) = NOAEL (or LOAEL) / UFs

（二）對非致癌性毒害效應，暴露評估中最重要工作為暴露劑量推估，依據吸入、食入及皮膚吸收三種暴露途徑，分別推算慢性低濃度暴露時之終生平均每日暴露劑量（Life-time Average Daily Dose, LADD）；至於急性高濃度暴露，則為平均每日暴露劑量（Average Daily Dose, ADD）。而終生平均每日暴露劑量及平均每日暴露劑量應以估算吸收劑量為主。

暴露途徑以吸入為例：

慢性低濃度暴露之暴露劑量 LADD（mg/kg/day）

$$LADD_{inhalation} = \frac{C_{tw} \times IR_{inhalation} \times AF_{inhalation}}{BW} \times \frac{ED}{AT}$$

急性高濃度暴露之暴露劑量 ADD（mg/kg/day）

$$ADD_{inhalation} = \frac{C_{tw} \times IR_{inhalation} \times AF_{inhalation}}{BW} \times \frac{ED}{AT}$$

式中：

C_{tw}：周界大氣中危害性化學物質之時量平均濃度（mg/m^3）

$IR_{inhalation}$：每日呼吸量，單位：Nm^3/day

$AF_{inhalation}$：吸入途徑之危害性化學物質吸收分率（%），若以潛在劑量（Potential Dose）計算，則 $AF = 1$

BW：人體平均體重（kg）

ED：人體平均暴露時間

AT：暴露發生的平均時間

> 某一粉塵作業場所質量濃度為 3mg/m^3，假設該場所粉塵分別由三種氣動直徑 1、2 與 5 微米的粉塵所構成，且分別占總質量濃度的 10%、25%、65%，試問該作業場所總粒數濃度為何？（20 分）
>
> 【106】

總粒數濃度代表單位氣膠體積中的總微粒數，常用的單位是 particles/m^3

1 微米粉塵的質量濃度 D_1 為 3mg/m$^3 \times$ 10% = 0.3mg/m^3 = 0.3×10^{-6} kg/m^3

2 微米粉塵的質量濃度 D_2 為 3mg/m$^3 \times$ 25% = 0.75mg/m^3 = 0.75×10^{-6} kg/m^3

5 微米粉塵的質量濃度 D_5 為 3mg/m$^3 \times$ 65% = 1.95mg/m^3 = 1.95×10^{-6} kg/m^3

r 表示球體半徑，d 表示球體直徑

球體體積公式：$4/3\pi r^3 = 4/3\pi(d/2)^3 = \pi/6 \times (d)^3$

故：

D_1 粉塵的每一顆的體積為 $\pi/6 \times (1 \times 10^{-6}\,m)^3$

D_2 粉塵的每一顆的體積為 $\pi/6 \times (2 \times 10^{-6}\,m)^3$

D_5 粉塵的每一顆的體積為 $\pi/6 \times (5 \times 10^{-6}\,m)^3$

氣動直徑：為了描述微粒在空氣中的運動特性，一般以氣動直徑來代表其尺寸。一個微粒的氣動直徑定義為：與此微粒具有相同重力沉降速度且具有標準密度（ $1\,g/cm^3$ ）的圓球的直徑。

$1\,g/cm^3 = 1000\,kg/m^3$

D_1 粉塵的每一顆的質量為 $\pi/6 \times (1 \times 10^{-6}\,m)^3 \times 1,000\,kg/m^3$

D_2 粉塵的每一顆的質量為 $\pi/6 \times (2 \times 10^{-6}\,m)^3 \times 1,000\,kg/m^3$

D_5 粉塵的每一顆的質量為 $\pi/6 \times (5 \times 10^{-6}\,m)^3 \times 1,000\,kg/m^3$

D_1 粉塵每 m^3 的顆粒數
為 $[\,0.3 \times 10^{-6}\,kg/m^3\,] / [\,\pi/6 \times (1 \times 10^{-6}\,m)^3 \times 1,000\,kg/m^3\,] \fallingdotseq 5.7 \times 10^8$

D_2 粉塵每 m^3 的顆粒數
為 $[\,0.75 \times 10^{-6}\,kg/m^3\,] / [\,\pi/6 \times (2 \times 10^{-6}\,m)^3 \times 1,000\,kg/m^3\,] \fallingdotseq 1.8 \times 10^8$

D_5 粉塵每 m^3 的顆粒數
為 $[\,1.95 \times 10^{-6}\,kg/m^3\,] / [\,\pi/6 \times (5 \times 10^{-6}\,m)^3 \times 1,000\,kg/m^3\,] \fallingdotseq 3 \times 10^7$

三者加總後，總粒數濃度約為 7.8×10^8 (particles/m^3)。

> 某一不使用有機溶劑之作業場所，其長寬高分別為 25 公尺、10 公尺、4 公尺，某一臨時性作業因故使用甲苯（C_7H_8），但因不慎致使 400 毫升甲苯全數潑灑，假設甲苯迅速汽化且均勻逸散至作業全場，試問甲苯蒸汽最高濃度可達多少 ppm？（假設環境條件為常溫常壓，甲苯密度為 0.867g/cm³）（20 分） 　　【106】

$D = M/V$

式中：D = 密度（g/cm³）、M = 重量（g）、V = 體積（cm³）

$\quad M = D \times V = 0.867(\text{g/cm}^3) \times 400(\text{cm}^3) = 346.8(\text{g}) = 3.468 \times 10^5(\text{mg})$

$C = M/V$

式中：C = 甲苯重量濃度（mg/m³）、M = 甲苯重量（mg）、V = 作業場所體積（m³）

$\quad C = M/V = 3.468 \times 10^5(\text{mg}) / (25\text{m} \times 10\text{m} \times 4\text{m}) = 3.468 \times 10^5(\text{mg}) / 1 \times 10^3(\text{m}^3) = 346.8(\text{mg/m}^3)$

$ppm = C \times 24.45 / M.W$

式中：ppm = 甲苯體積濃度、$M.W$：甲苯（C_7H_8）分子量為 92(g/mole)

$\quad ppm = 346.8(\text{mg/m}^3) \times 24.45(\text{l/mole}) / 92(\text{g/mole}) = 92.17(\text{ppm})$

經計算後得知該作業場所之甲苯蒸汽最高濃度可達約 92.17ppm。

（一）某工廠進行特殊噴漆作業，室內體積為 72m³，必須批次性地使用二氯甲烷作為稀釋劑，導致二氯甲烷逸散。如以機械通風進行室內揮發性有機物通風改善，通風換氣量為每小時 5 次室內體積時，如欲控制二氯甲烷濃度至允許之 STEL（Short Term Exposure Limit）濃度（75ppm），此初始二氯甲烷濃度上限應設為若干？（10 分）

（二）如何管制二氯甲烷之濃度需於此現值之下？（10 分）【107】

註 氯的原子量：35.5、碳的原子量：12、氫的原子量：1

（一）室內體積 $V = 72 \ m^3$，通風換氣量 $Q = 5 \times 72 \ m^3/hr$

$$C = C_0 \times e^{(-Qt/V)}$$

$$75 = C_0 \times e^{(-5)}$$

$$C_0 \fallingdotseq 11{,}131$$

初始二氯甲烷濃度上限約為 11,131 ppm。

（二）二氯甲烷（CH_2Cl_2），分子量 $(12 + 1 \times 2 + 35.5 \times 2) = 85$

$$(ppm) \times M = 24.45 \times (mg/m^3)$$

11,131 ppm $\fallingdotseq$ 38,696.73 mg/m³

室內體積為 72m³，$38{,}696.73 \times 72 = 2{,}786{,}164.56 \ mg \fallingdotseq 2.786 \ kg$

控制方式為，每小時批次使用二氯甲烷在 2.786 kg 以下，則可藉由室內通風換氣將環境濃度控制在 STEL (75 ppm)。

6
工業衛生概論

> 濾紙卡匣常用於工作場所空氣中粉塵採樣，若組裝程序不當造成洩漏，會導致暴露評估結果低估。請說明正確組裝程序並描述濾紙卡匣會有那些潛在可能洩漏。（25 分）　　　　　　　　　【109】

（一）粉塵採樣濾紙卡匣正確組裝程序如下：

　　　將濾紙安置在採樣用二片式（或三片式）濾紙匣內，濾紙匣可在採樣時夾緊濾紙。

　　　二片式濾紙匣包括一入口匣與一出口匣（入口匣為採樣氣流入口，出口匣為採樣氣流出口），三片式還有延伸罩環（extension cowl）或中環（middle ring）。

　　　以不接旋風分離器之總粉塵採樣為例，在濾紙匣的出口匣內放一片纖維素墊片（cellulose support pad），再放入適當的濾紙（如需要時，可加入延伸罩環或中環），然後用入口匣確實接緊，再將紅色與藍色的匣塞塞緊入口與出口，並以纖維素製的收縮帶包緊濾紙匣，收縮帶乾燥後標註辨識號碼，即完成採樣前的濾紙卡匣組裝。

（二）排除採樣軟管、採樣幫浦、濾紙卡匣三者相互連結部位之洩漏，及軟管本身破損造成的洩漏，其他與濾紙卡匣有關之潛在洩漏可能原因如下：

　　　1. 安裝濾紙卡匣本體洩漏造成採樣低估：

　　　　　(1) 卡匣組件安裝時未確實壓緊。

　　　　　(2) 卡匣組件安裝時未平整銜接。

　　　　　(3) 卡匣組件安裝過度施力壓緊造成卡匣破損。

　　　　　(4) 卡匣組件安裝完成後遭外力碰撞使接合處鬆脫。

2. 採樣時氣流未完全經濾紙過濾造成採樣低估：

(1) 卡匣組件安裝時未確實將濾紙壓緊於纖維素墊片上，濾紙採樣時因氣流流經而振動浮起，部分氣流繞過濾紙未被過濾。

(2) 卡匣組件安裝時濾紙放置偏移，使採樣時部分氣流未被濾紙過濾。

(3) 採樣時未依標準採樣方法，使用過大流量造成濾紙形變或破損，採樣時部分氣流未被濾紙過濾。

(4) 採樣時未依標準採樣方法，選用孔隙度過大的濾紙，使採樣氣流中的小粒徑微粒未被濾紙過濾。

若有一台秤重下限為 2.00 mg 的天平與一台採樣流量上限為 3000 mL/min 的採樣幫浦。欲以秤重法對空氣中粒狀物進行採樣。（25 分）

（一）在連續八小時採樣時，可以測得的空氣中粒狀物濃度下限為何？答案須以三位有效數字表示。

（二）若欲降低可測得的空氣中粒狀物濃度下限，天平的秤重下限與採樣幫浦的採樣流量上限應分別提高還是降低？ 【110】

（一）採樣流量 3,000 mL/min = 0.003 m^3/min

連續 8 小時採樣共計 480 min

採樣體積為 0.003 m^3/min × 480 min= 1.44 m^3

可以測得的空氣中粒狀物濃度下限為 2 mg /1.44 m^3 =1.389 mg/ m^3

（二）若欲降低可測得的空氣中粒狀物濃度下限，天平的秤重下限應降低使其可測得更低重量，採樣幫浦的採樣流量上限應提高使其可採集更大體積。

某一工作職業場所混合使用甲苯及二甲苯，而利用活性碳管配合採樣幫浦以 100 mL/min 流量進行 8 小時連續多樣本採樣後，各樣本之採集條件及分析結果如下，請說明該工作者之暴露是否符合《勞工作業場所容許暴露標準》之規定。（25 分）　　　【112】

樣本編號	採樣時間	分析結果 (mg)（活性碳管前、後段總合）	
		甲苯	二甲苯
1	08:00~10:30	2.8	4.0
2	10:30~12:00	1.9	2.1
3	13:30~15:30	2.4	3.2
4	15:30~17:30	3.0	2.6

註 甲苯分子量：92 g/mole；二甲苯分子量：106 g/mole；一大氣壓、25°C下氣狀物質之莫耳體積 24.45 L/mole；甲苯及二甲苯的 8 小時日時量平均容許濃度（PEL-TWA）均為 100 ppm。

樣本	採樣時間	採樣體積
1	150 min	$150 \text{min} \times 10^{-4} \text{ m}^3/\text{min} = 1.5 \times 10^{-2} \text{ m}^3$
2	90 min	$90 \text{min} \times 10^{-4} \text{ m}^3/\text{min} = 0.9 \times 10^{-2} \text{ m}^3$
3	120 min	$120 \text{min} \times 10^{-4} \text{ m}^3/\text{min} = 1.2 \times 110^{-2} \text{ m}^3$
4	120 min	$120 \text{min} \times 10^{-4} \text{ m}^3/\text{min} = 1.2 \times 10^{-2} \text{ m}^3$

樣本	甲苯濃度 $(\text{mg/m}^3 \times 24.45 \div 分子量 = \text{ppm})$	二甲苯濃度 $(\text{mg/m}^3 \times 24.45 \div 分子量 = \text{ppm})$
1	$186.7 \text{ mg/m}^3 = 49.6 \text{ ppm}$	$266.7 \text{ mg/m}^3 = 61.5 \text{ ppm}$
2	$211.1 \text{ mg/m}^3 = 56.1 \text{ ppm}$	$233.3 \text{ mg/m}^3 = 53.8 \text{ ppm}$
3	$200 \text{ mg/m}^3 = 53.2 \text{ ppm}$	$266.7 \text{ mg/m}^3 = 61.5 \text{ ppm}$
4	$250 \text{ mg/m}^3 = 66.4 \text{ ppm}$	$216.7 \text{ mg/m}^3 = 50 \text{ ppm}$

甲苯之八小時時量平均濃度為

$$[(49.6 \times 2.5) + (56.1 \times 1.5) + (53.2 \times 2) + (66.4 \times 2)] \div 8$$

$$= 55.9 \text{ ppm} < 100 \text{ ppm (甲苯 PEL-TWA)}$$

二甲苯之八小時時量平均濃度為

$$[(61.5 \times 2.5) + (53.8 \times 1.5) + (61.5 \times 2) + (50 \times 2)] \div 8$$

$$= 57.2 \text{ ppm} < 100 \text{ ppm (二甲苯 PEL-TWA)}$$

甲苯、二甲苯之全程工作日之時量平均濃度暴露皆未超過其 PEL-TWA

依勞工作業場所容許暴露標準，作業環境空氣中有二種以上有害物存在，而其相互間效應非屬於相乘效應或獨立效應時，應視為相加效應。對甲苯及二甲苯應考量其相互效應（相加效應），計算總和

$$\text{總和} = \frac{\text{甲苯之濃度}}{\text{甲苯之容許濃度}} + \frac{\text{二甲苯之濃度}}{\text{二甲苯之容許濃度}}$$

$$= (55.9/100) + (57.2/100) > 1$$

總和 > 1，即屬超出容許濃度，該工作者之暴露不符合規定。

職業衛生暴露評估，常常要依賴作業環境監測以取得暴露訊息，請說明何謂作業環境監測計畫？擬定監測計畫時，應納入的重要內容有那些？（25 分）　　　　　　　　　　　　　　　　　【112】

（一）所謂作業環境監測，指為掌握勞工作業環境實態與評估勞工暴露狀況，所採取之規劃、採樣、測定及分析之行為。作業環境監測計畫為實施作業環境監測前（規劃階段）應完備之文件，計畫之訂定須含採樣策略。採樣策略就作業環境危害特性、監測目的及中央主管機關公告之相關指引進行規劃，並應依作業場所環境之變化及特性，適時調整。作業環境監測應依計畫確實執行，並依實際需要檢討更新。

（二）擬定監測計畫時，應納入的重要內容說明如下：

1. 危害辨識及資料收集：依作業場所危害及先期審查結果，以系統化方法辨識及評估勞工暴露情形，及應實施作業環境監測之作業場所，包括物理性及化學性危害因子。

2. 相似暴露族群之建立：依不同部門之危害、作業類型及暴露特性，以系統方法建立各相似暴露族群之區分方式，並運用暴露風險評估，排定各相似暴露族群之相對風險等級。

3. 採樣策略之規劃及執行：規劃優先監測之相似暴露族群、監測處所、樣本數目、監測人員資格及執行方式。

4. 樣本分析：確認實驗室樣本分析項目及執行方式。

5. 數據分析及評估：依監測數據規劃統計分析、歷次監測結果比較及監測成效之評估方式。

我國的《職業安全衛生法》第 12 條第 1 項規定「雇主對於中央主管機關定有容許暴露標準之作業場所，應確保勞工之危害暴露低於標準值」。請說明針對此處所指的標準值，中央主管機關訂有那三種容許暴露標準？請說明這三者的內容以及法規所指勞工暴露應低於標準值的意思？（25 分）　　　　　　【112】

（一）中央機關所訂三種容許暴露標準為：

1. 8 小時日時量平均容許濃度（PEL-TWA）。

2. 短時間時量平均容許濃度（PEL-STEL）。

3. 最高容許濃度（PEL-C）。

（二）上述三種容許暴露標準內容說明如下：

1. 8 小時日時量平均容許濃度：為勞工每天工作 8 小時，一般勞工重複暴露此濃度以下，不致有不良反應者。

2. 短時間時量平均容許濃度：為容許濃度（PEL-TWA）乘以變量係數所得之濃度；為一般勞工連續暴露在此濃度以下任何 15 分鐘，不致有不可忍受之刺激、慢性或不可逆之組織病變、麻醉昏暈作用、事故增加之傾向或工作效率之降低者。

3. 最高容許濃度：為不得使一般勞工有任何時間超過此濃度之暴露，以防勞工不可忍受之刺激或生理病變者。

（三）針對法規所指， 工暴露應低於標準值之說明如下：

法規所指標準值即為前述三類容許濃度，依「勞工作業場所容許暴露標準」，勞工作業環境空氣中有害物之濃度應符合下列規定：

1. 全程工作日之時量平均濃度不得超過相當 8 小時日時量平均容許濃度。

2. 任何一次連續 15 分鐘內之時量平均濃度不得超過短時間時量平均容許濃度。

3. 任何時間均不得超過最高容許濃度。

前述容許濃度已列於「勞工作業場所容許暴露標準」附表一（空氣中有害物容許濃度）或附表二（空氣中粉塵容許濃度）中，雇主應確保勞工作業場所之危害暴露低於附表所列容許濃度值，且附表一中未列有容許濃度值之有害物經測出者，視為超過標準。

另外，作業環境空氣中有二種以上有害物存在而其相互間效應屬相加效應時，應依下列規定計算，其總和大於一時，即屬超出容許濃度。

$$總和 = \frac{甲有害物成分之濃度}{甲有害物成分之容許濃度} + \frac{乙有害物成分之濃度}{乙有害物成分之容許濃度} + \cdots$$

6-3 危害控制

假設某公司的總經理預備於公司的勞工安全衛生委員會，宣示公司作業勞工的有害物最大容許暴露濃度為法規 8 小時時量容許濃度之 80%。請問：

（一）依職業衛生專業，您的建議為何？（15 分）

（二）又貴公司之工作為二班制，每天工作 12 小時，連續工作兩天後，休息兩天，您的建議為何？（10 分）　　　　【104】

（一）由事業單位的最高主管在安全衛生管理進行要求是十分重要且正面的，宣示公司作業勞工的有害物最大容許暴露濃度為法規 8 小時時量容許濃度之 80%，若能執行則對勞工暴露於有害物之風險及職業病發生之可能性有確實之降低效果。

以暴露評估之角度，作業環境監測數據之 X_{95}，或數學模式定量推估所得之結果可分為 3 ～ 5 級，若以 3 級劃分，方式如下：

分級	暴露結果	管理方式
第一級	暴露結果 < 0.5PEL	除應持續維持原有之控制或管理措施外，製程或作業內容變更時，採行適當之變更管理措施。
第二級	0.5PEL ≦暴露結果 < PEL	應就製程設備、作業程序或作業方法實施檢點，採取必要之改善措施。
第三級	PEL ≦暴露結果	應採取有效控制措施，並於完成改善後重新評估，確保暴露濃度低於容許暴露標準。

法規 8 小時時量容許濃度之 80% 為 0.8PEL，分級屬第二級，故後續應就製程設備、作業程序或作業方法實施檢點，採取必要之改善措施，盡可能使暴露風險等級降至第一級。

（二）PEL-TWA 為勞工每日作業 8 小時，一週工作 5 天，每週共 40 小時，終其一生暴露於此濃度下不至於有不良健康反應。

故於正常狀況下，暴露於容許濃度為 Y 的環境中工作 8 小時，每日暴露總量為 8Y，每週暴露總量為 40Y。

但每天工作 12 小時，連續工作 2 天後休息 2 天，每週工作 4 天，且每日暴露於時量平均 0.8Y 的環境中，每日暴露總量為 $0.8Y \times 12 = 9.6Y$，每週作業的暴露總量為 $0.8Y \times 12 \times 4 = 38.4Y$。

每日作業暴露總量 9.6Y 已超出法規規定值 8Y，但每週作業之值尚未超出。若以單日作業來看，勞工之暴露風險較高，雖然工作模式為作二休二，但休息二日可能勞工尚不足以完全代謝有害物之暴露量，建議公司能對作業環境持續進行改善，使環境中最大濃度降至約 0.5PEL（$0.53Y = 0.8Y \times 8/12$），則勞工可得到更佳保護，或要求勞工配戴個人防護具使個人暴露量降低。

人體在遭受高溫暴露時，會透過生理熱調節（thermoregulation）逐步釋放體內累積之熱能，以與外界熱環境重新平衡。請試述高溫暴露時之人體生理熱調節過程，並請說明熱衰竭（heat exhaustion）出現時之跡象、臨床症狀及急救方式。在高溫暴露危害的健康管理上，強調勞工熱適應力的培養。請試述何謂熱適應（heat acclimatization），並請舉例說明其培養方式。除了健康管理措施外，可在高溫環境採行那些具體控制措施（specific controls）降低熱暴露的危害？（20 分）　　　　【105】

（一）人體生理熱調節過程：體溫調節中樞於下視丘，在高溫環境時，下視丘會發出神經衝動信號，經視前區神經元（preoptic neurons）至血管擴張及收縮神經網絡，以控制排汗及使血液循環加速，使血管舒張，同時亦透過流汗蒸發，使熱散失，體溫因此得以降低。

（二）熱衰竭

1. 出現跡象：因大量出汗造成體內水分、鹽分不足，使大腦皮質血液供應量不足導致的虛脫狀態。

2. 臨床症狀：感覺虛弱、極度疲倦、暈眩、噁心、頭痛、皮膚濕冷、臉色蒼白。

3. 急救方式：患者移至通風陰涼處平躺，腳部抬高、供應生理食鹽水、保暖。勞工於高溫高濕環境從事粗重工作時，注意通風、以食鹽水補充流失水分、鹽分。

（三）1. 熱適應

一般健康的人首次暴露於熱環境下工作時，身體會受熱的影響，諸如心跳速率增加或產生不能忍受之症狀，但經過幾天之重複性熱暴露後，這些現象會減輕而逐漸適應的調適過程稱之為熱適應。

2. 熱適應培養方式

雇主對於勞工未曾在高氣溫環境工作，為增加勞工對熱的忍耐能力，規劃其熱適應時間至少六天，第一天作業時間可安排為全部工作時間之 50%，而後逐日增加 10％之工作量。

（四）降低熱暴露之具體控制措施

1. 控制勞工代謝熱

2. 控制輻射熱交換

3. 控制對流熱交換

4. 控制汗水蒸發熱

在使用呼吸防護具時，常利用防護係數（Protection Factor）作為防護具選用的參考指標。請說明防護係數的定義，及可造成防護具洩漏並進而影響防護係數變化的原因。並請試述如何運用防護係數作為依據，判斷呼吸防護具是否可有效保護勞工不受已知濃度空氣中污染物之侵害。（20 分）　　　　　　　　　　　　【105】

（一）防護係數（PF）：用以表示呼吸防護具防護性能之係數，
　　　防護係數（PF）＝ 1 /（面體洩漏率＋濾材洩漏率）

（二）由上述公式了解防護係數之變化與洩漏率相關，洩漏率增加會造成防護係數降低，造成防護具洩漏進而影響防護係數變化的可能原因如下：

　　　1. 面體與佩戴者面部無法密合。

　　　2. 進排氣閥洩漏。

　　　3. 面體或其他部位破損。

　　　4. 配件連結不當。

（三）勞工暴露於已知種類與濃度之空氣污染物中，可依 HR 值（危害比：空氣中有害物濃度 / 該污染物之容許暴露標準）選擇具有適當防護係數 PF 之防護具，防護係數 PF 建議值必須大於 HR 才可使勞工得到有效保護。

　　　防護係數 PF 是提供選用防護具的一個參考，因在使用防護具時，由於可能會有洩漏（面體、濾材）的情形發生，因此要特別注意各種防護具實際的防護效果，都應使用密合度測試（Fit test）的方法來進行評估，不可將防護係數當作是一個必然的準則。

> 試以機械噪音為例，說明為減少勞工暴露劑量，由噪音源、途徑與勞工三面向可有的控制策略。（20 分） 【106】

（一）噪音源控制：

　　1. 機械設備之更換。

　　2. 物料運輸過程噪音之改善。

　　3. 噪音振動源之衰減－阻尼（Damping）

　　4. 設置消音器。

　　5. 設置防音罩、防音蓋。

　　6. 改善製造型態（利用替代製程來降低噪音）。

　　7. 利用緩衝材料。

　　8. 減少各種氣流產生噪音。

　　9. 改善物料之搬運方法。

　　10. 機械定時保養。

（二）噪音傳播路徑之控制：

　　1. 吸音控制（Absorption）

　　2. 遮音控制，如設置屏障、建築物。

　　3. 利用距離衰減。

　　4. 雙重玻璃及防音門之使用。

　　5. 減少結構體之傳導。

（三）勞工（暴露者）之保護控制：

　　1. 實施聽力保護計畫。

　　2. 戴用聽力防護具（耳塞、耳罩）。

　　3. 利用工程方法有效改善噪音作業環境。

　　4. 變更作業時間。

5. 教育訓練。

6. 隨時檢查。

（一）勞工特殊健康檢查中，請說明特別危害健康之條件，並舉出
三種需進行特殊健康檢查之作業。（10 分）

（二）又如何協助企業預防此類危害之發生？（15 分）　　【107】

（一）1. 屬特別危害健康之條件如下：危害健康因素存在勞動場所，該
因素確實造成疾病，該疾病具人類流行病學研究實證且有實際
案例常見的，且現有醫學檢測技術下需要定期追蹤的相關物理
性及化學性危害。

2. 目前法令規範需進行特殊健康檢查之作業，為「職業安全衛生
法施行細則」第 28 條及詳列於「勞工健康保護規則」（附表
一　特別危害健康作業）之相關作業。「職業安全衛生法施行細
則」第 28 條所稱特別危害健康作業，指下列作業：（考試時可
挑列至少三例）

(1) 高溫作業。

(2) 噪音作業。

(3) 游離輻射作業。

(4) 異常氣壓作業。

(5) 鉛作業。

(6) 四烷基鉛作業。

(7) 粉塵作業。

(8) 有機溶劑作業，經中央主管機關指定者。

(9) 製造、處置或使用特定化學物質之作業，經中央主管機關
指定者。

(10) 黃磷之製造、處置或使用作業。

(11) 聯吡啶或巴拉刈之製造作業。

(12) 其他經中央主管機關指定公告之作業。

(二) 企業欲預防此類危害發生，可以下列方式達成：

1. 危害辨識：以工業衛生危害辨識之角度找出作業相關危害，其中針對法令特別危害健康作業項目，如：有機溶劑、粉塵等或噪音、高溫、游離輻射等，亦需特別依法令進行相關特殊健康檢查等進行執行。

2. 危害評估：在得知勞工暴露之危害類型後，藉由現場的環境設施與勞工作業型態得知暴露頻率等有關條件，加上環境監測、個人採樣等方式取得暴露程度相關數據，綜合前述暴露頻率與暴露程度之資訊，與法定相關標準（如：容許暴露標準等）比較可綜合評估考量勞工可能的危害程度。

3. 危害控制：對危害程度或風險等級高者優先進行控制管理，控制措施可參酌下列方式進行，並藉 PDCA 方式達持續改善：

(1) 工程控制：藉由消除、取代、密閉、隔離、製程減量、局部排氣…等方式，減少源頭產生之危害以降低暴露程度。

(2) 行政管理：藉由縮短工時、輪班、輪調工作…等方式，減少暴露頻率；藉由選工、配工…等方式避免生理上不適任人員接觸此類危害性工作。

(3) 教育訓練：藉由各項訓練活動提醒勞工了解危害性質，提升內在安全意識。

(4) 健康管理：藉由體格檢查及定期健康檢查，使作業造成勞工的生理異常可早期發現與治療。

(5) 個人防護具：如以上相關方式都無法改善時最後手段則以提供勞工個人防護具並訓練與確實配戴，減少危害暴露的影響。

> 「此空氣清淨機 PM_{10}（或 $PM_{2.5}$）的去除效率是 90%（或 99%）」
> 是常見的廣告用詞，請由氣膠過濾專業評論此論述。（25 分）
>
> 【109】

空氣清淨機對空氣中微粒捕集方式主要有 HEPA 濾網、靜電集塵二種。

（一）HEPA 濾網

　　HEPA 濾網能對空氣中最難捕集的 $0.3\mu m$ 懸浮微粒達 99.97% 的捕集程度，HEPA 過濾原理主要分為慣性衝擊（Impaction）、攔截（Interception）、布朗運動（Brownian Motion）三部分。

1. 慣性衝擊：其為收集較大微粒的方法之一，當微粒的慣性比較大時，它便無法跟隨流體之流線繞過障礙物，繼續作直線運動而衝擊於障礙物上而被收集。

2. 攔截：則為微粒不是很小也不是很大時，微粒可能因截留而被收集，造成截留的原因是流體流經障礙物時，微粒的中心點與障礙物表面距離小於微粒的半徑時，微粒會接觸障礙物而被收集。

3. 布朗運動：是空氣中的小微粒藉由擴散現象的方式而形成微粒被收集的重要機制之一。空氣分子不停的作不規則熱運動，時而碰撞小微粒，小微粒也會因而呈現出不規則的蠕動，稱之為布朗運動（Brownian motion）。擴散現象則是微粒在濃度梯度場內由於這種布朗運動所造成的傳輸行為，這個現象對直徑小於 $0.1\mu m$ 之微粒較為明顯。

　　而此廣告之空氣清淨機對 PM_{10}（或 $PM_{2.5}$）的去除效率是 90%（或 99%），可推斷該空氣清淨機之過濾應非使用 HEPA 濾網，且使用過濾材進行微粒過濾捕集，對大微粒（PM_{10}）之捕集效果應優於小微粒（$PM_{2.5}$）。

（二）靜電集塵

靜電集塵其原理是先以尖端放電方式產生負（正）離子，懸浮微粒帶負（正）電後再隨氣流進入後方的電場區被正（負）極收集，帶電的懸浮微粒在電場作用下，會增加飄移速率進而增加處理效率，懸浮微粒會被集中在收集區，可以有效去除並控制懸浮微粒。特點為對細小微粒特別有效，通常會置於初級濾網之後搭配使用，先濾除較大微粒後再由靜電集塵收集細小微粒，其捕集效果隨集塵板上微粒累積量增大而降低，但經過清除集塵板上微粒後即可恢復其原 的效能。相較小粒徑微粒，較大微粒因其慣性較大，通過集塵板電場時間較短，而不能被有效收集於集塵板上，而極小之微粒可能被氣體分子撞擊而形成阻力，使其有較長的時間通過集塵板電場，對小於 $1\mu m$ 之小微粒可達約 99% 之收集效率，氣流通過集塵板之速 越慢，則捕集效率越高。

而此廣告之空氣清淨機對 PM_{10}（或 $PM_{2.5}$）的去除效率是 90%（或 99%），依相關氣膠過濾的原理可推論其可能是使用初級濾網搭配靜電集塵器作為其微粒捕集方式，是有機會達成此去除效率的，但仍需考量其所使用環境（溫度、濕度及空氣中粒狀污染物濃度）與使用狀況（有無定期清潔與維護保養），並藉由專門的檢測微粒儀器及分析報告來加以佐證。

聽力保護計畫工作場所，勞工需要配戴防音防護具時，從職業衛生執行面需要注意那些事項？（25 分） 【109】

勞工需要配戴防音防護具依法規範於「職業安全衛生設施規則」第 300 條，對於勞工八小時日時量平均音壓級超過 85 分貝或暴露劑量超過 50% 時，雇主應使勞工戴用有效之耳塞、耳罩等防音防護具。於第 300-1 條，雇主對於勞工八小時日時量平均音壓級超過 85 分貝或暴露劑量超過 50% 之工作場所，應採取聽力保護措施，包含：一.噪音監測及暴露評估、二.噪音危害控制、三.防音防護具之選用及佩戴、四.聽力

保護教育訓練、五．健康檢查及管理、六．成效評估及改善，並作成執行紀錄並留存 3 年。

承上，於職業衛生執行面需要注意事項如下：

（一）噪音監測及暴露評估：

　　1．依「勞工作業環境監測實施辦法」執行。

　　2．訂定含採樣策略之監測計畫，進行環境噪音監測及相似暴露群之噪音暴露評估，以便對噪音暴露情形進行後續改善規劃。

　　3．監測資料應妥善保存。

（二）噪音危害控制：

　　1．控制噪音之發生源（如：音源包覆、設備減振、選購低噪設備）。

　　2．控制噪音之傳播途徑（如：隔音 / 吸音設計、擴大噪音源與人員距離）。

　　3．接受者之噪音暴露控制（如：噪音隔離操作區、工作 / 工時調整、防護具選用）減低人員暴露情形。

　　4．標示噪音危害注意事項於噪音作業場所出入口使作業人員周知。

（三）防音防護具之選用及佩戴：

　　1．對教導噪音暴露人員佩戴防音防護具之目的、時機、種類及正確佩戴方式。

　　2．教導防音防護具選擇規範時包含 NRR 聲音衰減值指標說明。

　　3．必要時可透過專業儀器針對相關人員的防音防護具配戴情形進行密合度測試，以進一步確保防音防護具形式或人員配戴的方式是否正確加以確認。

（四）聽力保護教育訓練：

1. 訂定教育訓練對象、執行方式、時機（初訓、複訓）。

2. 教育訓練包含聽力保護計畫說明、噪音特性及其不良健康影響之危害認知、正確使用聽力防護具方式與重要性。

3. 教育訓練應留下訓練紀錄並妥善保存。

（五）健康檢查及管理：

1. 依「勞工健康保護規則」執行。

2. 噪音作業人員健康檢查包含之特別危害健康作業職前特殊體格檢查與每年在職特殊健康檢查，並依檢查結果進行分級管理及後續暴露改善。

3. 相關健檢資料應妥善保存。

（六）成效評估及改善：對前述執行內容持續檢討並訂定目標，以期達成工作場所無噪音暴露之情形，可由以下方向執行：

1. 聽力檢查資料查核，即聽力檢查過程之標準程序，與其檢查結果之準確度與可信度。

2. 噪音性聽力損失發生率調查，比較噪音作業勞工與無職業噪音暴露勞工之噪音性聽力損失發生率，若兩組發生率相近則表示整體聽力保護計畫有效達到減少聽力損失發生之目的。

3. 職業安全衛生管理系統運作，透過管理系統內部稽核及管理階層審查評估計畫完整性及執行品質與成果。

一作業場所在人員全部離開後，室內無其他二氧化碳發生源，測得二氧化碳濃度為 1,600 ppm，經 12 分鐘後，二氧化碳濃度已降到 1,000 ppm。作業場所室內空氣體積為 1,000 m^3。戶外環境二氧化碳濃度為 400 ppm。ln 2 = 0.697，ln 3 = 1.10。（25 分）

（一）根據均勻混合模式，該室內作業場所的每小時有效空氣交換次數（air change per hour，ACH）為何？

（二）該室內作業場所的有效通風流率為多少 m^3/min ？

（三）假設人員全部離開時，該室內作業場所達到最高且為穩態的二氧化碳濃度為 1,600 ppm，若希望將其降至 1,000 ppm，在室內二氧化碳發生率、室內混合因子與室外二氧化碳維持不變的條件下，室內整體換氣通風流率應如何調整？【110】

（一）室內體積 V=1,000 m^3，通風換氣量 Q= X m^3/hr，現換氣時間 12 分鐘 = 0.2hr

根據均勻混合模式 $C = C_0 \times e^{(-Qt/V)}$

$1,000 = 1,600 \times e^{(-0.2X/1000)}$

$e^{(-0.2X/1000)} = 0.625$

$(-0.2X/1,000) = \ln(0.625) = -0.47$

X ≒ 2,350 m3/hr = 39.17 m^3/min

2,350 m^3/hr ÷ 1,000 m^3 = 2.35 次 / 小時

（二）2,350 m^3/hr = 39.17 m^3/min

（三）Q (m^3/hr) = [G (m^3/hr) $\times 10^6$] / [p (ppm) – q (ppm)]

G/(1,600 − 400) = Q1，G = 1,200Q1

G/(1,000 − 400) = Q2，1,200Q1/600 = 2Q1 = Q2

將室內整體換氣通風流率調整為原來兩倍即可

有關纖維濾材對微粒捕集效果：（25 分）

（一）當微粒粒徑增加與通過濾材風速增加時，對各種機制（重力沉降、慣性衝擊、擴散與攔截）所造成捕集效率有何影響？請用表格說明。

（二）為何會形成最大穿透粒徑？請用圖形輔助說明。

（三）當風速變大時，對最大穿透粒徑有何影響？請用圖形輔助說明。
【110】

（一）

過濾機制	對捕集效率影響	
	微粒粒徑增加	通過濾材風速增加
重力沉降	加強	抑制
慣性衝擊	加強	加強
擴散	抑制	抑制
攔截	加強	無直接影響

（二）微粒捕集機制對不同粒徑微粒的作用有不同權重。擴散對粒徑越小的微粒有越重的加權，而慣性衝擊、攔截作用與重力沈降則是較大微粒的主要捕集機制。由以上可知，粒徑較大以及較小的微粒均很容易被捕集，而剩下中間部分一些相對較不易被收集（較低收集率）的微粒粒徑稱為最大穿透粒徑（最易穿透粒徑）。

一般纖維濾材最大穿透粒徑約略在 $0.1 \sim 0.5 \ \mu\text{m}$ 間。最大穿透粒徑不僅代表濾材效率最差之處，且在該粒徑附近之濾材效率變化不大，因此常被用來作為濾材效率高低的參考指標。

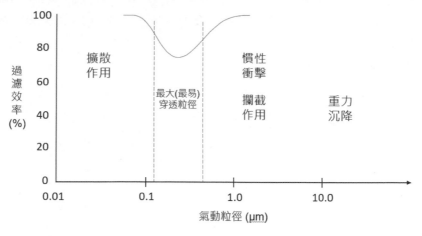

（三）當風速變大時，對慣性衝擊捕集機制有強化效果，因此對慣性衝擊捕集機制來說，原來不能被捕集的較小微粒能被有效被捕集。

另外，當風速變大時，對擴散捕集機制有抑制效果，因此對擴散捕集機制來說，原來能有效被擴散捕集的小微粒反而不能被有效捕集，使該區域過濾效率變差。

總結以上，故當風速變大時最大穿透粒徑將會變小，且小粒徑微粒過濾效率變差（微粒穿透率增加）。

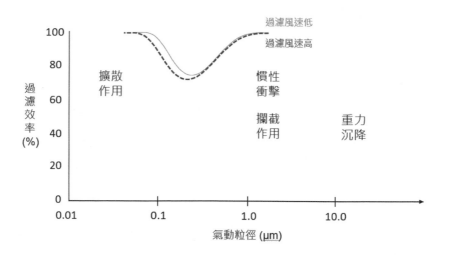

> 分別自發生源、傳布路徑與暴露者的角度各列舉四種作業場所危害控制措施。（25 分） 【110】

發生源	傳布路徑	暴露者
1. 以低毒性危害原料替代高毒性危害原料	1. 整體換氣	1. 隔離作業員
2. 修改製程	2. 稀釋通風	2. 個人防護具
3. 密閉製程	3. 自動化、遠端遙控	3. 個人監測系統
4. 隔離製程	4. 拉長距離	4. 教育訓練
5. 加濕	5. 環境監測	5. 輪班
6. 局部排氣裝置	6. 環境整理整頓	6. 維護管理
7. 維護管理	7. 維護管理	

> 請說明中央流行疫情指揮中心所（或應該）採取的疫情防制措施與工業衛生控制等級（Hierarchy of control）之間的相關性。
> （25 分） 【111】

基於工業衛生控制等級（Hierarchy of control），面對危害因子應以下列順序進行危害控制：消除、取代、工程控制、行政管理、防護具。

以新冠肺炎為例，COVID 病毒為危害因子（危害源），危害傳播方式為病毒帶原者（確診者）之飛沫傳播。中央流行疫情指揮中心所（或應該）採取之疫情防制措施，其與工業衛生控制等級對應之相關性如下：

工業衛生控制等級	疫情防制措施
1. 消除：消除／停止危害性作業	消除飛沫傳播場所情境： 暫停餐廳內用、暫停學校課程、暫停電影院、KTV 活動…等室內群聚與密閉情境
2. 取代：以低危害物質（作業）取代高危害	以無直接接觸方式取代原本面對面模式進行活動： 外帶餐飲取代內用，遠端視訊取代教室課程…等

工業衛生控制等級	疫情防制措施
3. 工程控制：以機械設備或硬體改善方式，將有害物（作業）之濃度、強度降低，或減少人員接觸機會	勤洗手、多消毒、量體溫、確保空氣流通：公共場所出入口設置酒精消毒機／溫度計，室內活動開窗確保空氣流通，多人活動盡量於室外舉辦…等
4. 行政管理：改變人員作業方式、減少作業時間、提供教育訓練強化安全意識	保持防疫社交距離與接觸時間、以媒體宣傳防疫知識、施打疫苗：保持距離避免飛沫傳播接觸、減少接觸時間降低確診風險、媒體宣傳知識提高人民防疫意識、鼓勵施打疫苗降低確診嚴重性…等
5. 防護具：使人員穿戴個人防護具阻絕危害或降低影響嚴重度	避免呼吸與黏膜接觸：藉由配戴口罩、防護眼鏡避免病毒由呼吸道或黏膜進入人體

> 某工廠實驗室因為溶劑 Y 意外傾倒逸濺（spill），致使工作場所濃度達 1%，假設 Y 容許濃度為 1 ppm，廠區排氣量為 1000 cfm，實驗室空間尺寸為 10 ft × 10 ft × 10 ft，且是完全混合狀況，請計算需要多少時間，室內環境才能降至容許濃度（務必說明計算公式）。（25 分）　　　　　　　　　　　　　　　　【111】

根據均勻混和模式 $C = C_0 \times e^{(-Qt/V)}$

C = 換氣後濃度（此為 Y 容許濃度 1 ppm）

C0 = 換氣前濃度（此為 Y 傾倒逸濺後濃度 1%=10000 ppm）

Q = 換氣量（此為 1000 cfm= 1000 ft^3/min）

V = 環境空間體積（此為 1000 ft^3）

代入公式後 $1 = 10000 \times e^{(-(1000/1000) \times t)}$

$10^{-4} = e^{(-t)} \rightarrow \ln(10^{-4}) = -t \rightarrow t \fallingdotseq 9.21$ min

室內空間於此換氣量下，須於 9.21 分鐘後才能降至容許濃度之下。

6-4 其他

為預防催淚瓦斯攻擊，某人士曾上網尋求協助，得到的建議之一是「將毛巾沾濕，掩住口鼻」，請由污染物去除機制的觀點，評論此建議。（20 分） 【103】

催淚瓦斯主要以化學反應所產生之粒狀物與氣狀物混合氣體發散於空氣中，使受攻擊人群藉由呼吸過程吸入體內或刺激黏膜造成呼吸困難、催淚等不適感。

若為避免催淚瓦斯發散於空氣中的污染物藉由呼吸過程進入體內，藉由將毛巾沾濕掩住口鼻之成效有限，其可能原因如下：

（一）防護粒狀物：沾濕毛巾之空氣阻抗將增加，若將其完全覆蓋於口鼻，則不易吸入空氣，為使呼吸順利則防護必會有所洩漏，則含有有害粒狀物之空氣將會經由阻抗最低、且無過濾阻礙之空氣流經路線進入人體呼吸道中。

（二）防護氣狀物：若氣狀物屬水溶性，則沾濕毛巾將可以吸附部分有害氣體於其中，使吸入有害氣體之濃度與比例降低，但隨使用時間增長，該濕毛巾所吸附之有害氣體將達飽和，最後破出，故最後仍會吸到有害氣體。另外吸附大量有害氣體之濕毛巾長時間貼附於皮膚甚至黏膜上，可能也會對皮膚、黏膜造成紅腫刺激之不良反應。

為有效避免催淚瓦斯攻擊，可參考以下方式：

（一）選用正確防毒面具濾毒罐：催淚瓦斯主要刺激人體的眼睛、黏膜及呼吸道，故最好配戴全面體式防毒面具，並搭配過濾多種性質氣體之濾毒罐及微粒防護濾材，以防止催淚氣體及微粒侵入。

（二）減少皮膚直接暴露空氣中：催淚彈產生之氣體及微粒之毒性會刺激皮膚產生過敏紅腫反應，應穿著防護衣及手套、鞋套等，對皮膚進行防護。

（三）若有沾染應儘速脫除衣物：若身上沾染催淚彈粉末，應儘速將衣物更換以減緩傷害，後續以大量清水沖洗身體、眼睛⋯等。

> 依「新化學物質登記管理辦法」之規定，中央主管機關公告於資訊網站之化學物質清單以外之新化學物質有那些性質者，不適用該辦法？（10 分）　　　　　　　　　　　　　　　　　【104】

依據「新化學物質登記管理辦法」第 3 條規定，中央主管機關公告於資訊網站之化學物質清單以外之新化學物質屬下列性質者，不適用本辦法：

（一）天然物質。

（二）伴隨試車之機械或設備之化學物質。

（三）於反應槽或製程中正進行化學反應且不可分離之中間產物。

（四）涉及國家安全或國防需求之化學物質。

（五）無商業用途之副產物或雜質。

（六）海關監管之化學物質。

（七）廢棄物。

（八）已列於公告清單適用百分之二規則之聚合物。

（九）混合物。但其組成之化學物質為新化學物質者，不在此限。

（十）成品。

（十一）其他經中央主管機關指定公告者。

請依題意解釋或說明下列各名詞：（每小題 5 分，共 20 分）

（一）連續性噪音（Continuous noise）

（二）腕隧道症候群（Carpal tunnel syndrome）

（三）酮類（Ketones）

（四）安全資料表（Safety data sheet）　　　【105】

（一）連續性噪音：如果兩次噪音的衝擊間隔小於 0.5 秒時，即為連續性噪音。

（二）腕隧道症候群：「腕隧道」是指手腕部由腕骨與韌帶所圍成的隧道，正中神經經過腕隧道而支配大拇指動作，與大拇指、食指、中指以及一部分無名指的感覺。

「腕隧道症候群」是指正中神經在經過狹窄的腕隧道，受到位於神經周圍的韌帶壓迫所造成的臨床症狀。腕隧道症候群也是因工作時手腕經常重複相同動作、持續不自然手部姿勢或經常用力而引發的職業病。

（三）酮類：酮是一類有機化合物，通式 $RC(=O)R'$，其中 R 和 R' 可以是相同或不同的原子或官能團。酮的結構特徵是具有一個氧原子與兩個碳原子相連接的羰基（$C=O$）。最簡單的酮是丙酮。

（四）安全資料表：安全資料表簡稱 SDS，即 Safety Data Sheet。

由於其簡明扼要地記載化學物質的特性，故有人稱之為「化學品的身分證」。

它是化學物質的說明書；是化學物質管理的基本工具；也是一份提供化學物質資訊之技術性文獻。

其內容廣泛，包括過量暴露情況下的健康危害、操作、貯存或使用時的危害性評估、在過量暴露風險下，保護員工的方法以及緊急處理步驟。

> 職業傷害之預防措施中，災害發生之事故原因分析為檢討意外發生和預防機制之重要關鍵。請就 107 年 10 月發生之台鐵普悠瑪列車衝出軌道事件，檢討分析意外發生之原因與有效預防方式。
> （25 分）　　　　　　　　　　　　　　　　　　【107】

（一）事故發生原因：

1. 列車故障回報、維修、出庫檢查程序未落實。

2. 司機員故障排除訓練未落實。

3. ATP 遠端監視設備驗收未測試，營運維修過程亦未發現。

4. 司機員關閉 ATP 未立即回報並採取因應措施。

5. 未及時收速度把手採取減速措施。

（二）有效預防方式：

1. 檢討車輛異常或故障通報、應變處置及運轉決策程序。

2. 明定列車出庫檢查、異常處置及臨時檢修程序。

3. 建立車輛故障排除手冊，整理經常發生的異常態樣及對應處置方式。

4. 加強列車檢查、異常通報、故障排除及臨時檢修教育訓練，督促第一線人員據以落實。

5. 改善設備採購履約管理、驗收及保固作業，並妥善運用第三方獨立驗證與認證，協助確認設備功能。

6. 提升第一線人員正確認識 ATP 系統功能及穩定。

7. 加強司機員運轉操作及執勤考核機制。

（參考：行政院台鐵 6432 次列車新馬站內正線出軌事故調查事實、原因及問題改善建議報告。）

6

工業衛生概論

請說明常見之職業病流行病學研究方法。（25 分） 【111】

職業病流行病學常用之研究方法整理

	病例系列報告（Case series report）	世代研究（Cohort Study）	病例對照研究（Case Control Study）	橫斷面研究（Cross-sectional Study）	重複測量研究（Repeated measures designs）
目的	探討疾病臨床情形，普遍使用	了解於同一時間點影響因素及疾病之關聯	比較二組過去暴露情形	瞭解健康危險因子及疾病狀態之存在是否有相關	針對同一人群之同一項觀察指標，進行多次測量
研究對象	任何疾病	常見疾病、疾病原因較清晰者	罕見疾病、多種疾病原因者	常見疾病	無限制
優點	1. 可作為個案對照研究之個案群組 2. 能讓相關研究單位或人員，探討引發疾病之可能原因	1. 可分辨其因果關係（時序性較清楚） 2. 可探討多種疾病，且評估疾病危險性 3. 減少選樣誤差（selection bias）	1. 可同時研究一種疾病及多種暴露之關係 2. 可使用於較少之樣本數	1. 取得資料容易及快速，成本較為低 2. 提供疾病初步資料，建立初步流行病學假說	1. 能消除個體差異引起之干擾 2. 需要之個案數較少 3. 有較高之準確度與精密度
缺點	1. 缺乏對照組作比較 2. 證據力也較為低	1. 較耗時且花費也較高 2. 因追蹤時間較長，於該追蹤期間易產生個案缺漏之問題（例如退出研究等）	1. 因果時序較不清楚，易造成暴露資料不全，產生回憶誤差（recall bias） 2. 樣本數較少易影響代表性，對照組不易取得 3. 個案接受訪談時，不願提供確實之答案或含糊帶過，易造成訪談誤差（interview bias），間接影響結果的準確性	1. 不具有因果關係之推論，缺乏無時序性資料，無法說明其未來變化 2. 忽略其風險因素之影響 3. 無法驗證流行病學假說	1. 隨測量之次數愈多，估計之參數就會愈多 2. 需考量遺漏值（missing value）情形發生，否則會估計上之誤差

參考資料：職業病流行病學常用之研究方法概論；勞動及職業安全衛生簡訊 - 2021 年 11 月號 NO.32。

6-5 參考資料

說明 / 網址	QR CODE
現代安全管理，蔡永銘著 *https://www.books.com.tw/products/0010676463*	
工業衛生，莊侑哲等著 *https://www.sanmin.com.tw/Product/index/000326263*	
工安警訊，勞動部勞動及職業安全衛生研究所 *https://www.ilosh.gov.tw/menu/1169/1172/*	
研究新訊，勞動部勞動及職業安全衛生研究所 *https://www.ilosh.gov.tw/menu/1169/1319/*	
工業安全衛生月刊，中華民國工業安全衛生協會 *http://www.isha.org.tw/monthly/books.html*	
職業病概論，郭育良等著 *https://www.sanmin.com.tw/product/index/000697754*	
職業與疾病，郭育良等著 *https://www.farseeing.com.tw/?p=6419*	

6

工業衛生概論

人因工程　7

7-0 重點分析

　　「人因工程」有特定的出題項目範圍，在準備上較容易，但是往往答題時不易掌握命題老師要的答案，而導致分數偏低，讓人有挫折感。另外，也有學員反應為什麼照著課本的答案去寫，結果分數偏低，也是類似的狀況。要記得考場的潛原則，「文不對題，該題零分」，如果有給一些分數，都是老師給的筆墨分數，其實分數都少到很可憐。

　　另外，人因工程的計算題數量極少，但是只要正確答題，都可以拿到大量的分數，投資報酬率很高，至少曾出過的計算題必須要全數會算。

　　因此針對歷屆試題分析，讓學員可以鑑古「猜」今，針對一些常出現的熱門考題，尤其是有關設計類的題目，必須要熟記設計原則，在考試時才能得心應手，回答時不至於偏離答案。另外，人因工程的專有名詞很多，有時也會出名詞解釋，還有某某定律，這些都必須要記憶，例如：Fitts' Law 等。

　　依據人因工程考試題型分析，包括：歷屆高普考、地方特考、專技高考（工業安全技師及工業工程技師）、升等考試等考題分析，人因工程常見考題類型分布於下列章節。

考試章節	出題次數
人因工程工適學概說	48/571 (8.4%)
人因工程的研究方式	22/571 (3.9%)
工程應用的人體計測	34/571 (6.0%)
人員的感覺歷程	42/571 (7.4%)
人員的資訊輸入與處理	87/571 (15.2%)
人員的體力活動	111/571 (19.4%)
顯示裝置的設計	35/571 (6.1%)
語音傳遞系統的設計	10/571 (1.8%)

考試章節	出題次數
控制裝置之設計	53/571 (9.3%)
手工具和手操作機具的設計	26/571 (4.6%)
作業空間和空間配置	45/571 (7.9%)
作業場所照明	17/571 (3%)
噪音及防制	21/571 (3.7%)
氣溫等大氣狀況	15/571 (2.6%)
震動運動與方位知覺	5/571 (0.9%)

以工業安全技師考試而言，較著重於如何預防人因工程的肌肉骨骼疾病，所以相關的章節就成為常見的考試內容，包括：人員的體力活動、人員的資訊輸入與處理、手工具和手操作機具的設計、作業空間和空間配置、控制裝置之設計，涵蓋了人因工程考試過半以上的題目。所以要廣泛收集相關議題資料，同時亦要精通歷屆試題解答，將答案自行整理成圖表，並且用自己的語言重新描述成 200 字以內的答案。另外要透過關鍵字記憶，把一些重要的理論／方法／步驟等予以熟記，盡可能用人因工程的專業術語回答題目，代表認知且理解相關的答案內容，可為自己爭取到更好的分數。

最後提醒考生應以聖經版本「人因工程－人機境介面工適學設計（第七版）」（許勝雄、彭游、吳水丕著）為主要研讀教材，後續的歷屆考題中，本書多處解題方向亦均參考許教授的著書，在此深感致謝。

7-1 人體計測與物料搬運

英國職業安全衛生署（HSE）將人工物料搬運重量限值依其作業高度及物品距離身體遠近，分別設定為 5 ～ 25 公斤，如下圖所示。請以生物力學（Biomechanics）或生理學（Physiology）概念，說明其設定理念及意義？（20 分）　　　　　【104】

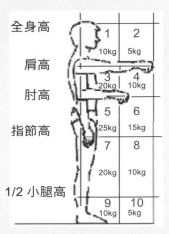

英國職業安全衛生署人工搬運重量參考圖

將上圖各區域以數字加以標示後，其人工物料搬運重量限值之意義說明如下：

（一）在 3、5、7 號區域重量是介於 20 ～ 25kg 之間，代表最大可接受的操作範圍，剛好在胸前的正上方、正前方及正下方，且手臂可保持自然垂擺，不需刻意用力伸展的範圍，可視為可接受的正常操作區域。

（二）在 1 及 9 號的區域變成手臂需要伸到最高或最低的位置，代表已超出身體可承受的負荷，因此建議值減半，變成 10kg。

（三）在 2 及 10 號的區域是最累的姿勢，除了手臂向上伸展的負荷，還有需維持斜前方及斜下方的負荷，導致為維持平衡，L5/S1 所

承受的壓力會變得最大，因此建議值又變成是 1 及 9 號區域的 50%，即 5kg。

（四）在 4 及 8 號區域是上臂需微往上抬或往下移，另加上需維持斜前方及斜下方的負荷，因此會加重 L5/S1 所承受的壓力，故建議值變成是 3 及 7 號區域的 50%，即 10kg。

（五）在 6 號區域是抬重物時，手臂自然垂擺再往前伸，亦會造成 L5/S1 所承受的壓力增加，故變成 5 號區域的建議值的近半，設定為 15kg。

（六）所有區域只有 5 號區域設定為 25 公斤，因為這是站姿作業，最能減少負荷的抬舉位置，因此設定的數值可些微超過標準值（23kg），其他位置都低於標準值。

> 請說明設計立姿工作站的工作平檯高度時，使用人體計測資料庫中的那些資料來做為基準？請將三種不同的體力工作型態考慮在內。（提示：精密、輕度、重體力…等）（25 分）　【105】

工作型態	參考參數		
	肘高	手臂伸長距離	肚臍高
精密	精密作業，眼睛負荷大，因此工作檯面會比平均肘高還要高（約高於 5～10 公分）。	手臂延伸長度愈長的人，對於桌面對面端之桌緣的伸手不可及之距離就愈短，較適合需要經常變換手部動作的重體力工作，而精密作業則無此限制。	從腳部到肚臍高的高度，也會影響工作檯面高度的設計，因為肚臍高代表下半身的高度較高，工作檯面就需要依身高做適當調整，才不會導致會過度施力。
輕度	輕度作業，工作檯面會比平均肘高略低（約低於 10～15 公分）。		
重體力	重度作業，為減-少施力，工作檯面會調整成較低（約低於 15～20 公分）。		

依生物力學模式可計算作用在脊椎骨的力，壓力（compress force）為垂直作用在脊柱盤平面的力，剪力（shear force）為平行作用在脊柱盤的力，請計算以下的合力和該合力與脊柱盤平面的夾角為多少度。（提示：剪力 =0 時，夾角為 90 度，使用反三角函數）

（一）壓力 = 3,200 NT，剪力 = 200 NT。（10 分）

（二）壓力 = 6,350 NT，剪力 = 900 NT。（10 分）

（三）上述人工搬運二例是否大於 NIOSH 的建議？（5 分）【105】

（一）

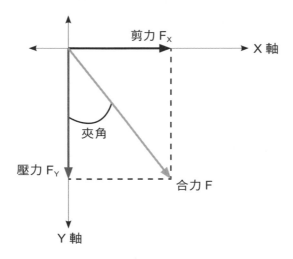

合力 $F = \sqrt{(F_x^2 + F_y^2)}$ ，夾角 $\theta = \tan^{-1}\left(\dfrac{F_X}{F_Y}\right)$

合力 $F = \sqrt{(200^2 + 3{,}200^2)}$ = 3,206.24NT，小於 3,400NT

夾角 $\theta = \tan^{-1}\left(\dfrac{200}{3{,}200}\right) = \tan^{-1}(0.0625) = 3.576$

∵夾角 θ 為第 IV 象限角 ∴ $\theta = 270 + 3.576 = 273.6$

（二）合力 $F = \sqrt{(900^2 + 6{,}350^2)} = 6{,}413.46\text{NT}$，大於 6,400NT

夾角 $\theta = \tan^{-1}\left(\dfrac{900}{6{,}350}\right) = \tan^{-1}(0.1417) = 8.067$

∵夾角 θ 為第 IV 象限角 ∴ $\theta = 270 + 8.067 = 278.1$

（三）NIOSH 針對生物力學法，訂了 2 個指標，第 1 個是活動極限（AL），有 99% 男性及 75% 的女性作業員的 L5/S1 椎間盤可忍受的壓力約為 3,400N，此壓力約在 AL 狀況下產生，故第 (一) 例符合規定，可以執行。

第 2 個是最大容許界限（MPL），有 25% 男性及 1% 的女性作業員的 L5/S1 椎間盤是可忍受的，但是大部分的人不能接受的壓力約為 6,400N，故第 (二) 例不符合規定，需要管理改善。

人工物料搬運（manual materials handling, MMH）作業是造成與職業相關肌肉骨骼傷害與下背痛的常見因素之一。請試述目前界定人工物料搬運能力界限的常見方法。（20 分）　　　　　【106】

（一）檢核表法：為了快速評估工作場所中的危害因素且考量其便利性，被發展出來，其主要的評估項目包括：工作姿勢、施力大小、持續時間與頻率等，常用的方法如：人因基準線風險認定檢核表（Brief）、肌肉骨骼傷害人因工程檢核表、快速上肢評估法（RULA）、H- 人因工作分析程序（H-AET）等。

（二）姿勢分析法：主要用於評估工作週期間各部分的身體姿勢，再由各種姿勢可能引發的傷害程序來判定是否需採取改善措施，如：OWAS（Ovako 工作姿勢分析系統）、標準姿勢分類系統、上肢姿勢分析表等。

（三）生物力學分析法：本模式將人體視為一種連桿剛體，利用逆向動力學原理推算各肌肉、骨骼、關節之作用力及力矩，常用的模式包括：2D 靜態生物力學模式及 3D 動態生物力學模式等。

> 請舉例說明平均設計（6分）、極端設計（7分）和可調設計（6分）在日常生活中之應用。另請說明動態人體計測的應用（6分）（此題為常考名詞解釋或舉例）　　　　　　　　　　　【107】

（一）平均設計：係假定有一個平均人存在，其各項人體計測的各種參數會是所有人的平均值，但實際上不存在，可用來提供一標準化的設計，讓多數人都可以接受，如：桌子的高度。

（二）極端設計：可分為極端大及極端小設計，是考量二種不同的情形所設計的，例如：我們希望 95%th 以上的人都能通過這個門的高度，就要用極端大設計；另外如果我們希望這個門檻的高度只有 5%th 的人無法通過，就要用極端小設計。

（三）可調設計：是考量性別差異、年齡或消費者使用習慣、工作型態等差異，會需要調整諸如工作檯的高度，就需要用到可調設計，一般可調設計成本會比較高，但也能夠讓大多數人的使用，若在需要提升安全性、操作性等考量下，通常都用使用，如：汽車座椅等。

（四）動態人體計測：人體在活動中很難維持靜止不動，而因為動態的過程中，會因角度、肌肉拉伸的長度、可旋轉的範圍等，而產生各種伸而不可及的區域，這時就需要透過動態人體計測量測，去評估各種動態的情形下，最大可觸及的範圍，依其重要性或操作功能，將其設計在可觸及的範圍內，例如：汽車座椅的設計就有考量動態人體計測。

7

人因工程

> 從地面抬舉物件時，常採用蹲舉式（Squat lift）或背舉式（Stoop lift），請詳述此兩種抬舉物件之姿勢？並以生物力學（Biomechanics）觀點，說明此兩種姿勢對下背壓力負荷之影響？（20 分）　【108】

蹲舉式及背舉式最大的差別，在於蹲舉式的支點是在雙腳，運用雙腳站起時身體帶動往上的力來將物體抬舉起來，此時背部是保持正直的，L5/S1 的受力程度也相應較低；而背舉式，是將背部的 L5/S1 當作支點，藉由腰部扭轉、旋轉等動作來將物體抬舉起來，此時背部的 L5/S1 受力會比較大，且較容易導致背部受傷。

> 人體計測資料不但為產品或系統設計的基本指引，也是作業空間配置的根據。試述何謂人體計測學（anthropometry）？並說明影響人體尺寸變異的因素有那些？最後請詳述如何將人體計測資料應用於特定產品或系統設計時的程序步驟？（20 分）　【109】

（一）人體計測學：就是量測人體各項特徵的學問，例如：人體的高度、寬度、長度、深度、彎曲角度等，用來設計工作空間、手工具、控制器、工作台高度（含機械設備）等。

（二）影響因素：

1. 穿著：有戴手套跟沒戴手套，手的厚度、手指的長度、手指可以伸長的距離當然就會有所差異。

2. 年齡：年齡變大，脊椎可能有受損或變型，導致身高就會有所差異。

3. 性別：男性及女性的各種身材尺寸，就有所不同。

4. 種族：例如西方人較日本人來得高大。

（三）設計步驟：

1. 先期評估：先了解設定的特定產品或系統所需用的各種人體計測資料庫的參數。

2. 使用考量：評估潛在的使用者或操作者是誰？工作環境或條件、是否需穿著防護具等。

3. 建立基準：要使用哪一種的設計方法，是平均設計、極端或可調設計？

4. 適用範圍：預期設計出的產品或系統，可適用哪些群體的人？

5. 比對資料：針對前述評估出之結果去比對人體測計資料及其參數，選擇較適合的參數並加以運用。

6. 考量變項：是否有其他變項存在，如：會有移工使用或身材特別高大或瘦小的人使用，都需列入考量。

美國國家職業安全衛生研究所（NIOSH）綜合流行病學、生物力學、工作生理學及心理物理學等方面研究資料，訂定人工抬舉指引，提供不同作業條件下的最佳抬舉重量。請說明其建議抬舉重量限度（Recommended Weight Limit, RWL）所考量的七項因素為何？另請說明如何運用抬舉指數（Lifting Index, LI）來評估人工物料搬運作業對工作者下背部傷害的風險？（20 分）　　【109】

（一）NIOSH 1994 抬舉公式是考量施力、工作姿勢、工作頻率、難易度等參數，以評估抬舉工作的風險程度，需要依據搬運的起始位置，去蒐集各種參數，如：水平距離 (H)、垂直距離 (V)、垂直位移 (D)、搬運頻率 (F)、不對稱角度 (A) 和握持介面的好壞 (C)，再設計轉換成介於 0 至 1 的抬舉乘數，如：HM、VM、DM、AM、FM、CM。

組成要素	公式
LC = 負重常數值（load constant）	23 kg
HM = 水平乘數（horizontal multiplier）	25/H
VM = 垂直乘數（vertical multiplier）	1 − (0.003|V−75|)
DM = 距離乘數（distance multiplier）	0.82 + (4.5/D)
AM = 不對稱乘數（asymmetric multiplier）	1 − (0.0032A)
FM = 頻率乘數（frequency multiplier）	
CM = 偶合乘數（coupling multiplier）	

H：手部到兩腳踝中心點之水平距離，H < 25cm 時，HM = 1，
H > 63 cm 時，HM = 0

V：抬舉初時手部到地面的垂直距離，V > 175 cm 時，VM = 0

D：抬舉時起始點和終點之間的垂直移動距離，D < 25 cm 時，
DM = 1；D > 175 cm 時，DM = 0，0.85 ≤ DM ≤ 1

A：非對稱角度，負重從矢狀面抬舉到終點的扭轉角度（度）

F：抬舉的平均頻率以每分鐘的抬舉次數衡量（lifts/min）

（二）抬舉指數（Lifting Index, LI）評估人工物料搬運作業對工作者下背部傷害的風險：

抬舉指數 (LI)：LI = L / RWL

上式之 L 代表負重（load），換言之，NIOSH 1991 之抬舉指數（LI）係指「抬舉負重」與「建議重量極限」之比值。整體而言，當 LI < 1 時，表示該抬舉作業並無下背傷害之風險；而當 LI > 1 時，則代表該抬舉作業具有傷害下背的潛在風險，必須予以研究和改善。但 LI > 3 將使下背痛受傷機率大為增加（資料來源：勞研所）。

其中；建議重量極限（RWL）：RWL = LC×HM×VM×DM×AM×FM×CM（常考計算，要記）

人工搬運可從三個方向評估，請說明評估準則以及其適用範圍（提示：力學，生理學，心理學…）。（20分） 【110】

評估方法	定義	效標	評估準則	適用範圍
生物力學	生物力學（biomechanics）：研究人體與各部位在運動或平靜時內部或外部力量現象的一門科學。	L5/S1椎間盤的壓力	NOISH建議為安全起見，設計效標為最大椎間盤（L5/S1）壓力，以770 lb（350kg）作為設計標準的上限，而若超過1,430 lb（650kg）以上的壓力對作業人員是相當危險	建議用於偶發性的抬舉（每小時1～2次）
生理學	生理學（physiological approach）：利用作業員於從事MMH作業時其新陳代謝的能量支出效標來建立界限，並根據所選的界限來決定抬舉的負載大小。	最大有氧能力（MAP）、氧攝取量（簡稱VO$_2$）、心跳率（簡稱HR）、肺換氣量、呼吸率、血壓、乳酸濃度和體溫等	建議使用最大有氧能力（MAP）的33%，作為最大平均8小時的能量支出水準，就一位適健年輕的成年男性而言，MAP相當於15 kcal/min，故其建議值為5 kcal/min，另參閱NIOSH其建議值為2.2～4.7 kcal/min	用於預測重複性抬舉作業的能量支出
心理物理學	心理物理學法（psychophysical approach）：又稱為心物法，其基本前提係認為人們在進行主觀的知覺壓力評估過程中能夠有效地整合生物學和生理學上的壓力。	最大可接受的抬舉負重（MAWL）	75%女性及95%男性工人可接受的最大可接受重量	用於評估某一特定的抬舉作業最大可接受的抬舉負重（MAWL）

（註：本題為常見考題，建議記誦上表相關內容）

> 以下項目在設計時，應依據的關鍵人體計測項目為何？其應用的原則為何？（每小題 5 分，共 20 分） 【112】
>
> （一）地下管線的人孔直徑。
>
> （二）機械設備的手孔大小。
>
> （三）捷運車廂內的緊急煞車開關設置高度。
>
> （四）工廠內工具機台的控制面板與工件加工區域設置位置。

一般考量人體測計值應用在職場工作環境與機台設備的設計時，應注意使用對象之需求，從源頭管理就要儘早納入設想。通常操作人員是動態的，且都有個別差異性，所以在尺寸上要保留安全的抓放量，且要避免全有或全無（即保有彈性）的設計；必要時得先執行測試評估。另人體測計尺寸數據，應採用本土化且要留意時間的因素等；以下項目在設計時，考量之關鍵人體計測項目及應用的原則如下表。

項次	項目	關鍵人體計測項目	應用的原則
（一）	地下管線的人孔直徑	肩寬 95th%le 極大值設計	主要係考量讓 95% 的人都能通過地下管線的人孔。
（二）	機械設備的手孔大小	手部尺寸（含手掌寬及手指長） 95th%le 極大值設計	主要係考量讓 95% 的人之手掌或手指長度，都能通過機械設備手孔大小或可及操作介面按鈕的距離。
（三）	捷運車廂內的緊急煞車開關設置高度	立姿手肘高 50th%le 平均值設計 一般職場立姿肘高 男性約 105cm 女性約 98cm	考量捷運上人潮眾多，一般以民眾站姿伸手可及且需明顯易找到的地方；就算身高較高的人使用，放置的位置亦不致於造成太大的使用困擾，且考量民眾包含通勤學生約設在 85cm。

項次	項目	關鍵人體計測項目	應用的原則
(四)	工廠內工具機台的控制面板與工件加工區域設置位置	依工作性質評估其作業周域,其眼睛高度、手臂伸展範圍、手部操作、腰部或腿部的姿勢等,都可能成為關鍵設計項目。	1.可及設計以極小值為考量,以手臂長度5th%le為設計尺寸,讓95%的人都能觸及控制面板及加工區域,以利作業人員操作。 2.不可及設計(如危險點),則不希望勞工伸手可及(必要時應設置護圍隔離);考量無法觸及的位置可設計在加工區域的最頂端。

7

人因工程

7-2 顯示器與控制設計

交通號誌小綠人倒數秒數的設計，應用相當多人因工程的概念，試說明有那些人因工程的概念，應用到此一公共設施設計？
（20 分）　　　　　　　　　　　　　　　　　　【103】

交通號誌小綠人倒數秒數的設計，屬於人因工程顯示裝置之設計領域，設計應用之概念說明如下：

（一）靜態：

　　1. 符碼化：小綠人及顏色。

　　2. 理解度：讓行人知道小綠人靜態動作代表之意義。

　　3. 可視度：能清楚看到小綠人。

　　4. 清淅性：辨識小綠人慢走、快跑或站著不動。

（二）動態：

　　1. 光源的轉換：小綠人持續行走中用穩光，倒數時間快到時用閃光。

　　2. 概念相容性：紅色代表停止，綠色代表通行；小綠人在跑時代表時間快到了，要趕快過去，小綠人站著不動，代表不能通行。

　　3. 移動相容性：小綠人在動，代表可通行，小綠人停止，代表不能通行。

　　4. 預告：透過讀秒設計，讓行人知道剩多少時間可通行。

> 語音傳遞系統可能會產生失真的狀況如波幅失真。請解釋波幅失真之尖峰截波（Peak clipping）和中央截波（Center clipping）？並分別說明尖峰截波和中央截波對語音理解度（Speech intelligibility）之影響？（20 分）　　　　　　　　　　　　　　　【104】

（一）尖峰截波：因為聲波出現過高的頻率，而導致產生的波形不太真實，而使用尖峰截波的方式，將聲音尖峰的部分截切，只保留中間的部分。

（二）中央截波：就是只保留聲波尖峰的部分，而將中間的部分截切。

（三）尖峰截波較能去除聲波產生的干擾與雜音，去除後不致於影響理解度，但中間截波的方式就會影響理解度。

> 對外界刺激或資訊判別時，常使用多元向度（Multiple dimensions）來編碼，各向度間的關係可能是直交的（Orthogonal）或餘備的（Redundant）。請以聲音頻率（低頻與高頻）與燈光顏色（紅與綠）之組合，分別說明其組合為直交向度與餘備向度之意義？（20 分）　　　　　　　　　　　　　　　　　　　　　【104】

（一）直交向度：係指每一向度所傳達的資訊，彼此間是毫無關聯的，例如：輪胎更換的數量，與人口增長的幅度。

（二）餘備向度：係指該向度所傳達的資訊，可透過習慣、風俗或容易推而得之，例如：行人號誌，用小綠人代表通行，小綠人在動，亦代表可通行，以利於識別。

（三）例如：一般緊急狀況的聲音會用高頻、短暫、急促的聲音，而燈光顏色紅色代表危險、禁止之意，故兩者的組合可視為餘備向度。

　　而綠燈代表安全、可通行，搭配低頻音因無特別賦予的意義，故兩者的組合可視為直交向度。

相容性（Compatibility）的概念在人機系統與顯示控制設計上相當重要。在人因工程上有四種最常見相容性類型，包括概念相容（Conceptual compatibility）、移動相容（Movement compatibility）、空間相容（Spatial compatibility）與模態相容（Modality compatibility），請詳細說明這四種相容性的特性？並各舉一個例子說明其應用？（20分）　　　　【108】、【106】

（一）概念相容：透過圖形、顏色、編碼、形狀、織地等方式，讓使用者可以依據過往學習的經驗、風俗、當地文化等了解其意涵，例如：一般看到紅色就有危險或禁止的意涵，看到綠色則有安全或無毒之意思。

（二）移動相容：預期移動的方向與指標、指示物或引導者相同，例如：警察指揮交通時，交通棒比左邊，車子就向左轉就是一例。

（三）空間相容：控制器的位置與標的物的位置是具有立體空間上的關聯，例如：要關左側的電燈，將電燈的開關做在牆壁上的左側，會比右側更容易被操作，且能減少關錯開關的機率。

（四）模態相容（感覺型式）：係指在不同環境中，宜採取不同的感覺型式，如：吵雜的環境中，用視覺的效果會比聽覺好。

何謂選擇性注意力（Selective attention）？並請詳細說明選擇性注意力之負荷壓力（Load stress）與速度壓力（Speed stress）對於作業績效之影響？（20分）　　　　【108】

（一）選擇性注意力：源自於注意力理論有二個，一個是注意力只有一個，如果多方使用，就會導致注意力不足，另一種是注意力的資源只有一種，但是來源不同時，不會互相干擾，如：可以同時看書跟聽音樂。如果需要同時注意幾個管道來源，來判斷是否有重要的資訊或需緊急處理的狀況，就是選擇性注意力，例如：保全人員需要同時看許多不同部的監視器畫面。

（二）負荷壓力：負荷壓力係指在接收資訊的管道增加時，例如：前述的保全人員原本看 5 個監視器畫面，突然變成要看 50 台監視器畫面，這時雖然都是在做同樣的事，但這時保全人員的注意力資源是下降的，這就稱為負荷壓力，而相同的注意力下降當然會伴隨時作業績效的下降。

（三）速度壓力：例如：航空員在監視飛行雷達時，這時畫面上的目標物閃爍的頻率突然變得很快，這時就會給使用者帶來速度壓力，但相較負荷壓力而言，速度壓力對於作業績效的影響是比較輕微的。

> **請說明設計視覺顯示器前要考慮那些知覺原則，才有助於設計？（20 分）**　　　　　　　　　　　　　　　　　　　　　　　【110】

（一）可視距離：要考量圖表或文字的顯示是否足以讓使用者可清淅辨別。

（二）對比照度：需要考量顯示的題材是亮色系或暗色系的，是否需要補光或需要較亮的照明才能看得清楚。

（三）視野分明：視覺顯示要設置在正常視線的假想投射區域上，圖形最好有實體邊界可避免過多的視差或難以辨別之部分區域。

（四）操作類型：考量操作者的年齡、視力、智能或學習狀況等，使得顯示器的設計能夠符合擬使用對象的操作者使用。

（五）控制相容：考量圖形或文字的設計，讓控制者於最短的時間內就能快速的學會操作，並且減少各種的控制錯誤，如：概念相容、移動相容等。

> 以人因工程角度而言，電動車與一般汽油車在介面設計（Interface Design）上有何差異，試舉例說明之。（25分）　　　　【111】

電動車與一般汽油車在介面設計的差異內容彙整說明如下：

比較項目	電動車	汽油車
多通道的人機體驗	透過視覺，還可以強化聽覺、嗅覺以及觸覺感受來滿足更豐富的全局體驗，及帶有情感的語音助理、震動方向盤、香氛等。	僅考量視覺、聽覺及震動方向盤等設計
視覺控制系統	車內前座及後座都會配置螢幕，使用的螢幕也愈來愈大，甚至進一步安裝配置在後座區域，會以使用者的操作情境去設計調整。	車內前座或後座可能會有螢幕，但因安全性考量，會限制使用者的操作介面
自動輔助駕駛	需要關注在使用者的注意力和心智負荷程度來確保駕駛途中的安全，另外相關的地圖導航也需考量自動駕駛模式改變使用場景。	多數的汽油車尚無自動輔助駕駛，地圖導航亦無考量自動駕駛去變更場景
智慧連網及使用介面	參考美國國家公路交通安全管理局（NTHSA）曾發佈關於人為因素設計指南，內容不外乎針對使用的字體、顏色、反光、設計佈局做出指引外，甚至會影響駕駛者的聲音和觸感都有制訂相關的設計規範。	汽油車無智慧連網，且使用介面並無特別考量人因去設計

（註：本表所提之汽油車，係指傳統舊型之汽油車。）

> 聽覺顯示裝置的設計原則有那些？在應用上可以有何特殊用途？
> 請說明之。（25 分）　　　　　　　　　　　　　　　　【111】

（一）聽覺顯示裝置的設計原則

項次	設計原則	定義	舉例說明
1. 一般原則	(1) 相容性 (2) 漸近性 (3) 分離性 (4) 精簡性 (5) 不變性	(1) 感覺形式的相容，高頻代表緊急。 (2) 分兩階段，漸進式執行。 (3) 讓信號與背景噪音有所區別。 (4) 資訊不要過多造成負擔。 (5) 訊息的不變性。	(1) 如救護車的警報聲音。 (2) 如跑步比賽，槍響前的預備指令。 (3) 如電話聲響與門鈴聲音不同。 (4) 如摩斯密碼只有長短音兩種。 (5) 如父母對子女愛的呼喚。
2. 呈現原則	(1) 避免極端 (2) 強度規範 (3) 信號選擇 (4) 頻道負荷	(1) 避免選用聽覺向度的極端值。 (2) 信號強度要夠強，避免環境噪音的遮蔽效應。 (3) 評估使用繼續或可變信號。 (4) 勿使聽覺頻道超過負荷。	(1) 如突然很大聲，會肇生人員的驚嚇。 (2) 如背景噪音為 50dB，則信號強度提到為 80dB。 (3) 如避免使用常態訊號。 (4) 如美國三哩島核災事故，超過 60 種不同警告聲響，反而不知所措。
3. 安裝原則	(1) 先行測試 (2) 避免衝突 (3) 轉換適應	(1) 可在使用前先執行測試。 (2) 要避免與使用過的信號相互肇生衝突。 (3) 裝置轉換後要考量適應期。	(1) 確保信號的穩定性與接受度。 (2) 避免系統之間的相互矛盾與混淆。 (3) 系統轉換後需要時間來習慣與適應。

（二）聽覺顯示裝置的特殊用途

項次	設計原則	說明
1.信號性質	(1) 警告性質 (2) 急報性質	(1) 警告信號和急報信號使用的頻率可在 200 ～ 5KHz 之間，但最好在 500 ～ 3KHz 之間，因人耳對中頻率敏感度較佳。 (2) 不同的信號（警告或急報），用於不同的情境，彼此間要能夠被區辨。
2.無線電波	無線電波傳訊（如無線電的發報和接收）	一般當無線電波信號變大時，其環境背景噪音也可能跟著變大，仍然不易被偵檢出來；所以，信號與噪音比（S/N 比）是訊號偵檢重要的關鍵指標，它比信號本身大小還要重要。
3.盲人輔具	(1) 無礙指示 (2) 環境感測	(1) 盲人雖看不見，但可以聽得到，因此設計無障礙指示器，可提供盲人是否可以通行的信號指示。 (2) 環境感測器則是協助盲人來建構所處環境中的圖像。

控制器操作的基本作用形式有那兩種？（4 分）又，控制器的阻力（resistance）有那幾種類型？請詳列並加以說明。（16 分）

【112】

（一）控制器操作的兩種基本形式

　　1. 間斷型，例如：電燈的「on-off」開關。

　　2. 連續型，例如：音量大小的旋鈕，可以從無聲到最大音量。

（二）控制器的阻力類型

項次	類型	定義說明	舉例
1	彈性阻力	通常會隨著控制裝置位移程度而產生變化，藉由彈性阻力，當操作者鬆手時，控制器會自動再移回原來位置。	例如：彈簧按鈕、飛行遙控器的圓桿把手等。

項次	類型	定義說明	舉例
2	摩擦阻力（含靜態摩擦與滑動摩擦）	靜態摩擦在起始移動之初最大，然後會快速下降，接著就是移動中阻抗移動的滑動摩擦。	例如：推動靜止的手推車，一開始需要施加力量以抵抗靜摩擦，一旦手推車移動後，不管推得多快或多遠，只要很小的力量就可克服其滑動摩擦；但如果要改變方向，就會感到有所遲滯和移動時的不規則性。
3	黏性阻尼	通常要克服的阻力與控制器移動的速度會成正比，因此黏性阻尼可阻抗快速移動，而有效於執行平穩控制，以降低意外啟動的情形。	例如：在攪拌柏油或類似之黏稠物時所感受的感覺，需要克服黏性阻尼才能移動，而移動得愈快，所需克服的黏性阻尼也愈大。
4	惰力	惰性阻力係指所涉及機構之質量或重量引起的相對運動或運動方向改變之阻抗，會隨著加速度不同而變化。	例如：電聯車的惰力制動器（煞車摩擦力），或人類的手臂也有相當大的惰性阻力；惰力有助於執行平穩控制，定速轉動曲柄，可減少意外啟動控制器之肇生。

7

人因工程

7-3 手工具與工作站之設計

> 依據人因工程的觀點，工作站設計要考慮的面向有那些？
> （20 分） 【103】

（一）先期審查：收集使用者的需求。

（二）辨別需求：將所有的需要依重要性、功能性重新排列調整。

（三）轉化規範：將需求轉化為 (a) 技術規範和 (b) 用戶術語規範。

（四）反覆修正：將工作站物理格局運用軟體模擬或模型的方式，測試調整，以達最佳狀況。

（五）設置樣屋：透過真實的物理材料來實現前述的模擬結果或模型。

（六）試生產期：試行運作，並找出最佳的生產模式。

（七）全面生產：完成建置，並持續觀察生產的流暢性及人因工程危害的關聯。

（八）評估調整：持續評估和識別勞工休息問題，以達到最佳效率。

> 請試述手工具與手操作器具的設計原則並說明其重要性。
> （20 分） 【106】

（一）避免壓迫組織：不適宜的手工具操作，會導致手腕部分的神經組織受到壓迫，而產生各種發炎反應。

（二）保持手腕正直：彎曲您的工具也不要彎曲您的手，保持手腕正直，可以防止過度施力或施力不當而導致的肌肉傷害。

（三）減少重複動作：重複性動作是造成肌肉骨骼傷害的主要原因之一，因此良好的手工具設計要設法減少手指的動作持續更換。

（四）考量使用安全：考量如何可以增加安全性，例如：增加把手或針對不同年齡層，設計不同的手工具，如果是嬰幼兒使用，應該使用安全刃具或塑膠材質來製造手工具，以避免使用者傷害。

（五）考量使用差異：設計手工具時，要考量使用者是慣用左手或是右手，是男生或女生使用，設計的考量參數亦會不同。

> 作業空間設計標準中，ISO 發表的 ISO 6385 特別強調工作必須適合操作人員，請問其需要考量那些項目？（25 分）　　【107】

依據 ISO 6385:2016(E) 當中工作空間和工作站的設計所述，作業空間設計需要考量項目如下：

（一）概述

設計應使人們能保有姿勢穩定性及活動度。

設計應為人們提供一個盡可能安全、穩定和有效的基礎，以發揮身體能量。

工作站設計，包括工作設備和措施，應包括對身體尺寸、姿勢、肌肉力量和運動性的考慮。例如，應該提供足夠的空間來允許以良好的工作姿勢和運動、姿勢變化的選擇以及允許容易進入來執行任務。

身體姿勢不會因長時間的靜態肌肉緊張而導致疲勞，身體姿勢應該是可以改變的。

（二）身體尺寸和身體姿勢

工作站的設計應考慮到任何衣著或其他必要物品一起使用的人體尺寸可能增加的限制。

對於長時間的任務，工作人員應能夠變換他們的姿勢，例如，在坐姿、站立姿勢或中間姿勢（例如使用坐 / 站椅）之間變換。雖然工作過程可能需要站立，坐著通常更可取。對於長時間的任務，應避免蹲伏或跪姿。

7

人因工程

如果應該施加高肌肉力量，應採用適當的身體姿勢並提供適當的身體支撐，通過身體的力距或扭矩應保持簡短，這尤其適用於需要高精度運動的任務。

例如：高度可調節的工作面可以適應身體尺寸，並使各種工作人員能夠在站立或坐著時工作。

注意：必要時提供工作休息時間，在作業期間變換姿勢和動作，有助於防止工作疲勞。

（三）肌肉強度

強度的要求應與工人的身體能力相適應，並應考慮到力量、運動頻率、姿勢、工作疲勞等之間關係的科學知識。

工作的設計應避免肌肉、關節、韌帶以及呼吸和循環系統的不必要或過度的勞損。

所涉及的肌肉群應夠強壯以滿足強度的要求。如果強度需求過大，應將輔助能量引入工作系統，或者應重新設計任務以使用更強大的肌肉。

實例 1：透過提升裝置輔助護士移動患者。

實例 2：建築工人由操縱器輔助運輸和組裝重型部件。

（四）身體活動

身體活動之間應建立良好的平衡；運動優於長時間不動。

身體或肢體運動的頻率、速度、方向和範圍應在解剖學或生理學限度內。

具有高精度要求的活動，特別是長時間的活動，不需要施加相當大的肌肉力量。

應酌情透過引導裝置促進運動的執行和順序。

注意，身體沒有活動會導致肌肉不適和疼痛。鼓勵從事久坐工作的工人不時改變姿勢。

> 工作場所中，許多員工必須使用電腦終端機（Visual Display Terminal, VDT）工作，請說明如何設計一個良好的 VDT 工作站，以預防可能產生的累積性肌肉骨骼傷害與視覺疲勞問題？（20 分）　　　　　　　　　　　　　　　　　　　　　　　【108】

（一）工作站的佈置：

    1. 工作桌一般較常設計成 L 型或 U 型，工作椅要有靠背，提供腰部支撐，椅面高度可以調整，扶手不得妨礙手肘活動。

    2. 考量使用優先順序、重要性、使用頻率、參考作業區域的劃分，將物品放在伸手可及的區域內。

（二）文件架的設置：看文件的距離與看螢幕的距離，即視距要相等，避免視線來回移動的眼睛瞬間再對焦。

（三）良好的視距：操作電腦時，眼睛到螢幕中心的距離，以 45 ～ 60 公分為佳。

（四）視線角度：建議電腦螢幕應位於眼睛水平線下約 15 ～ 25 度間，最低不宜超過 30 度。

（五）調整對比及亮度：螢幕亮度至少應在 35 燭光 / 平方米，螢幕內字體及字間背景的亮度對比至少應為 3：1。

（六）提供手腕支撐：提供一良好的手腕支撐環境，避免懸空，會有助於減少手腕部分過度施力而造成的傷害。

7

人因工程

在一系統或設備中，通常包含許多組件（components），如顯示器、控制器、工作區域、物料或工具等，這些組件間若能各就其最佳的位置，自然能使系統或設備發揮最佳的功能。針對系統作業空間配置設計，試列舉其組件配置的四項原則為何？並各舉一例說明之。（20 分）　　　　　　　　　　　　　　　　　　　　【109】

（一）使用優先順序：考量工作站的組件配置的優先順序，例如：使用電腦時，第一步會先開啟開關，第二步會看顯示器是否有畫面出現，第三步會用鍵盤或滑鼠去操控游標位置，並且輸入資訊等。

（二）重要性：最重要的是要讓操作者得知的訊息放在最明顯的地方，例如：汽車的油錶、機械設備的危害訊息或安全標示等訊息。

（三）使用頻率：要將使用頻率高，放在操作者最易掌控且操作之處，例如：汽車的方向盤及排檔。

（四）參考作業區域的劃分：考量各種組件的功能性，將類似的物品放置在一起，例如：壓力調節閥與壓力錶會放置在一起。

請說明人因工程專家在設計手工具要考慮的重點有那些？（20 分）　　　　　　　　　　　　　　　　　　　　　　　　　【110】

（一）避免壓迫組織：不適宜的手工具操作，會導致手腕部分的神經組織受到壓迫，而產生各種發炎反應，

（二）保持手腕正直：彎曲您的工具也不要變曲您的手，保持手腕正直，可以防止過度施力或施力不當而導致的肌肉傷害。

（三）減少重複動作：重複性動作是造成肌肉骨骼傷害的主要原因之一，因此良好的手工具設計要設法減少手指的動作持續更換。

（四）考量使用安全：考量如何可以增加安全性，例如：增加把手或針對不同年齡層，設計不同的手工具，如果是嬰幼兒使用，應該使用安全刀具或塑膠材質來製造手工具，以避免使用者傷害。

（五）考量使用差異：設計手工具時，要考量使用者是慣用左手或是右手，是男生或女生使用，設計的考量參數亦會不同。

何謂極端設計（Extreme Design）？在工作站之工作桌設計時應考量那些因素，並舉例說明。（25 分）　　　　　　　　　　【111】

（一）極端設計：可分為極端大及極端小設計，是考量二種不同的情形所設計的，例如：我們希望 95%th 以上的人都能通過這個門的高度，就要用極端大設計；另外如果我們希望這個門檻的高度只有 5%th 的人無法通過，就要用極端小設計。

（二）工作桌設計考量因素如下：

1. 考量使用者需求：考量使用者是用站姿或坐姿作業，工作面的高度就會有所差異。

2. 考量作業特性：考量係採用精密作業、輕作業或重作業，其工作面的高度也會有所不同。

3. 考量使用對象：這工作桌主要是給女性或男性使用，使用者是年紀偏長？或是給移工使用，針對不同的使用對象，要考量不同的設計方案。

4. 桌面的深度：要考量工作桌上物品的擺放配置，桌面的深度是否會太深，而導致伸手不可及的狀況。

5. 要設計可調式？這部分要看使用者的習慣、使用對象是否會頻繁更換、是否有經費考量限制，一般會建議做成可調式的，能夠擴及較大部分的使用族群。

> 為提高在噪音作業環境下聽覺信號的可偵檢度，可採用的方法有那些？請列舉並說明之。（20 分）　　　　　　　　　【112】

提高在噪音作業環境下聽覺信號之可偵檢度的方法：

項次	方法	說明	舉例
1	降噪過濾	當噪音之主要頻率與信號兩者不同時，可透過系統過濾器，將部分背景噪音去除，增加訊號與噪音比的效應。	例如：使用過濾器去掉背景低頻噪音，提高 S/N 信噪比值。
2	單耳收聽	人類的中樞神經系統，在某些情況下也具有過濾噪音的機制功能。	例如：讓噪音出現在雙耳，但信號僅出現在單耳，以增加可偵檢度。
3	降噪強度	減少在信號頻率附近的頻率區域（即臨界帶寬）的噪音強度。	例如：將信號頻率 1000Hz 附近的頻率區域之噪音從 60dB 減低至 40dB。
4	加強信號	設法增加信號之強度。	例如：將信號強度從 50dB 增加至 70dB。
5	增長時間	將信號持續呈現的時間加長。	例如：將信號時間從 0.5 秒增長為 1.0 秒。
6	減少遮蔽	將信號頻率改變到噪音強度較弱的頻率區域。	例如：將信號頻率 500Hz 調整到噪音較弱的 1000Hz 區域。
7	降低負荷	設法調整信號的相位，把未轉控的信號和已轉控的信號分別傳送到不同的耳朵。	例如：改變信號的相位差，讓人耳易於分辨。

7-4 重複性工作傷害預防

> 請說明職業重複性工作肌肉骨骼傷害的成因與預防之道。
> （20 分） 【103】

（一）重複性工作肌肉骨骼傷害的成因如下：

1. 不良姿勢：主要形成原因常是由於工作現場的機械或設備人機介面的尺寸與作業員的人體計測尺寸無法適配（fit）所造成的，例如工作平面過高或過低，使得勞工在進行物料搬運時必須要彎腰或手臂高舉過肩。

2. 過度施力：主要原因是在搬運物料時，荷重或施力強度超過人體關節或肌肉負荷的強度，因而造成肌肉疲勞或傷害。

3. 高重複動作：需要機械化的操作，例如：手搖飲販賣店，就需要持續不斷的添加配方、加糖、加冰等，然後用手搖，裝杯，封蓋等，然後再重複製作，就是一種高重複動作。

4. 壓迫組織：因為配合手工具而彎曲手腕，結果導致手部神經發炎，如：腕隧道症候群。

5. 振動衝擊：例如：使用電鑽鑽地，因為局部振動衝擊而導致的白指症。

（二）預防方法：

1. 調整人機介面：也就是針對使用者的需求去調整工作檯面，來避免發生不良姿勢。

2. 加裝省力裝置：運用磁吸式、真空吸引式或其他類型的省力裝置，來避免搬運負荷過大，而導致過度施力。

3. 自動化設計：將高重複性的作業改由機械手臂或自動化設計的方式來處理，減少人員高重複動作。

4. 手工具的改良：改良手工具的型式讓手腕可以保持正直，避免壓迫到組織。

5. 使用緩衝材料：使用吸振材料或採用防護具，來減少身體受到振動的衝擊影響。

為評估工作內容對勞工肌肉骨骼負荷的影響，許多工具已被用來評估工作中可能對肌肉骨骼傷害造成影響的因素，包括美國國家職業安全衛生研究所（NIOSH）發表的 Lifting Equation、美國工業衛生師學會頒布的 HAL-TLV 及德國國家職業安全衛生研究所設計的 KIM-MHO 等方法。請試述這些評估方法各自主要適用的情形為何？並說明各方法的主要評估參數及評估方式？（20 分） 【103】

評估方法 / 項目	Lifting Equation	HAL-TLV	KIM-MHO
適用情形	1991 年公式適用對稱或非對稱的抬舉作業及手與箱子偶合問題。	每日 4 小時以上之上肢重複性或單調作業。	使用限制： (1) 手 / 手指最大施力不超過 50 N。 (2) 施力部位僅限於前臂和手部的小肌群。 (3) 不包含上肢和肩膀的施力。 (4) 適用於靜態的坐姿或站姿工作。 (5) 高度要求精細的動作技能。
評估參數	(1) 抬舉指數（LI）。 (2) 建議抬舉重量限度（RWL）。	(1) 手部活動等級（HAL）。 (2) 手部峰值出力（NPF）。	(1) 持續時間。 (2) 施力方式。 (3) 抓握條件。 (4) 工作協調。 (5) 工作條件。 (6) 身體。 (7) 手 / 臂位置及動作。

評估方法 \ 項目	Lifting Equation	HAL-TLV	KIM-MHO
評估方式	LI = 實際抬舉物品重量 (L)/ RWL。當 LI>1 時，則代表該抬舉作業具有傷害下背的潛在風險。	$HAL-TLV\ ratio = \dfrac{NPF}{(10-HAL)}$ 指標值大於 0.78 為高風險。	風險值 = 時間評級 ×（施力方式＋抓握條件＋工作協調＋工作條件＋身體姿勢＋手/臂位置及動作）。 風險值大於 50 為高風險。

長時間久坐或久站是累積性肌肉骨骼傷害的危險因子。請說明當人由站立姿勢轉變成坐下姿勢時，其腰椎（Lumbar）或骨盆（Pelvis）的姿勢如何變化及對腰椎椎間盤壓力之影響？並請舉例及簡要說明二項站姿輔具（Standing aids）能如何減輕站姿工作者之下肢疲勞？（20 分） 【104】

（一）目前勞動部在鼓勵及誘導人員採用自然助省力的工作姿勢，稱為機能工作姿勢，也就是大腿水平，上身直立後靠在椅背上，與大腿角約呈 110 度，上臂自然下垂或微微向前屈曲在 15 度以內，下臂水平或微微向上屈曲在 15 度以內，以生物力學的觀點來看，這個機能工作姿勢，體重可藉由椅背部分分攤，以減少椎間盤的壓力與變形，而剩餘重力分力則沿重力方向由脊椎傳至坐骨結節，由椅面支撐，反之如果上身彎腰屈曲，則其上身體重的重心必然前移，產生一個向前向下的力矩，造成持續的腰肌收縮，就會造成疲勞。

（二）立姿作業，久站會引起下肢靜脈曲張，應提供站姿輔具以減輕工作者下肢疲勞。

1. 提供站坐兩用座椅或容易操作的可調式座椅：使坐姿與立姿能交替作業，避免長期單調的坐姿工作，易造成心理性疲勞，可改換立姿適度走動，有助於提升工作效能。反之，不宜久站，站久會累，可坐下來消除疲勞，並提高生產力及減緩肩背疼痛程度。

2. 提供護腰帶或防疲勞護帶：保護操作者的腰部，或是防疲勞護帶的設計，讓作業者得以適時的有所依靠休息。

請試述因重複性工作造成之肌肉骨骼傷害常見的原因為何？常發生的部位？並舉例說明三種常見之重複性工作傷害之症狀。
（20分）　　　　　　　　　　　　　　　　　　　　　　【106】

（一）因重複性工作造成之肌肉骨骼傷害常見的原因包含作業負荷、作業姿勢、重複性及作業排程休息配置等等，但年齡也是影響因素之一。

（二）我國重複性肌肉骨骼傷病案例數目最大的受傷部位主要集中於上肢與肩頸。上肢與肩頸的肌肉骨骼傷病絕大部分肇因於重複性的作業，這可能是因為我國的產業類型主要是以代工為主的裝配工業。

（三）重複性肌肉骨骼傷病是由於重複性的工作過度負荷造成肌肉骨骼或相關組織疲勞、發炎、損傷，經過長時間的累積所引致的疾病，可大致分為上肢骨骼肌肉傷病及下背肌肉骨骼傷病兩大類，常見之重複性工作傷害之症狀如下：

1. 長期壓迫引起的關節滑囊病變。

2. 長期以蹲跪姿勢工作引起之膝關節半月狀軟骨病變。

3. 壓迫造成之神經麻痺：包括職業性腕道症候群等。

4. 長期彎腰負重引起的腰椎椎間盤突出。

5. 長期工作壓迫引起的頸椎椎間盤突出。

6. 肌腱腱鞘炎及肌腱炎。

7. 全身垂直振動引起的腰椎椎間盤突出等。

8. 旋轉肌袖症候群。

試問可能促發工作者肌肉骨骼疾病之主要危險因子有那些？並以營造業工作者為例說明之；另列舉應妥為規劃及採取必要之危害預防措施為何？（20 分）　　　　　　　　　　　　　　　　【109】

（一）營造業工作者能促發工作者肌肉骨骼疾病之主要危險因子，包括裂傷、瘀傷和骨折；心臟血管過勞所引發的心搏率和血壓加快；肌肉疲勞；肌肉骨骼的傷害，特別是脊柱；以及背痛等。

（二）營造業可採取肌肉骨骼預防措施如下：

1. 選工及配工：要求勞工事前健康檢查，若有發現高血壓、糖尿病或心臟病等則不適合從事營造工作。

2. 使用省力措施：要依作業空間及物品荷重來規劃輔助措施，例如：需要從最低樓層抬舉至最高樓層，可考量用吊舉機吊掛等方式，就不需要人員搬運往返。

3. 教導正確抬舉：教導營造工作者用腿舉式搬運，不要用背舉式以減少肌肉受傷。

4. 適當休息：提供適當休息時間，避免肌肉一直維持在長期重複施力的狀況，而易受傷。

5. 規劃防曬措施：過度日曬，會導致工作者脫水、無力，也會影響搬運能力及工作績效，需要適當補充水份，並規劃防曬措施，以避免人員傷害。

6. 使用緩衝材料：使用吸振材料或採用防護具，來減少身體受到振動的衝擊影響。

請說明有關影響重複性肌肉骨骼傷害的重要因子有那些？
（20 分） 【110】

項次	影響肌肉骨骼傷害的因子	說明	改善對策
1	不良姿勢	由於工作現場的機械或設備人機介面的尺寸與作業員的人體計測尺寸無法適配（fit）所造成的，例如工作平面過高或過低，使得勞工在進行物料搬運時必須要彎腰或手臂高舉過肩。	針對使用者的需求去調整工作檯面，來避免發生不良姿勢。
2	過度施力	搬運物料時，荷重或施力強度超過人體關節或肌肉負荷的強度，因而造成肌肉疲勞或傷害。	運用磁吸式、真空吸引式或其他類型的省力裝置，來避免搬運負荷過大，而導致過度施力。
3	高重複動作	需要機械化的操作，例如：手搖飲販賣店，就需要持續不斷的添加配方、加糖、加冰等，然後用手搖，裝杯，封蓋等，然後再重複製作，就是一種高重複重作。	將高重複性的作業改由機械手臂或自動化設計的方式來處理，減少人員高重複動作。
4	壓迫組織	配合手工具而彎曲手腕，結果導致手部神經發炎，如：腕隧道症候群。	改良手工具的型式讓手腕可以保持正直，避免壓迫到組織。
5	振動衝擊	例如：使用電鑽鑽地，因為局部振動衝擊而導致的白指症	使用吸振材料或採用防護具，來減少身體受到振動的衝擊影響。

7-5 人為失誤與安全

> 勞工高架作業（例如鷹架、屋頂作業等）可能面臨工作危害，請以人因工程觀點說明潛在的危害因素與危害控制方法。（20 分）
>
> 【103】

（一）高架作業潛在的人因危害因素：

    1. 不良姿勢：在高架作業時需要攀爬、屈曲身體等而導致不良姿勢。

    2. 過度施力：高架作業有時沒空間搭設省力裝置，變得許多材料都需要人力抬舉，而易造成過度施力。

    3. 高重複動作：高架作業需要鑽釘板材，如：屋頂修繕等，會一直重複同一動作，而易生傷害。

    4. 壓迫組織：高架作業時，因手工具設計不良，或握持方式不正確，導致組織壓迫。

    5. 振動衝擊：高架作業，需要使用鑽銑機器，會產生振動，而造成受傷。

（二）高架作業的危害控制：

    1. 避免勞工長期間在姿勢受迫場所工作：盡量以工作輪替、縮短工時、增加休息等方式，讓每個高架作業人員在需要姿勢受迫場所的時間可以減少。

    2. 使用簡易型吊升設備：使用輕便的吊升設備來替代人力搬運，以減少過度施力。

    3. 增加休息頻率：透過多次但短時間的休息，有助於減少重複性動作所造成的傷害。

    4. 手工具加裝握把：在手工具加裝握把，讓手工具易於拿取，並減少組織壓迫。

5. 採取防護措施：使用吸振材料或採用防護具，來減少身體受到振動的衝擊影響。

> **請使用人類資訊處理模式，來說明駕駛人員看到前面道路不通標示時的應變作業。**（25 分） 　　　　　　　　　　　　　　　　　【105】

駕駛人看到道路不通時，會將原始來源的遠端刺激（如：看到道路不通標示）透過視覺接收，透過三種型式去轉碼，編碼（轉換為新形式，如：語音符碼）、新的或經轉換的遠端刺激（如：顯示）、再生（透過後像重新再製影像）等方式轉換為近端刺激能力（如：光線、聲音等）。再透過知覺，如：眼睛或耳朵去接收，接著會透過決策與反應的選擇，去找過往經驗或依學習狀況去判斷是否要繼續通行。接著會再下指令給反應執行，例如：要求雙手去打方向盤，轉向行駛，最後再將此訊息回饋，讓日後遇到這種刺激時能更快速作出反應及決策。

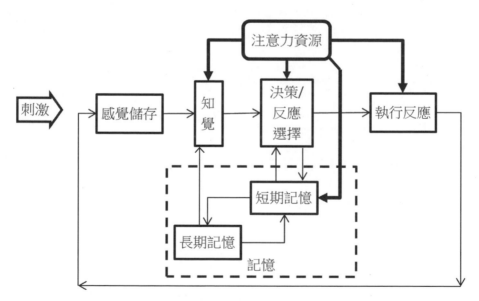

Wickens 所擬的人員資訊處理模型（Wickens, 1984）

> 心智負荷會影響工作或作業的績效和人為失誤，請寫出五項可減少作業時心智負荷的方法，並加以說明。（25 分）　　　　　【105】

（一）工作規律化：正常週期且持續的工作型態，會比經常需要工作時間輪調的方式，來得更不易疲勞，且工作績效也會比較好。

（二）適當提供休息：適當的休息，有助於頭腦記憶空間的重置，並且可轉換心情，避免一直維持在高心智負荷的工作環境中，同時可以強制中斷思考，暫時脫離這工作情境，讓自己放空。

（三）工作環境穩定：盡量減少南奔北跑、即刻救援等邊趕行程、邊工作的方式，有助於減少工作緊張、同時也不會因工作環境變化過快，一直頻繁接收新的訊息，而造成負荷壓力。

（四）維持平穩步調：工作步調忽快忽慢，會造成速度負荷，影響心智能力去接收及分析所獲得的資訊。

（五）減少環境干擾：在高噪音的場所，初期注意力可能會集中，但長期會影響聽力，也會增加心智負荷。

> 人為失誤原因分析的方法之一，根本原因分析（root-cause analysis）將失誤原因分為內在與外在原因。請詳述內在原因與外在原因包括那些可能因素？（20 分）　　　　　【106】

（一）內在原因為個人內在認知因素，其可能因素如下：

　　1. 錯誤的執行狀態：例如：員工疲勞而無意發生的操作失誤。

　　2. 未依步驟操作：員工可能因為遺忘或不夠熟練，而導致未依步驟操作。

　　3. 訓練不足：員工缺乏適當的訓練，而導致操作失誤。

　　4. 不相容目標：公司一邊追求安全，另一邊又要求趕工以追求更多利潤，而造成員工壓力或緊張，而發生失誤。

7

人因工程

5. 組織管理不當：例如公司的政策有誤、組織的理念或架構是有不足之處。

6. 缺乏防護措施：缺乏保護措施，以防止員工發生職業災害。

7. 溝通不良：在不同的組織間或部門間缺乏良好的溝通，而導致失誤。

（二）外在原因為外在環境因素使人投射出不安全動作，其可能因素如下：

1. 設計不良：工具與設備缺乏人因工程設計的考量。

2. 不良的工具設備：工具設備缺乏安全防護措或介面過於複雜，且無防呆措施等，而易發生失誤。

3. 缺乏維修管理：設備未妥為保養，導致發生故障。

4. 現場管理不良：可能包括溝通不當、主管發布不正確的指令、現場 5S 管理不良等。

從人因工程中人、機、環境的概念與造成職業災害的原因來看，職業災害預防可分為那些面向？（25 分）　　　　　　　【107】

職業災害的預防可分為下列面向：

（一）人的部分：

1. 強化相容性設計。

2. 運用人體計測資料庫，設計適合操作的介面或平台。

3. 使用者的需求，去設計各種系統或控制單位。

（二）機的部分：

1. 重要性原則：重要的控制元件放在最易取得之處。

2. 使用順序原則：考量機械控制元件的操作程序，輔以防呆或失誤仍安措施，以防止失誤。

3. 操作介面改良：優化人機介面，使其「事適人」，如：透過可調式設計，讓多數人皆可依需求調整其使用環境，且讓極少數的群體就算不滿意也可接受。

（三）料的部分：

1. 原物料的搬運可考量使用省力裝置，如：真空吸引機。

2. 原物料的組裝要執行 KIM 等風險評估，減少肌肉骨骼的傷害。

（四）法的部分：

1. 考量人因工程的方法，以減少人為失誤，增加舒適度。

2. 考量使用者的習慣、文化、使用對象及其他相關變數，去設計產品或系統。

（五）環的部分：

1. 光線亮度要充足，但不要產生直接或間接眩光，反而會影響視覺能力。

2. 噪音環境要留意遮蔽效應，是否會因噪音而蓋掉重要訊息的接收。

請說明人為失誤的分類。（25 分） 【107】

人為失誤的分類，可依歷年職災的結果，從個人原因推及到組織來檢視：

（一）第一層：個人的不安全的行為

1. 知覺（感官）的錯誤，如：重力影響產生的柯式錯覺。

2. 決策（判斷）的錯誤，如：因需同時接受多種的資訊來源，而導致的決策失誤。

3. 技術（操作）的錯誤，如：使用順序有誤。

4. 違規（例行／特殊）的錯誤（violation error），如：有意的違規或貪圖方便的錯誤行為。

（二）第二層：不安全的前置狀況

1. 操作者不佳的心智狀況，如：心智負荷壓力過大。

2. 不佳的生理狀況，如：產生過多的乳酸堆積而產生的不適感。

3. 心智／生理的極限，個人的準備狀況（是否具有足夠的訓練及技能）。

（三）第三層：不充分的督導與支持

1. 不足的督導，如：缺乏現場主管督導。

2. 不周詳的計畫，如：飛行計畫未考量後勤支援。

3. 未修正的已知問題，如：同樣的錯誤不斷的發生。

4. 違規的督導，如：因主管錯誤的判斷而導致失誤。

（四）第四層：組織（管理）之影響

1. 組織氣候（文化），如：組織文化習慣爭功諉過，而導致失誤。

2. 組織的運作，如：缺乏高層支持。

> 人因工程的研究通常可區分為三大類型：描述研究（Descriptive research）、實驗研究（Experimental research）和評鑑研究（Evaluation research）。請詳述此三種研究方法的特性？並各舉一個例子說明？（20分）　　　　　　　　　　【108】

（一）描述研究（Descriptive research）

描述研究在於對所想觀察的事物進行描述，可透過各種人體計測資料庫的參數、針對其行為特徵所發生之狀況予以記錄等。

例如，組織文化、人員的喜好或針對特定狀況發生時的反應、對特定圖形、文字的判讀等。

（二）實驗研究（Experimental research）

實驗研究再找出二個變項之間的關聯性，如：主要心智負荷的多寡與作業績效的關聯等。

（三）評鑑研究（Evaluation research）

評鑑研究一開始需要用透過特別個案的收集，來歸納出一個通則，再去探索研究設計的各項參數，如：績效與行為，並針對一系統或產品提出改善建議。

> 請運用瑞士起司模式舉例說明事故為什麼發生？（20分）　【110】

（一）瑞士奶酪理論（英語：Swiss Cheese Model），又稱瑞士起司理論，是英國曼徹斯特大學教授詹姆斯·瑞森（James Reason）於1990年提出的關於意外發生的風險分析與控管的模型。主要是講，瑞士起司在製造與發酵過程當中，很自然的會產生小孔洞。如果把許多片起司重疊在一起，正常情況下，每片起司的空洞位置不同，光線透不過。只有在很極端的情況下，空洞剛好連成一直線，才會讓光線透過去。導致嚴重事故發生的從來都不是因為某個單獨的原因，而是多個問題同時出現。

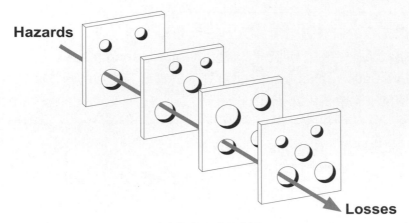

Hazards

Losses

瑞士起司理論示意圖

（二）瑞士起司理論是形容「意外事故」發生是因為剛好同時穿過每一道防護系統的漏洞，以瑞士起司做比方，每一片瑞士起司上都有小洞，位置和大小各不相同，理論上很多片瑞士起司疊在一起是不能透光的，但如果剛好有一組起司的洞排成一列而重疊，就能讓光線（危害）穿過，而造成損失（如上圖）。因此一片瑞士起司就像一道防護系統，起司上的小洞就像系統防護的漏洞，如果危害發生時，剛好穿過所有防護系統的漏洞就會發生意外事故。因此降低意外事故的方法，就是把每一道防護系統的漏洞都確實的找出，並且設法改善，這樣就不會發生意外意故。

在能源節約方面，何謂「燈效（Lamp Efficacy）」？何謂「明視比（Luminance Ratio）」？照明水準與工作績效又有何關聯，請說明之。（25分）　　　　　　　　　　　　　　　　　　　　　　【111】

（一）各種光源的效率稱為燈效（lamp efficacy），可以用每一單位的能量消耗 [Watts (w)] 所能產生的光線數量 [lumens (1m)] 來衡量，即為每消耗 1 瓦（W）之電力所發光之光束（單位：流明 Lm），其各種常用的燈具之燈效彙整如下表所示。

各類光源的效率

光源種類	效率（Lm/W）
白熾燈泡（100W 清光型）	15
石英鹵素燈（50WJC 型）	18
日光燈泡（含安定器）	50
水銀燈（200W 螢光）	63
普通型日光燈（FL40）	75
複金屬燈（250W）	75
PL 型日光燈（FL40-Ex）	80
三波長日光燈管（FL40-Ex）	85

（二）明視比是指作業場所間的明暗的對比，適度的明暗對比可增加立體感，一般建議白天作業場所的明視比是 3：1。

（三）照明水準與工作績效的關聯說明如下：

照明水準增加會增加工作績效，但增加過多亦可能產生眩光，反而造成眼睛不適，另外要設計照明水準時，亦要考量與周圍環境的明暗差異、照明是否會直射或反射到眼睛，這些都會影響工作績效。

請根據英國安全健康署（HSE）的分析，詳列並說明人為錯誤（Human errors）有那幾種類型？（10 分）又，該署針對人為錯誤的管理關鍵原則有提出那些建議？（10 分）　　【112】

（一）英國安全健康署（HSE）說明人為錯誤（Human errors）如下：

1. 技術錯誤（Technical errors）- 並非故意的

　　a. 疏忽而把事情做錯（Slips of action）

　　b. 遺漏步驟或忘記了步驟的次序（Lapses of memory）

2. 犯錯（Mistakes）- 並非故意的

  a. 技術犯錯：用錯了不合適的規則

  b. 知識犯錯：誤會、誤解，以為自己做對了。

3. 違規（Violations）- 故意違反既定的規則

（二）該署針對人為錯誤的管理關鍵原則提出建議如下：

1. 教育及訓練：

員工透過學習能增進知識，加強技術，改進態度。學習和實踐順理成章是預防錯誤及犯錯的第一道防線。常見的訓練就有：工地入職訓練、基礎訓練（例如建造業「平安卡」、密閉空間核准工人訓練）、工地座談訓練，重溫訓練等。不應忽略的還有特殊工作訓練及熟習訓練。

2. 提供充裕時間：

工作越是匆忙，員工越容易把事情做錯。透過適當的安排，提供一個舒適的工作步伐及節奏，能夠減少錯誤。

3. 使用提示：

積極使用可見的提示能減少錯誤。提示的好例子包括：設備／工序檢查表、一頁／張以圖為主的簡易指南卡、張貼在設備上或附近的告示。此外，可以使用記事本，記下必須依靠記憶的提示或信息。

4. 開發常規：

日常任務使用標準化的程序能幫助減少錯誤。即使書面程序不可用或不切實際，員工可以透過開發常規（routine）減少錯誤的發生。安全施工程序裡的每日程序便著重把危害識別及處理、開工前檢查等項目化為工作習慣，而在每個工作習慣應配以常規以減少出錯和增加效率。

5. 提高警覺：

提防錯誤的另一要點是當有促使錯誤的前因出現時（如時間壓力、疲勞、缺乏近期操作經驗、受家事困擾），提高警覺，集中精神，採用最謹慎的方法完成工作。例如，翻閱書面工作程序，按照步驟進行工作，可以減少因缺乏近期操作經驗而犯錯。

6. 良好溝通：

工作賴以完成多涉及團隊的運作，良好個人溝通能避免因誤解訊息而出錯。良好的實踐要點包括：用字明確，例如說 "立即" 以表示不可拖延；發出一致的語氣、表情和文字；說 "訊息收到" 確認；考慮干擾因素，例如在吵雜環境，以手語輔助語言訊息等。

7. 善用人體功效學：

人體功效學的應用顧及員工的需要、能力及限制，以優化人類福祉和整個工作系統的性能。應用例子包括：以分組、控制顯示器、間距、排列次序、不同形狀和不同顏色使不同的控制容易彼此區分；以互鎖式設計以規範步驟的次序（例如物料吊重機的互鎖式閘門）。此外，加強工地照明可減少錯覺，抑制環境噪音能減少因煩燥而出現的判斷錯誤。

8. 運用「指差呼稱」技巧：

透過培訓及提供指引去防止意外事故再次發生，只能對犯錯原因為誤會、誤解及不明白工作方法所導致的意外有幫助。對疏忽做錯、遺漏或忘記所導致的意外，例如按錯按鈕、忘記採取行動及調亂步驟，單靠培訓和指引就很難奏效。因此，要有效減少人為錯誤所導致的意外，我們需要一種提高工作時警覺性及準確度的方法。日本鐵路技術研究所有關「指差呼稱」技巧的有效性的研究結果顯示，在推行「指差呼稱」之後，人為錯誤的比率大幅下跌 84%。

7-6 解釋名詞

解釋說明以下名詞：（每小題 5 分，共 20 分）

（一）希克海曼定律（Hick-Hyman law）

（二）遮蔽效應（Masking Effect）

（三）空間相容性（Spatial Compatibility）

（四）氧債（Oxygen Debt）　　　　　　　　　　　　　　【104】

（一）希克海曼定律（Hick-Hyman law）

是一種人員下決策時的心理物理學現象，當人們面對的選擇項目愈多時，所需要花的選擇思考反應的時間就會愈長，即人傳遞資訊所需的時間（反應時）與刺激信號的平均資訊量成線性關係；因此，在人因工程的儀表顯示器或操作控制器之設計時，應考量選擇的項目數量，當數量增多時，其操作員下決策的時間也隨之增加。

（二）遮蔽效應（Masking Effect）

遮蔽效應是由於某一種聲音，它的音強度比較大，就會蓋掉另一種的聲音，而導致耳朵對另一種聲音的敏感度降低，例如：我們在聽耳機時聲音開太大聲，就會聽不到外面有人在跟我們講話的聲音。

（三）空間相容性（Spatial Compatibility）

控制器的位置與標的物的位置是具有立體空間上的關聯，例如：要關左側的電燈，將電燈的開關做在牆壁上的左側，會比右側更容易被操作，且能減少關錯開關的機率。

（四）氧債（Oxygen Debt）

氧債是由歐美學者提出，當運動後攝氧量高出平常活動時的攝氧量的部分，這時就稱為氧債。

【109】

請試述下列名詞之意涵：（每小題 5 分，共 20 分）

（一）瑞士起司事故模型（Swiss cheese accident model）

（二）參與式人因工程（Participatory ergonomics）

（三）腕道症候群（Carpal tunnel syndrome）

（四）迷向（Disorientation）

（一）瑞士起司事故模型

形容意外事件能夠被發生，只是湊巧同時穿過每一道防護措施的漏洞，有如層層乳酪中湊巧有一組孔洞的集合，能讓一束光線直接穿過，例如：印度波帕事件，就是剛好一連串的安全防護設備失效，而導致嚴重的事故。

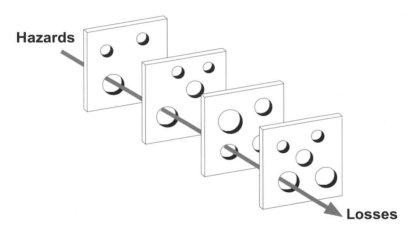

（二）參與式人因工程

係指以工作者為工作計劃的中心，並參與在每個階層及每個階段，且在計劃開始時，協助做初步分析，一起提出問題解決方案，然後共同執行。經由透過參與，讓工作者對問題熟悉，增加涉入感，問題的思考及解決方案的提出。

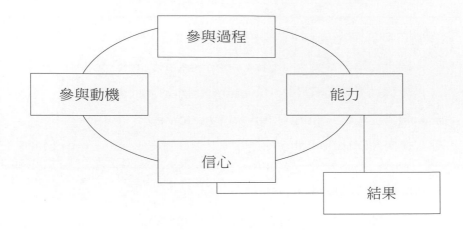

參與式人因工程循環圖

（三）腕道症候群（Work-related Carpal Tunnel Syndrome，CTS）

是手腕部累積性傷害病變（Cumulative trauma disorders）的一種。手腕部累積性傷害病變主要是因工作時手腕部必須經常重複相同動作、經常持續以一種不自然的手部姿勢工作或經常必須用力作出，如扭轉毛巾的動作。長期下來引起手腕部軟組織病變或功能異常，造成附近肌腱的發炎或周邊神經之壓迫，這些情形總稱為累積性傷害病變，又被稱為反覆性動作傷害（Repetitive strain injury）或過度使用症候群（Overuse Syndrome）。

（四）迷向（Disorientation）

指的是眼睛、內耳前庭、本體感受器等人類三大平衡器官在三度空間環境下，傳遞錯誤訊息，導致飛行員目視飛行時，無法準確掌握空間定向和目標、產生錯覺，例如將傾斜雲層誤判為水平天地線。

請試述下列名詞之意涵：（每小題 5 分，共 20 分）

（一）餘備符碼（redundant codes）

（二）近端刺激（Proximal stimulus）

（三）完形原則（Gestalt Principles）

（四）光滲作用（irradiation）　　　　　　　　　　　　【112】

（一）餘備符碼（redundant codes）

餘備符碼是一種可以提升工作績效及減少資訊量的方式，讓二個以上的符碼所呈現出的訊息是相同或類似的，可透過一個符碼來預知另一個符碼的資訊，如：紅綠燈。

（二）近端刺激（Proximal stimulus）

近端刺邀是指可以被人體感官所能感覺的能量，例如：光線的變化、聲音的大小、溫度的差異等。

（三）完形原則（Gestalt Principles）

完形原則又被稱為格式塔心理學，是說明人類大腦如何解釋肉眼所觀察到的事物，並轉化為我們所認知的物體，其相關的原則摘要如下：

1. 整體性。

2. 具體化。

3. 組織性。

4. 恆常性。

（四）光滲作用（irradiation）

白色（或淺色）的形體在黑色或暗色背景的襯托下，具有較強的反射光亮，呈擴張性的滲出，這種現象叫光滲。

7-7 參考資料

說明 / 網址	QR CODE
人因工程－人機境介面工適學設計（第七版），許勝雄、彭游、吳水丕著 *https://www.tsanghai.com.tw/book_detail.php?c=218&no=3749*	
中華民國人因工程學會 *http://www.est.org.tw/research_00.php*	
美國人因工程學會 *https://iea.cc/*	
研究新訊，勞動部勞動及職業安全衛生研究所 *https://www.ilosh.gov.tw/menu/1169/1319/*	
工業安全衛生月刊，中國民國工業安全衛生協會 *http://www.isha.org.tw/monthly/books.html*	
人因工程 | JIBAO －洞悉教材的趨勢，吉寶知識系統 *https://jibaoviewer.com/project/5779dbf754ab13c638756da2*	
人因工程學刊（Journal of Ergonomic Study） *http://www.airitilibrary.com/Publication/alPublicationJournal?PublicationID=a0000549*	
人因工程學刊，國家圖書館期刊文獻資訊網中文期刊篇目系統 *https://reurl.cc/ezDgyb*	
期刊聯合目錄，國家實驗研究院 *https://sticnet.stpi.narl.org.tw/unicatc/unicatq?68:953501714:10:/sticnet/unicat/ttswebx.ini:::@SPAWN2076%2D5517*	

說明 / 網址	QR CODE
人因性危害防止計畫研究，勞動部勞動及職業安全衛生研究所 *https://www.govbooks.com.tw/books/103769*	
光電業組立製程人因風險探討（Ergonomic Risk Assessment of TFT-LCD Cell Process） *http://ir.lib.ncu.edu.tw:88/thesis/view_etd.asp?URN=993306030*	
抬舉與卸下作業之生物力學分析 *https://cyut-vmsl1.synology.me/hcchen/downdata/EST2007-H-10.pdf*	
怎麼樣避免人為錯誤，職業安全衛生健康局 *https://www.oshc.org.hk/oshc_data/files/bulletins/ibsh/2016/CT1407C.pdf*	
ILO 國際勞動組織對於工作站設計之建議 *https://www.iloencyclopaedia.org/zh-TW/part-iv-66769/ergonomics-52353/work-systems-design*	
電腦作業人員健康危害預防手冊，行政院勞工委員會 *http://irene.cgu.edu.tw/ireneweb/Computer_health.htm*	

7

人因工程

專技高考--工業安全技師歷屆考題彙編｜第三版

作　　者：蕭中剛 / 余佳迪 / 劉鈞傑 / 鄭技師
　　　　　陳正光 / 徐　強 / 葉日宏 / 黃奕舜
企劃編輯：郭季柔
文字編輯：江雅鈴
設計裝幀：張寶莉
發 行 人：廖文良

發 行 所：碁峰資訊股份有限公司
地　　址：台北市南港區三重路 66 號 7 樓之 6
電　　話：(02)2788-2408
傳　　真：(02)8192-4433
網　　站：www.gotop.com.tw
書　　號：ACR012900
版　　次：2024 年 07 月三版
建議售價：NT$450

國家圖書館出版品預行編目資料

專技高考:工業安全技師歷屆考題彙編 / 蕭中剛, 余佳迪, 劉鈞
傑, 鄭技師, 陳正光, 徐強, 葉日宏, 黃奕舜著. -- 三版. -- 臺
北市：碁峰資訊, 2024.07
　　面；　　公分
　　ISBN 978-626-324-802-1(平裝)
　　1.CST：工業安全　2.CST：職業衛生
555.56　　　　　　　　　　　　　　　　　　113004384